Sur l'auteur

Avocate également diplômée d'histoire, l'Américaine Marie Benedict a écrit plusieurs romans historiques sous pseudonyme avant de signer *Madame Einstein* de son vrai nom.

MARIE BENEDICT

MADAME EINSTEIN

Traduit de l'anglais (États-Unis)
par Valérie Bourgeois

10/18

PRESSES DE LA CITÉ

Ce livre est une œuvre de fiction. Les noms, les personnages, les lieux et les événements sont le fruit de l'imagination de l'auteur ou sont utilisés fictivement. Toute ressemblance avec des personnes réelles, vivantes ou mortes, serait pure coïncidence.

Titre original :
The Other Einstein
L'édition originale de cet ouvrage a paru
chez Sourcebooks, Inc., Naperville, États-Unis.

© Marie Benedict, 2016
© Presses de la Cité, un département Place des éditeurs, 2018
pour la traduction française
ISBN 978-2-264-07415-7
Dépôt légal : février 2019

À Jim, Jack et Ben

PROLOGUE

4 août 1948
62, Huttenstrasse, Zurich, Suisse

La fin est là. Je la sens approcher, semblable à une ombre noire et séduisante qui soufflera ma dernière flamme. En ces ultimes instants, je regarde en arrière.

Comment ai-je pu m'égarer ainsi ? Comment ai-je pu perdre Lieserl ?

L'obscurité grandit. Durant le peu qu'il me reste à vivre, je fouille le passé en quête de réponses, telle une archéologue minutieuse. J'espère découvrir si, comme je l'ai suggéré il y a bien des années de cela, le temps est véritablement relatif.

Mileva « Mitza » Marić Einstein

PREMIÈRE PARTIE

*Tout corps persévère dans l'état de repos
ou de mouvement rectiligne uniforme
dans lequel il se trouve,
à moins que quelque force n'agisse sur lui
et ne le contraigne à changer d'état.*

Sir Isaac NEWTON

1

20 octobre 1896, au matin
Zurich, Suisse

J'ai lissé les plis de mon chemisier blanc fraîchement repassé, aplati le nœud de ma lavallière et coincé dans mon chignon une fine mèche qui s'en était libérée. Ma marche vers le campus de l'Institut polytechnique à travers les rues humides et embrumées de Zurich avait éprouvé ma mise soignée, et mon épaisse tignasse brune m'agaçait, à refuser obstinément de rester en place. Je voulais que cette journée soit parfaite jusque dans ses moindres détails.

Les épaules en arrière, j'ai tenté de me grandir un tant soit peu pour faire oublier ma regrettable petite taille avant d'entrer dans la salle de classe. Gravé d'un motif en forme de clé grecque usé par des générations d'étudiants, le lourd bouton de porte en laiton a fait paraître ma main presque enfantine. J'ai marqué une pause. Tourne cette poignée et ouvre la porte, me suis-je dit. Tu peux le faire. Franchir ce seuil n'a rien de nouveau pour toi. Tu as forcé la barrière prétendument infranchissable qui sépare les hommes et les femmes dans une foule d'autres salles de classe. Et toujours avec succès.

Malgré tout, j'ai hésité. Je savais pertinemment que si le premier pas était le plus dur à faire, le second ne l'était guère moins. Durant ce bref instant – à peine le temps d'une inspiration –, j'ai presque entendu la voix de mon père qui m'encourageait. « Sois audacieuse, me murmurait-il dans notre langue serbe natale, si peu usitée. Tu es une *mudra glava*. Une sage. Le cœur de nos ancêtres slaves bat en nous, celui des bandits et des brigands qui obtenaient leur dû par tous les moyens possibles. Va chercher ton dû, Mitza. Va chercher ton dû. »

J'ai toujours tout fait pour éviter de le décevoir.

J'ai ouvert la porte. Six personnes se sont tournées vers moi : cinq étudiants en costumes sombres et un professeur vêtu d'une toge noire, tous apparemment choqués. Rien, pas même des rumeurs, n'avait préparé mes camarades à voir une femme parmi eux. Bouche bée, les yeux exorbités, ils étaient presque ridicules, mais je n'ai pas commis l'erreur de rire. Au lieu de ça, j'ai ignoré le teint blafard et la mine stupéfaite, qui a assez vite fait place à un vague mépris, de ces garçons qui tentaient désespérément de paraître plus que leurs dix-huit ans avec leurs moustaches gominées.

C'était la volonté d'approfondir mes connaissances dans le domaine de la physique et des mathématiques qui m'avait conduite à l'Institut polytechnique, pas le désir de me faire des amis ni de plaire aux autres. Tout en gardant cette idée à l'esprit, je me suis armée de courage face à mon enseignant.

Le Pr Heinrich Friedrich Weber et moi nous sommes dévisagés. Le nez allongé, les sourcils épais et la barbe parfaitement taillée, l'illustre professeur en imposait autant par son physique que par sa réputation.

J'ai patienté en silence. Prendre la parole avant lui aurait été perçu comme une marque d'insolence extrême, et je ne pouvais me permettre un jugement de ce type dans la mesure où beaucoup assimilaient déjà ma présence dans cette école à une provocation. Il me fallait trouver le juste équilibre entre ma détermination à avancer sur un sentier encore peu battu et le respect des convenances que l'on attendait de moi.

— Vous êtes... ? a-t-il demandé.

Comme si mon arrivée n'était pas prévue. Comme s'il n'avait jamais entendu parler de moi.

— Mlle Mileva Marić, monsieur, ai-je dit en priant pour que ma voix ne tremble pas.

Weber a lentement consulté la liste de ses élèves. Bien sûr, il savait qui j'étais. Parce qu'il dirigeait le département de physique et de mathématiques, et parce que seules quatre femmes avant moi y avaient été admises, j'avais dû m'adresser directement à lui pour intégrer la première des quatre années de son programme d'enseignement, connu sous le nom de Section VI. Il m'avait lui-même donné son approbation ! Consulter la liste des inscrits était une manière flagrante et délibérée de faire connaître aux autres l'opinion qu'il avait de moi. Et de les autoriser à la partager.

— La Mlle Marić de Serbie, ou de je ne sais quel pays austro-hongrois ? a-t-il dit sans lever les yeux.

À croire qu'il pouvait y avoir une autre Mlle Marić dans la Section VI, originaire d'un endroit plus respectable, elle. La question de Weber révélait clairement ce qu'il pensait des peuples slaves de l'Europe de l'Est. En tant qu'étrangers à la peau mate, nous étions à ses yeux inférieurs aux peuples germaniques de cette Suisse si fière de sa neutralité. Encore un préjugé que j'allais devoir battre en brèche pour réussir. Il ne suffisait pas apparemment que je sois l'unique femme de la Section VI – et seulement la cinquième à y avoir jamais été admise.

— Oui, monsieur.

— Vous pouvez aller vous asseoir.

Il m'a montré la dernière chaise inoccupée de la classe. Par chance pour moi, elle était aussi la plus éloignée de son estrade.

— Nous avons déjà commencé, a-t-il ajouté.

Déjà ? Le cours n'était censé débuter que dans un quart d'heure. Les autres avaient-ils reçu une information qui ne m'avait pas été communiquée ? Avaient-ils conspiré entre eux pour se réunir en avance ? La question me brûlait les lèvres, mais je me suis abstenue de la poser. Protester n'aurait fait qu'attiser les critiques à mon égard. Et puis cela n'avait pas d'importance. Je veillerais simplement à arriver un quart d'heure plus tôt le lendemain. Et plus tôt encore tous les matins suivants, s'il le fallait. Je ne raterais pas un mot des cours de Weber. Il faisait erreur s'il pensait me décourager. Je n'étais pas la fille de mon père pour rien.

J'ai hoché la tête et fixé la longue distance qui me séparait de ma place en évaluant d'instinct le nombre de pas que j'allais devoir effectuer. Comment gérer au mieux cette difficulté ? J'ai d'abord tenté d'assurer ma démarche pour cacher ma claudication, mais le raclement de mon pied sur le sol a résonné dans la pièce. Prise d'une impulsion, j'ai alors décidé de ne rien cacher du tout et d'avancer en boitant ouvertement afin de bien faire voir à mes condisciples ce handicap qui est le mien depuis ma naissance.

Marteler le sol, traîner le pied. Encore et encore. Dix-huit fois jusqu'à ce que j'atteigne ma chaise. « Je suis ainsi faite, messieurs, avais-je l'impression de clamer à chaque raclement de ma chaussure. Regardez-moi bien et remettez-vous-en. »

Transpirant sous l'effort, je me suis rendu compte que la salle était totalement silencieuse. Tous attendaient que je m'installe et, gênés peut-être par ma claudication ou mon sexe, ou les deux, tous aussi évitaient de me fixer.

Tous, sauf un.

À ma droite, un jeune homme dont les cheveux châtains pointaient en tous sens m'observait avec curiosité. Chose inhabituelle, j'ai soutenu son regard. Mais alors même que je le défiais de se moquer de moi, ses yeux aux paupières lourdes ne se sont pas dérobés – au contraire, ils se sont plissés tandis qu'un sourire perçait sous l'ombre noire de sa moustache. Un sourire extrêmement perplexe, et en même temps admiratif.

Pour qui se prenait-il ? Que voulait-il me faire comprendre ?

Je n'avais pas le temps de m'interroger sur lui, cependant. Une fois assise, j'ai sorti de mon sac du papier, de l'encre et une plume, et je me suis préparée à écouter Weber. Je n'entendais pas me laisser déstabiliser par l'attitude effrontée et insouciante d'un camarade privilégié. Toujours consciente de l'attention qu'il me portait, j'ai gardé les yeux rivés sur notre enseignant, comme si de rien n'était.

Mais Weber n'était pas aussi déterminé que moi à l'ignorer. Pas plus qu'il n'était enclin à l'indulgence.

Il a dévisagé ce jeune homme en se raclant la gorge, avant de l'interpeller en constatant que celui-ci ne daignait pas tourner la tête vers son estrade :

— J'exige de chacun de vous qu'il reste concentré sur le cours. Ce sera votre premier et dernier avertissement, monsieur Einstein.

2

20 octobre 1896, dans l'après-midi
Zurich, Suisse

En entrant dans le vestibule de la pension Engelbrecht, j'ai fermé doucement la porte derrière moi et tendu mon parapluie mouillé à la domestique. Des rires me parvenaient du petit salon. Les filles guettaient mon retour, je le savais, mais je ne me sentais pas encore prête à répondre à leurs questions, si bienveillantes soient-elles. J'avais besoin d'au moins quelques minutes de solitude pour repenser à ma journée. Attentive à ne pas faire de bruit, j'ai monté les premières marches de l'escalier menant à ma chambre.

Criiiic. Cette fichue planche gauchie...

Helene est apparue avec une tasse de thé fumante à la main, suivie d'un froufrou de jupes gris foncé.

— Mileva, nous t'attendions ! Tu as oublié ?

De sa main libre, elle a pris la mienne et m'a entraînée vers le salon, autrement nommé entre nous « la salle de jeu ». Dans la mesure où nous étions les seules à en faire usage, nous nous étions senties en droit de le rebaptiser.

J'ai ri. Je n'aurais sans doute pas réussi à surmonter les quelques mois précédents sans ces filles. Milana, Ružica, et surtout Helene, une sorte d'âme sœur pour moi, avec son esprit vif, sa gentillesse et, curieux hasard, une claudication semblable à la mienne. Comment avais-je pu perdre même une journée avant de les laisser entrer dans ma vie ?

Lorsque j'étais arrivée à Zurich en compagnie de mon père, plusieurs mois auparavant, je n'aurais jamais imaginé nouer de telles amitiés. Marquée dans ma jeunesse par l'hostilité de mes camarades de classe – qui au mieux me rejetaient, au pire se moquaient de moi –, je me croyais destinée à une existence solitaire et studieuse. Du moins était-ce ainsi que m'apparaissait mon avenir.

À notre descente du train, au terme d'un voyage inconfortable de deux jours depuis notre maison de Zagreb, dans le royaume de Croatie-Slavonie, papa et moi avions une démarche quelque peu incertaine. La fumée de la locomotive tourbillonnait dans toute la gare de Zurich, et j'ai dû plisser les yeux pour y voir clair sur le quai. Une sacoche dans chaque main, dont une remplie de mes livres préférés, j'ai légèrement vacillé en commençant à me frayer un chemin dans la foule devant mon père et le porteur qui avait pris nos affaires les plus lourdes. Papa s'est aussitôt précipité vers moi pour me soulager de mon fardeau.

— Papa, je peux le faire, ai-je protesté en tentant de le repousser. Tu es déjà bien encombré avec tes bagages et tu n'as que deux bras.

— Mitza, s'il te plaît, donne-moi ça. Je peux supporter plus facilement que toi le poids d'un autre sac, a-t-il répliqué, avant d'ajouter sur le ton de la plaisanterie : Ta mère serait horrifiée d'apprendre que je t'ai regardée traverser la gare de Zurich sans lever le petit doigt pour t'aider.

J'ai posé une de mes sacoches pour me libérer de sa main enroulée autour de la mienne.

— Papa, il faut que je sois capable de me débrouiller seule. Je vais vivre ici sans personne.

Il m'a fixée longuement, comme s'il venait juste d'assimiler cette réalité, comme si nous n'avions pas travaillé dans ce but depuis que j'étais toute petite. À contrecœur, il a très lentement lâché ma main. Il lui en coûtait, et j'en avais conscience. Une partie de lui se réjouissait des études singulières que j'entreprenais – cela lui rappelait comment lui-même, à force de labeur, s'était élevé dans la société en passant du statut de paysan à celui de bureaucrate et de propriétaire terrien prospère –, mais je me demandais parfois s'il ne se sentait pas coupable et troublé à l'idée de m'encourager dans cette aventure incertaine. Il s'était concentré si longtemps sur le prestige de mon futur cursus universitaire qu'il n'avait pas dû vraiment envisager de devoir un jour me faire ses adieux et de me laisser seule dans ce pays étranger.

Au sortir de la gare, nous avons emprunté les rues de la ville, très animées en ce début de soirée. Le jour déclinait un peu, mais il ne faisait pas sombre. J'ai croisé le regard de mon père, et nous avons souri tous les deux, émerveillés. Nous n'avions connu jusqu'alors que des villes mal éclairées par des réverbères à pétrole ; ceux de Zurich, alimentés à l'électricité, jetaient autour de nous une lumière étonnamment vive. Grâce à eux, je distinguais même les plus infimes détails des robes que portaient les dames – des robes à tournure plus élaborées que les tenues sobres en vogue à Zagreb.

Des sabots ont claqué sur les pavés de la Bahnhofstrasse, annonçant l'arrivée d'un fiacre tiré par des chevaux. Papa a hélé le cocher. Pendant que celui-ci descendait pour charger nos bagages à l'arrière, j'ai enroulé mon châle brodé de roses autour de moi pour me réchauffer. Maman m'en avait fait cadeau la veille de mon départ, les larmes aux yeux, mais sans pleurer. J'ai compris plus tard seulement que ce châle était en quelque sorte sa dernière étreinte, un souvenir d'elle que je pourrais garder avec moi, puisqu'elle-même était obligée de rester à Zagreb avec ma sœur et mon frère cadets, Zorka et Miloš.

— Vous visitez la ville ? a demandé le cocher, interrompant le fil de mes pensées.

— Non, a répondu papa avec tout juste une pointe d'accent. Nous sommes venus inscrire ma fille à l'université, a-t-il ajouté en bombant légèrement le torse.

Il avait toujours été fier de son allemand grammaticalement parfait. La maîtrise de cette langue – celle des puissants dans l'Empire austro-hongrois, dont faisait partie notre région natale, la Voïvodine, province autonome serbe rattachée à la Hongrie – avait été la première étape de son ascension, nous répétait-il chaque fois qu'il nous houspillait pour que nous la pratiquions.

Le cocher a haussé les sourcils, surpris, mais il a gardé pour lui son avis et s'est contenté de nous tenir ouverte la portière du fiacre.

— À l'université, hein ? Alors je suppose que vous allez à la pension Engelbrecht ou à l'une des autres pensions de la Plattenstrasse.

Papa a marqué une pause, le temps que je m'installe, puis s'est tourné vers notre homme.

— Comment avez-vous deviné ?

— C'est là que je conduis la plupart des étudiants d'Europe de l'Est.

Devant le grognement de mon père lorsqu'il est monté à son tour, j'ai compris qu'il ignorait comment interpréter cette réponse. Était-ce une façon de dénigrer nos origines ? Nous avions été prévenus que, même s'ils défendaient ardemment leur indépendance et leur neutralité face au jeu implacable des forces étatiques autour d'eux, les Suisses prenaient de haut les habitants des régions les plus orientales de l'Empire austro-hongrois. À d'autres égards pourtant, ils étaient d'une tolérance sans égale. Leurs critères d'admission à l'université pour les femmes comptaient ainsi parmi les moins restrictifs. En soi, cette contradiction avait de quoi surprendre.

Le cocher a fait claquer son fouet pour donner le signal du départ à ses chevaux, qui se sont élancés sur les pavés dans un bruit fracassant. Alors que je m'efforçais de discerner les rues derrière la vitre maculée de projections boueuses, un tramway nous a doublés à vive allure.

— Tu as vu ça, papa ?

J'avais lu quelque part qu'il existait de tels engins, mais je n'en avais encore jamais eu un sous les yeux. Ce spectacle m'a rendue euphorique. Il prouvait combien la ville était avant-gardiste, au moins en matière de transport. Je pouvais juste espérer qu'elle le soit autant vis-à-vis des étudiantes.

— Je ne l'ai pas vu, non. En revanche, je l'ai entendu. Et senti également, a répondu mon père d'un ton calme en me pressant la main.

Je savais qu'il était enthousiasmé, lui aussi, mais qu'il voulait paraître au fait des usages du monde. Surtout après la remarque du cocher.

Je me suis retournée vers la vitre. Des collines verdoyantes entouraient la ville, et j'aurais juré pouvoir humer le parfum des arbres. Les massifs alpins étaient sûrement trop distants pour partager avec nous la fragrance de leurs vastes forêts, mais, quelle qu'en soit la cause, l'atmosphère à Zurich était bien plus respirable que celle de Zagreb, qui empestait toujours le crottin de cheval et les brûlis. Peut-être que cette odeur était soufflée par le vent en même temps que l'air vivifiant du lac à la lisière sud de la ville.

Au loin – presque au pied des collines, eût-on dit –, j'ai entraperçu des bâtiments jaune pâle au style néoclassique qui se détachaient devant des flèches d'églises. Ils ressemblaient beaucoup aux dessins de l'Institut polytechnique figurant sur mon dossier d'inscription, mais je les découvrais plus grands et plus imposants que dans mon imagination. Cette université d'un genre nouveau, qui avait vocation à former des enseignants de diverses disciplines scientifiques, faisait partie des rares en Europe à décerner des diplômes aux femmes. Je ne rêvais pour ainsi dire que de ça depuis des années, et pourtant j'avais du mal à concevoir que j'étudierais là dans quelques petits mois seulement.

Le fiacre s'est arrêté en faisant une embardée.

— 50, Plattenstrasse, a annoncé le cocher par la petite trappe qui le séparait de nous.

Papa lui a remis quelques francs. Puis la portière s'est ouverte.

Pendant que le cocher déchargeait nos bagages, une domestique de la pension Engelbrecht a descendu précipitamment les marches du perron pour venir prendre nos sacs les moins lourds. Un couple séduisant et élégamment vêtu est ensuite apparu entre les belles colonnes qui encadraient l'entrée de cette maison de briques de trois étages.

— Monsieur Marić ? a demandé l'homme, un personnage assez âgé de forte carrure.

— Oui. Vous devez être monsieur Engelbrecht, a répondu mon père, la main tendue, en s'inclinant légèrement.

Mme Engelbrecht s'est quant à elle vivement approchée de moi afin de m'entraîner à l'intérieur. Puis, une fois les présentations terminées, son mari et elle nous ont invités à prendre avec eux le thé et les gâteaux préparés en notre honneur. J'ai remarqué que mon père lorgnait avec approbation le lustre en cristal suspendu dans le petit salon attenant à l'entrée et les appliques murales assorties. Mitza logera dans une pension respectable, l'ai-je presque entendu penser.

Personnellement, je trouvais cette maison aseptisée et trop guindée par rapport à la mienne. Fini l'odeur du bois, de la poussière et des plats épicés. Nous autres Serbes aspirions peut-être à l'ordre germanique adopté par les Suisses, mais j'ai compris à cet instant que nos efforts ne faisaient pas le poids comparés aux sommets de propreté atteints par les habitants de ce pays.

Nous avons pris le thé en échangeant quelques plaisanteries. Face aux questions incessantes de mon père, les Engelbrecht nous ont exposé le règlement de leur établissement, notamment en ce qui concernait les repas, les visites, les lessives et le ménage dans les chambres. L'ancien militaire qui sommeillait en lui s'est également enquis de la sécurité des pensionnaires, et ses épaules se sont décontractées à mesure que les réponses positives se succédaient et qu'il jaugeait du regard les tentures bleues tuftées sur les murs et les chaises joliment sculptées réunies autour de la grande cheminée en marbre. Mais à aucun moment il ne s'est *complètement* détendu. Il avait beau vouloir que je fasse des études universitaires presque autant que je le voulais moi-même, la réalité des adieux à venir semblait lui peser plus que je ne l'aurais cru possible.

Tout en sirotant mon thé, j'ai entendu des rires. Des rires de filles.

Mme Engelbrecht a surpris ma réaction.

— Ah, ce sont nos jeunes demoiselles qui jouent au whist. Puis-je vous présenter à nos pensionnaires ?

Des jeunes demoiselles ? J'ai acquiescé, alors même que je souhaitais désespérément refuser. La fréquentation des autres filles se révélait en général une expérience cuisante pour moi. Nos points communs étaient rares, et j'avais souvent été victime de vexations et de coups de la part de mes camarades de classe, filles et garçons confondus, surtout lorsqu'ils mesuraient l'étendue de mes ambitions.

Pour autant, la politesse exigeait que nous nous levions, et Mme Engelbrecht nous a conduits dans une pièce plus petite qui différait du salon par sa décoration : le lustre et les appliques murales y étaient en laiton, pas en cristal, les murs s'ornaient de lambris en chêne, non de tentures bleues soyeuses, et une table de jeu trônait en son centre. En entrant, j'ai cru entendre quelqu'un prononcer le mot *krpiti*. J'ai jeté un coup d'œil à mon père. Il avait l'air aussi étonné que moi. *Krpiti* est une expression serbe que nous utilisons lorsque nous sommes déçus ou malheureux au jeu, et je me suis demandé qui pouvait bien l'employer. À coup sûr, nous avions mal compris.

Trois filles étaient assises autour de la table, toutes à peu près de mon âge, et toutes dotées par la nature de cheveux bruns et d'épais sourcils qui n'étaient pas sans rappeler les miens. Même leurs chemisiers blancs amidonnés surmontés d'un col haut en dentelle et leurs jupes toutes simples de couleur foncée ne différaient guère de ma propre tenue. C'étaient là des toilettes sérieuses, pas des robes jaune citron ni rose bonbon, pleines de fanfreluches et autres falbalas, comme en portaient de nombreuses jeunes femmes – dont celles que j'avais croisées dans les belles rues près de la gare.

En nous voyant arriver, les filles ont vivement posé leurs cartes et se sont levées.

— Mesdemoiselles Ružica Dražić, Milana Bota et Helene Kaufler, j'aimerais vous présenter notre nouvelle pensionnaire, Mlle Mileva Marić, qui étudiera les mathématiques et la physique à l'Institut polytechnique, a déclaré Mme Engelbrecht pendant que chacune de nous effectuait une révérence. Vous serez ici en bonne compagnie, mademoiselle Marić.

Elle m'a ensuite désigné celle des trois filles qui avait de larges pommettes, un sourire franc et des yeux mordorés.

— Mlle Dražić est venue de Šabac étudier les sciences politiques à l'université de Zurich.

Puis elle s'est tournée vers la deuxième, celle avec la chevelure la plus brune et les sourcils les plus épais.

— Mlle Bota, elle, a quitté Kruševac pour apprendre la psychologie à l'Institut polytechnique, où vous allez vous-même.

Enfin, elle a posé une main sur l'épaule de la dernière, celle au visage encadré d'un doux halo de cheveux châtains, aux yeux bleu-gris bienveillants et aux sourcils inclinés vers le bas.

— Et voici notre chère Mlle Kaufler, qui a fait tout le chemin depuis Vienne pour passer son diplôme d'histoire, elle aussi à l'Institut polytechnique.

Je ne savais quoi dire. Des étudiantes, originaires comme moi des provinces de l'est de l'Empire austro-hongrois ?! Et moi qui pensais être un cas unique... À Zagreb, toutes les autres filles proches de la vingtaine étaient mariées ou se préparaient au mariage en rencontrant quantité de partis convenables et en s'entraînant chez leurs parents à tenir une maison. Leur éducation s'était arrêtée des années plus tôt, à supposer qu'elles soient jamais allées à l'école. Je m'attendais à être toujours la seule étudiante d'Europe de l'Est dans un monde d'hommes d'Europe de l'Ouest. Peut-être même la seule étudiante tout court.

Mme Engelbrecht a regardé tour à tour ses pensionnaires.

— Nous allons vous laisser à votre partie de whist pendant que nous finissons de discuter de certaines choses. J'espère que vous ferez visiter la ville à Mlle Marić demain ?

— Bien sûr, madame Engelbrecht, a répondu Mlle Kaufler avec un sourire chaleureux. Peut-être même acceptera-t-elle de jouer aux cartes avec nous demain soir. Une quatrième joueuse ne serait pas de trop.

Elle semblait sincère, et j'étais séduite par ce trio si accueillant. D'instinct, je lui ai retourné son sourire, mais je me suis vite reprise. Attention, me suis-je dit. Rappelle-toi la cruauté des autres filles, leurs moqueries, leurs injures, leurs coups de pied dans la cour de récréation. C'est le cursus de mathématiques et de physique de l'Institut polytechnique qui t'a attirée ici, parce que tu voulais réaliser ton rêve de devenir l'une des très rares femmes professeurs de physique en Europe. Tu n'as pas parcouru tout ce trajet simplement pour te faire quelques amies, quand bien même ces filles seraient aussi sympathiques qu'elles le donnent à penser.

Alors que nous retournions dans le salon, papa m'a prise par le bras.

— Elles ont l'air incroyablement gentilles, Mitza, a-t-il murmuré à mon oreille. Et elles doivent être intelligentes, aussi, pour être venues étudier à l'université. C'est peut-être le moment que tu te fasses une amie ou deux, maintenant qu'on a enfin rencontré quelques jeunes personnes susceptibles d'être tes égales sur le plan intellectuel. Il faut bien qu'une chanceuse partage toutes les petites plaisanteries que tu gardes pour moi d'habitude...

Un curieux optimisme perçait dans sa voix, comme s'il désirait que je fasse le premier pas vers les pensionnaires de Mme Engelbrecht. Qu'essayait-il de me dire au juste ? J'étais désorientée. Il m'avait affirmé pendant tant d'années que les amies étaient secondaires, qu'un mari n'avait pas d'importance et que seules comptaient notre famille et l'éducation. S'agissait-il d'un test ? Je voulais lui montrer que les désirs habituels d'une jeune femme – avoir des amies, un mari, des enfants – n'étaient pas les miens et que rien n'avait changé à cet égard. Je voulais réussir cet étrange examen haut la main, comme tous les autres avant ça.

— Papa, je te promets que je suis venue ici pour étudier, pas pour me faire des amies, ai-je répondu avec fermeté.

J'escomptais que cela le rassurerait et le persuaderait que le destin qu'il m'avait prédit et même souhaité il y a si longtemps était devenu celui que j'étreignais à bras-le-corps.

Mais ma réponse ne l'a pas enchanté, loin de là, et sa mine s'est assombrie sous le coup de la tristesse ou de la colère – je n'aurais su dire au début. N'avais-je pas été assez claire ? Ou son message avait-il vraiment évolué sous prétexte que ces filles étaient différentes de toutes celles que j'avais connues jusqu'alors ?

Il a gardé le silence quelques instants.

— J'avais espéré que tu pourrais avoir les deux, a-t-il enfin dit d'un ton abattu.

Au cours des semaines qui ont suivi son départ, j'ai évité les filles et me suis isolée dans ma chambre avec mes livres. Mais le règlement de la pension faisait que je mangeais avec elles tous les jours, et les bonnes manières exigeaient que je participe poliment à la conversation durant le petit déjeuner et le dîner.

Elles me proposaient constamment de les accompagner dans leurs promenades, au café, au théâtre ou à des concerts, et me reprochaient gentiment d'être trop sérieuse, trop réservée, trop studieuse. J'avais beau refuser, elles s'obstinaient à m'inviter, faisant ainsi preuve d'une persévérance que je n'avais jamais rencontrée chez personne à part moi.

Cela a duré jusqu'à un soir de cet été-là. Comme c'était devenu mon habitude, j'étudiais en prévision de la rentrée d'octobre, mon châle enroulé autour de mes épaules face au froid qui régnait invariablement dans les chambres de la pension, quelle que soit la chaleur au-dehors. J'analysais un texte lorsque j'ai entendu les filles au rez-de-chaussée s'attaquer à l'une des deux suites d'orchestre tirées de *L'Arlésienne* de Bizet, un morceau que je connaissais bien pour l'avoir déjà joué en famille. Elles l'interprétaient assez mal mais en y mettant beaucoup de cœur, et ces notes familières m'ont rendue mélancolique. Brusquement, j'ai senti tout le poids de ma solitude. J'ai ramassé ma *tambura* qui traînait dans un coin et suis descendue me planter sur le seuil du petit salon, d'où j'ai regardé les filles se battre avec leur partition de musique.

Appuyée contre le mur, mon luth à la main, j'ai soudain craint d'être ridicule. Comment pouvais-je penser qu'elles m'accepteraient, moi qui avais si souvent décliné leurs invitations ? J'étais prête à remonter en courant dans ma chambre lorsque Helene m'a aperçue et a cessé de jouer.

— Voulez-vous vous joindre à nous, mademoiselle Marić ? a-t-elle demandé avec cette chaleur qui la caractérisait.

Puis elle a posé sur Ružica et Milana un regard faussement exaspéré.

— Comme vous pouvez le constater, nous avons besoin de toute l'assistance musicale que vous avez à offrir.

J'ai dit oui. Et en l'espace de quelques jours, les filles m'ont catapultée dans une vie que je n'avais jamais connue auparavant. Une vie emplie d'amies qui partageaient ma vision du monde. Papa s'était trompé, et moi aussi. Il était important d'être entourée et soutenue, du moins par des personnes de ce genre, aussi farouchement intelligentes qu'ambitieuses, victimes des mêmes moqueries, des mêmes jugements sans appel que moi, et assez fortes pour surmonter ces épreuves avec le sourire.

Contrairement à ce que je redoutais, ces amitiés ne sapaient pas ma détermination à réussir. Elles me rendaient plus forte.

Quelques mois plus tard, donc, je me suis laissée tomber sur une chaise pendant que Ružica me servait un thé. Une odeur de citron a flotté vers moi. L'air très contente d'elle, Milana m'a tendu une assiette avec une part de mon gâteau préféré à la mélisse. Elles avaient dû en demander un exprès à Mme Engelbrecht. Une attention spéciale pour une journée qui l'était tout autant.

— Merci.

Nous avons bu notre thé et grignoté le gâteau. Les filles étaient curieusement silencieuses, même si je devinais à leurs mines et aux regards qu'elles échangeaient que cette réserve leur demandait un gros effort. Elles attendaient que je parle enfin, que j'exprime autre chose que des marques de satisfaction devant ces petites douceurs.

Ružica, la plus vive des trois, ne l'a pas supporté bien longtemps. Elle manifestait toujours plus d'obstination et moins de patience que les autres, et la question a fini par jaillir de sa bouche.

— Alors, comment était le fameux Pr Weber ? a-t-elle lancé, les sourcils froncés en une imitation comique de cet homme, aussi connu pour son autorité redoutable en classe que pour son intelligence.

— Fidèle à sa réputation, ai-je répondu en mordant dans mon gâteau.

C'était un succulent mélange de saveurs sucrées. J'ai essuyé une miette au coin de mes lèvres et me suis expliquée :

— Il a consulté la liste de ses élèves avant de me laisser m'asseoir. Comme s'il ignorait que j'étais inscrite à son cours... C'est quand même lui qui a accepté ma candidature !

Les filles ont ri d'un air entendu.

— Il s'est ensuite moqué de mes origines serbes.

Toutes trois sont redevenues sérieuses à ces mots. Nées aux confins de l'Empire austro-hongrois, Ružica et Milana avaient subi un traitement comparable. Même Helene, qui avait pourtant ses racines en Autriche, un pays jugé plus respectable, avait souffert de l'attitude mortifiante de ses professeurs à l'Institut polytechnique en raison de son ascendance juive.

— Ça me rappelle mon premier jour dans la classe du Pr Herzog, a-t-elle dit.

Nous l'avions déjà écoutée nous faire le récit éprouvant de son humiliation. Après avoir fait remarquer que son nom de famille sonnait juif, le Pr Herzog avait passé une bonne partie de son premier cours d'histoire sur l'Italie à évoquer le ghetto vénitien où les Juifs avaient été forcés de vivre, du seizième au dix-huitième siècle. Une telle insistance ne pouvait pas relever d'une coïncidence à nos yeux.

— Ça ne leur suffit pas que nous ne soyons que quelques femmes dans un monde d'hommes. Il faut qu'on nous trouve des défauts supplémentaires et qu'on mette en avant nos différences, a déclaré Ružica.

— Comment sont les autres élèves ? a demandé Milana, avec la volonté manifeste de changer de sujet.

— Comme on pouvait s'y attendre.

Les filles ont soupiré en signe de solidarité.

— Suffisants ? a dit Milana.

— Affirmatif.

— Très moustachus ? a suggéré Ružica en riant.

— Affirmatif.

— Trop sûrs d'eux ? a dit Helene.

— Doublement affirmatif.

— Pas de signes visibles d'hostilité ?

Helene avait posé cette dernière question d'un ton plus solennel, plus prudent. Elle se montrait très protectrice envers notre groupe, un peu à la manière d'une mère poule. Et plus encore avec moi. Depuis que je lui avais raconté ce qui m'était arrivé le jour de mon entrée au Lycée royal de Zagreb, une histoire que je n'avais encore partagée avec personne hormis elle, elle se méfiait beaucoup du comportement des autres à mon égard. Ružica, Milana et elle n'avaient pas connu un tel déferlement de violence, mais toutes avaient perçu une menace sous-jacente à un moment ou à un autre.

— Non, pas encore.

— C'est une bonne nouvelle, ça, a commenté Ružica, en éternelle optimiste qu'elle était.

Nous l'accusions souvent de trouver des côtés positifs même aux pires tempêtes, mais elle soutenait qu'adopter une telle vision des choses était nécessaire dans notre situation et nous incitait fortement à l'imiter.

— Des alliés potentiels ? s'est enquise Milana.

Elle s'aventurait sur un terrain plus stratégique. Le programme de physique exigeait des étudiants qu'ils travaillent ensemble sur certains projets, et nous avions discuté de diverses tactiques entre nous. Que faire si personne ne voulait former de binôme avec moi ?

— Non, ai-je répondu mécaniquement.

Mais aussitôt le conseil de Ružica d'être plus positive m'est revenu à l'esprit.

— Enfin, si, peut-être. Il y a un étudiant qui m'a souri. Un peu trop longtemps à mon avis, mais tout de même, il avait l'air sincère. Pas moqueur. Il s'appelle Einstein, je crois.

Helene a haussé les sourcils. La simple idée d'une aventure romantique importune la plongeait dans un état d'alerte maximale. Cela la préoccupait presque autant que les manifestations de violence.

— Fais attention à toi, m'a-t-elle dit.

J'ai pressé sa main.

— Ne t'inquiète pas, Helene.

Puis, parce que cela ne suffisait pas à la dérider, je l'ai légèrement taquinée :

— Allons, vous me reprochez toutes les trois d'être toujours *trop* prudente, *trop* réservée, et de ne dévoiler ma vraie personnalité à personne à part vous. Franchement, Helene, tu me crois capable d'agir de façon irréfléchie avec M. Einstein ?

Sa mine soucieuse a fait place à un sourire.

Je m'étonnais en permanence lorsque j'étais avec ces filles. Je m'étonnais de trouver les mots pour leur raconter des souvenirs enfouis depuis longtemps au fond de moi. Je m'étonnais de les laisser voir qui j'étais réellement. Et je m'étonnais qu'elles m'acceptent malgré ça.

3

22 avril 1897
Zurich, Suisse

Le silence régnait dans la spacieuse bibliothèque lambrissée de l'Institut polytechnique, pourtant presque comble. Je me suis installée à ma place. Les autres étudiants s'adonnaient sans bruit au culte de leur discipline, biologie, chimie, mathématiques ou physique, comme dans mon cas. Protégée du monde extérieur par les parois de mon box de lecture, barricadée derrière mes livres, fortifiée par mes propres réflexions et raisonnements, je m'imaginais presque passer totalement inaperçue parmi eux.

Devant moi s'étalaient mes notes, plusieurs textes au programme et un article sélectionné de ma propre initiative. Tous réclamaient mon attention, et je peinais à choisir celui auquel j'allais consacrer mon temps. Newton ? Descartes ? Ou peut-être un théoricien plus contemporain ? L'école et la ville de Zurich tout entière me semblaient bruisser de conversations sur les derniers progrès accomplis dans le domaine de la physique, et j'avais l'impression que cela me concernait directement. La physique était la matière où je me sentais le plus à l'aise. Dans ses règles secrètes sur le fonctionnement du monde – les forces cachées et les relations invisibles de cause à effet, si complexes que seul Dieu pouvait les avoir créées – se nichaient les réponses aux plus grandes questions sur notre existence. Si seulement je pouvais les découvrir…

Parfois, lorsque j'abordais de façon plus détendue mes lectures et mes calculs au lieu de m'y plonger avec une extrême concentration, j'entrevoyais les schémas divins que je cherchais désespérément. Mais je ne faisais que les entrevoir, justement. Dès que je tentais de les cerner, ils disparaissaient dans le néant. Peut-être n'étais-je pas encore prête à regarder en face l'œuvre de Dieu. Peut-être aussi me laisserait-il y arriver avec le temps.

Je reconnaissais à mon père le mérite de m'avoir conduite jusqu'à cet antre de l'éducation et de la curiosité. Mon unique regret était de savoir que mon avenir et ma sécurité au quotidien ne cessaient de l'angoisser. Dans mes lettres, je m'efforçais de le convaincre de la réalité des nombreux postes d'enseignante qui s'offriraient à moi à la fin de mes études au cas où je ne ferais pas carrière dans la recherche, et je ne manquais jamais de lui assurer que rien ne venait troubler ma vie parfaitement réglée à l'école et à la pension. Malgré tout ça, les questions qu'il me posait trahissaient toujours la même anxiété.

Chose intéressante, ma mère paraissait avoir l'esprit plus tranquille, elle. Elle avait longtemps réprouvé mon besoin si peu orthodoxe d'aller à l'école, mais après mon installation à Zurich – et plus encore après que j'avais commencé à évoquer longuement dans mes lettres mes sorties avec Ružica, Milana et Helene –, elle avait eu l'air d'accepter mon choix. Ses réponses disaient clairement qu'elle se réjouissait de ces nouvelles amitiés. Mes premières amitiés.

Une telle approbation était rare chez elle. Jusqu'à ce récent rapprochement, nos rapports avaient pâti de l'inquiétude qu'elle nourrissait pour moi, sa fille boiteuse, solitaire et excentrique. Et aussi de l'impact que ma soif de connaissances avait eu sur sa propre vie. La preuve en était cet après-midi glacial du mois de septembre, près de sept ans plus tôt, où elle n'avait pas masqué son opposition à la voie résolument non féminine que j'entendais suivre, et ce alors que papa lui-même m'encourageait et qu'elle n'osait pas souvent le défier.

À l'époque, nous habitions encore dans ma lointaine Voïvodine, et nous nous rendions ce jour-là au cimetière de Titel, ma ville natale, où reposaient mon frère et ma sœur aînés, tous deux morts de maladies infantiles des années avant ma naissance. Un vent mauvais agitait le fichu enroulé autour de mes cheveux. J'ai attrapé le tissu noir et l'ai maintenu en place en imaginant le claquement de langue réprobateur de ma mère si jamais il venait à s'envoler et à me laisser tête nue pendant que nous foulions ce sol sacré. Les plis du fichu recouvraient mes oreilles, étouffant les gémissements plaintifs et graves du vent. J'en étais heureuse, même si ces plaintes seyaient à notre destination.

Le parfum du *tamjan*, un encens doux et entêtant, s'est échappé de notre église lorsque nous sommes passées devant, et des feuilles mortes ont crissé sous nos pieds tandis que je tentais de caler mon pas sur celui de ma mère. La colline était rocailleuse et j'avais du mal à la gravir. Ma mère le savait pertinemment, mais elle n'a pas ralenti. C'était comme si la difficulté de cette marche jusqu'au cimetière faisait partie de ma punition – celle que je méritais parce que j'avais survécu, moi, contrairement à mon frère et à ma sœur. Parce que j'avais été épargnée par les maladies. Et parce que, à cause de moi, mon père avait accepté un nouveau poste de fonctionnaire à Zagreb, une ville bien plus importante, avec de meilleures écoles, mais qui l'éloignerait de la tombe de ses deux aînés.

— Tu viens, Mitza ? a-t-elle lancé sans se retourner.

J'ai tenté de garder à l'esprit que sa sévérité ne s'expliquait pas seulement par son mécontentement à l'idée de déménager à Zagreb. Une discipline stricte et une grande exigence étaient les préceptes qu'elle suivait au quotidien pour s'assurer des enfants vertueux. Ainsi répétait-elle souvent : « Les Proverbes disent que les coups et les reproches rendent sage, mais qu'un enfant qu'on ne corrige pas fait honte à sa mère. »

— J'arrive, maman !

En deuil, comme à son habitude, la tête recouverte elle aussi d'un fichu noir en l'honneur de mon frère et de ma sœur, elle a continué à avancer devant moi, pareille à une ombre d'ébène sur le ciel gris d'automne. J'étais hors d'haleine le temps d'arriver en haut de la colline, mais j'ai étouffé ma respiration laborieuse. Tel était mon devoir.

Au risque de l'agacer, j'ai contemplé le paysage autour de nous. J'adorais la vue depuis cet endroit.

Titel s'étalait à nos pieds, et par-delà la flèche de l'église la ville poussiéreuse semblait s'accrocher aux rives de la Tisza. Si petite fût-elle – elle ne comportait qu'une place, un marché et quelques bâtiments administratifs en son centre –, elle n'en demeurait pas moins belle.

Mais la culpabilité m'a vite envahie lorsque j'ai entendu maman s'agenouiller. Ce n'était pas une banale promenade, et je n'aurais pas dû y prendre plaisir. Nous ne remettrions pas les pieds au cimetière avant longtemps. À cet instant, même mon père n'aurait pas pu me faire envisager notre départ d'un cœur plus léger.

J'ai pris place à côté de ma mère devant les pierres tombales. Les graviers s'enfonçaient dans mes genoux, mais je tenais à ressentir cette douleur. Cela me paraissait un moyen raisonnable d'expier celle que je lui infligeais en provoquant notre déménagement. Depuis que j'avais atteint les limites de l'enseignement qu'il m'était possible de suivre dans la région, papa voulait que j'entre au Lycée royal de Zagreb. J'ai jeté un coup d'œil à ma mère. Elle avait fermé ses yeux marron, et, privée de leur éclat dur, elle faisait plus que ses trente et quelques années. Le deuil et son travail quotidien l'avaient prématurément vieillie.

Je me suis signée, j'ai fermé les yeux moi aussi et prié en silence pour les âmes de mon frère et de ma sœur. Je les avais toujours considérés comme des compagnons invisibles, des amis de substitution pour moi qui n'en avais aucun. Ma vie aurait probablement été si différente s'ils n'avaient pas succombé à la maladie. Peut-être qu'avec eux je ne me serais pas sentie si seule. Je n'aurais pas aspiré en secret à jouer avec les autres filles dans la cour de récréation, même celles qui s'en prenaient à moi.

J'ai rouvert les yeux sous la caresse d'un rayon de soleil. Les stèles cintrées en marbre me faisaient face et les noms *Milica Marić* et *Vukašin Marić* brillaient comme s'ils venaient juste d'être gravés. J'ai réprimé l'envie de passer mes doigts sur chacune des lettres.

Maman aimait en général que nos visites se déroulent dans le silence et la méditation, mais ce jour-là elle m'a pris la main et s'est adressée à la Vierge Marie dans notre langue serbe natale, que nous n'employions pourtant que très rarement :

— *Bogorodice Djevo, radujsja, blagodatnaja Marije...*

Elle parlait d'une voix si forte qu'elle dominait le vent et le bruit des feuilles. Et elle se balançait d'avant en arrière, aussi. Cette attitude théâtrale m'a gênée, surtout quand deux personnes un peu plus loin ont tourné la tête vers nous.

Je me suis tout de même jointe à elle. Les paroles du « Je vous salue, Marie » m'apaisaient d'ordinaire, mais là, elles me semblaient étrangères. Presque lourdes sur ma langue. Comme un mensonge. Maman ne les récitait pas non plus de la même façon que d'habitude. Ce n'était pas tant un acte de dévotion qu'une condamnation – vis-à-vis de moi, certainement pas de la Vierge Marie.

J'ai essayé de me concentrer sur le vent, le craquement des branches et des feuilles, les chevaux qui passaient au galop près du cimetière – tout plutôt que d'écouter ces mots proférés par ma mère. Je n'avais pas besoin qu'on me rappelle davantage tout ce qui reposerait sur mes épaules à Zagreb.

Je devais réussir. Pas seulement pour moi-même et mes parents, mais aussi pour mon frère et ma sœur disparus. Pour ces âmes que nous laisserions derrière nous.

Je percevais le grattement des stylos plume des autres étudiants qui travaillaient près de moi à la bibliothèque, mais un seul homme captait toute mon attention. Philipp Lenard. Alors que j'aurais dû m'atteler aux textes de Hermann von Helmholtz et Ludwig Boltzmann, que le Pr Weber nous avait demandé d'étudier, j'ai commencé à lire l'article rédigé par le célèbre physicien allemand. J'étais attirée par ses récents travaux sur les rayons cathodiques et leurs propriétés. Après avoir positionné des électrodes métalliques dans des tubes en verre vidés de leur air, il les avait soumises à un courant de haute tension, puis s'était intéressé aux rayons générés. Lorsque l'extrémité du tube située face à la charge négative était enduite d'un produit phosphorescent, avait-il observé, un objet minuscule à l'intérieur de la cavité se mettait à luire et à se déplacer en zigzag. Il en avait conclu que les rayons cathodiques étaient des flux de particules énergétiques négatives – des « quanta d'électricité », ainsi qu'il les nommait. Reposant l'article, je me suis demandé comment les recherches de Lenard pourraient influencer la question très débattue de la nature et de l'existence des atomes. De quoi Dieu avait-il fait le monde ? La réponse nous en dirait-elle plus sur le but de l'humanité sur cette terre ? Il m'arrivait parfois, au milieu d'un ouvrage ou d'une rêverie, d'entrevoir des schémas divins dans les lois physiques qui m'étaient enseignées. C'était là que je sentais la présence de Dieu, et non pas sur les bancs des églises que fréquentait ma mère ni dans leurs cimetières.

17 heures ont sonné à la tour de l'horloge de l'université. Était-il vraiment si tard ? Je n'avais pas lu un traître mot des textes que j'étais censée étudier.

J'ai tendu le cou vers une fenêtre. Les tours dotées d'une horloge ne manquaient pas à Zurich, et les aiguilles de celle que j'avais sous les yeux m'ont confirmé qu'il était bien 17 heures. Impossible de traîner, Mme Engelbrecht affichait une fermeté toute teutonique en ce qui concernait les horaires des repas. Qui plus est, les filles devaient déjà être prêtes à jouer un morceau de musique, comme chaque jour avant le dîner. C'était l'un de nos petits rituels – et celui que je préférais.

Je triais mes papiers et les glissais dans mon sac quand mon attention a été retenue par une expression dans l'article de Lenard, qui se trouvait au sommet de ma pile. Je me suis replongée dedans, et cette lecture m'a tellement absorbée que j'ai sursauté en entendant mon nom.

— Mademoiselle Marić, puis-je interrompre le fil de vos pensées ?

C'était M. Einstein, les cheveux plus en bataille que jamais, comme s'il avait passé les doigts dans ses boucles brunes pour les obliger à rester dressées sur sa tête. Sa chemise et sa veste froissées n'avaient pas plus fière allure. Cette apparence débraillée jurait avec celle si soignée des autres étudiants, mais contrairement à eux il souriait.

— Oui, monsieur Einstein.

— J'espère que vous pourrez m'aider à résoudre un problème, a-t-il dit en me fourrant quelques feuilles dans la main.

— Moi ?

Je me suis aussitôt reproché cette marque de surprise évidente. Montre plus d'assurance, me suis-je dit. Tu es largement aussi intelligente que les autres élèves de la Section VI. Pourquoi l'un d'entre eux ne ferait-il pas appel à tes lumières ?

Mais il était trop tard, j'avais déjà trahi mon manque de confiance en moi.

— Oui, vous, mademoiselle Marić. Je vous tiens pour la personne la plus brillante de notre classe, et de loin la meilleure en maths. Ces *Dummköpfe* là-bas ont été incapables de trouver la solution, a-t-il ajouté en montrant deux de nos camarades, M. Ehrat et M. Kollros, qui discutaient à voix basse en gesticulant frénétiquement entre deux piles de livres.

— Très certainement.

J'étais flattée par ses paroles, et en même temps méfiante. Si Helene avait été là, elle m'aurait exhortée à la prudence tout en m'incitant à nouer une sorte d'alliance estudiantine avec lui. Il me faudrait travailler en binôme au laboratoire le semestre suivant, et peut-être n'aurais-je pas d'autre choix que de m'associer à M. Einstein. Durant les six mois qui venaient de s'écouler, je m'étais assise chaque jour en classe avec les mêmes cinq autres élèves, et tous n'avaient manifesté envers moi qu'un minimum de courtoisie et une indifférence très étudiée. Mais la gentillesse avec laquelle ce jeune homme me saluait et m'interrogeait parfois sur ce que je pensais des cours du Pr Weber faisait qu'il était devenu mon seul espoir.

— Voyons ça, ai-je dit en examinant ses papiers.

Il m'avait tendu un amas de notes presque incompréhensibles. Ce travail était-il représentatif de celui de mes autres condisciples ? Si oui, je n'avais pas beaucoup de soucis à me faire concernant le mien. J'ai étudié ses calculs brouillons et n'ai pas tardé à repérer son erreur. Elle n'était due qu'à la paresse, en fait.

— Là, monsieur Einstein. En inversant ces deux nombres, vous devriez arriver vite au bon résultat...

— Ah, je vois. Merci pour votre aide, mademoiselle Marić.

— Tout le plaisir est pour moi, ai-je répondu, avant de finir de ranger mes affaires.

J'ai toutefois senti son regard par-dessus mon épaule.

— Vous lisez Lenard ? a-t-il dit, visiblement étonné.

— Oui.

— Il n'est pas à notre programme.

— Non, en effet.

— Je suis stupéfait, mademoiselle Marić.

— Et pourquoi donc, monsieur Einstein ?

Je me suis tournée face à lui, comme pour le défier. Me croyait-il incapable de comprendre les théories de Lenard, d'une nature bien plus complexe que les notions de base abordées pendant nos cours de physique ? Parce qu'il était un peu plus grand que moi, j'ai dû lever la tête. Ma petite taille était un handicap que j'avais fini par détester autant que ma claudication.

— Vous semblez être une étudiante modèle, mademoiselle Marić. Toujours présente en cours, toujours respectueuse du règlement, méticuleuse dans vos prises de notes, bûcheuse infatigable à la bibliothèque, où vous passez des heures au lieu de perdre votre temps au café. Et pourtant, vous êtes aussi bohème que moi. Je ne l'aurais pas cru.

— Bohème ? Je ne vois pas ce que vous voulez dire.

Je m'étais exprimée d'un ton sec. En me traitant de bohème, un mot que j'associais à la province austro-hongroise du même nom, dénigrait-il mes origines ? Les plaisanteries de Weber en cours lui avaient appris que j'étais serbe, et les préjugés des peuples germaniques et occidentaux comme le sien envers les habitants des contrées orientales étaient bien connus. De mon côté, même si je savais qu'il venait de Munich, je m'étais interrogée à son sujet. Avec ses cheveux bruns, ses yeux et son nom, tout aussi distinctif, il n'avait pas le profil d'un Allemand. Peut-être que sa famille s'était installée là-bas après avoir quitté une autre région ?

Signe qu'il avait dû sentir ma colère, il s'est empressé de clarifier son propos :

— J'utilise le mot « bohème » à la manière des Français. Dans le sens de libre-penseur. De progressiste. Tout le contraire de la mentalité bourgeoise de certains de nos camarades...

J'ignorais comment interpréter cet échange. M. Einstein ne donnait pas l'impression de se moquer de moi, et j'ai même pensé qu'il essayait de me faire un compliment en m'accolant cette étrange étiquette. Tout cela me mettait de plus en plus mal à l'aise, à vrai dire.

— Je dois partir, monsieur Einstein, ai-je dit en ramassant les dernières feuilles que j'avais laissées sur mon bureau. Mme Engelbrecht ne plaisante pas avec les horaires des repas et je n'ai pas intérêt à être en retard pour le dîner. Bonsoir.

Puis j'ai fermé mon sac et lui ai fait une petite révérence.

— Bonsoir, mademoiselle Marić, a-t-il répondu en s'inclinant. Je vous suis très reconnaissant pour votre aide.

J'ai passé la porte en chêne de la bibliothèque et traversé la petite cour pavée qui débouchait sur la Rämistrasse, l'artère animée longeant l'Institut polytechnique. Le boulevard regorgeait de pensions où les nombreux étudiants de Zurich dormaient la nuit, ainsi que de cafés où ces mêmes étudiants débattaient de questions importantes la journée, quand ils n'étaient pas en cours. À en juger par ce que j'en voyais, le café et le tabac étaient les principaux carburants de leurs conversations enflammées. Mais ce n'était qu'une supposition. Je n'osais pas m'inviter à l'une de ces tables, et le jour où M. Einstein m'avait fait signe de les rejoindre, ses amis et lui, à la terrasse du café Metropol, j'avais fait mine de ne pas le remarquer. Il était rare que des femmes se mêlent aux hommes dans ces lieux, et c'était là une ligne que je n'arrivais pas encore à franchir.

La nuit tombait sur la Rämistrasse, et pourtant la rue était tout illuminée par les réverbères. Une fine brume commençant à se former, j'ai remonté ma capuche pour empêcher l'humidité ambiante d'imprégner mes cheveux et mes vêtements. Mais la pluie s'est bientôt mise à tomber dru – chose inattendue, tant la matinée avait été ensoleillée – et j'ai eu de plus en plus de mal à avancer. J'étais de loin la personne la plus petite dans cette foule, je ruisselais, et les pavés devenaient glissants. Oserais-je enfreindre mes propres règles en me réfugiant dans un café jusqu'à ce que le temps s'améliore ?

C'est alors que, sans prévenir, l'averse a cessé. J'ai levé les yeux en m'attendant à découvrir une bande de ciel dégagée, mais je n'ai vu que du noir et des filets d'eau qui s'écoulaient tout autour de moi.

M. Einstein brandissait un parapluie au-dessus de ma tête.

— Vous êtes trempée, mademoiselle Marić, a-t-il dit, les yeux brillants d'espièglerie, comme toujours.

Que faisait-il là ? Il n'avait pas eu l'air prêt à partir de la bibliothèque, quelques instants plus tôt. M'avait-il suivie ?

— C'est un déluge inattendu, monsieur Einstein. Merci beaucoup pour votre parapluie, mais je vais bien.

Il était impératif que je fasse valoir mon autonomie. Je ne voulais pas qu'un seul de mes condisciples me perçoive comme une faible femme. Surtout lui. Jamais il ne voudrait de moi pour partenaire au laboratoire s'il m'estimait trop fragile, n'est-ce pas ?

— Vous m'avez épargné les foudres du Pr Weber en corrigeant mes calculs, alors le moins que je puisse faire est de vous escorter jusque chez vous, a-t-il dit en souriant. Vous semblez avoir oublié votre parapluie.

J'aurais aimé protester, mais à la vérité j'avais besoin de lui. Les pavés glissants devenaient dangereux pour moi en raison de mon handicap. Il a posé sa main sur mon bras et tenu le parapluie haut au-dessus de moi. Quoiqu'un peu audacieux, son geste était celui d'un parfait gentleman. La pression de sa main m'a fait prendre conscience qu'en dehors de mon père et de quelques-uns de mes oncles je ne m'étais jamais autant approchée d'un homme adulte jusque-là. Et malgré la foule présente sur le boulevard, malgré nos lourds manteaux encombrants et nos écharpes, je me suis sentie curieusement nue.

En marchant, M. Einstein s'est lancé dans un monologue enthousiaste sur la théorie des ondes électromagnétiques de Maxwell. Il m'a soumis quelques réflexions peu communes sur la relation entre la lumière et le rayonnement de la matière, j'ai formulé deux ou trois commentaires auxquels il a réagi d'une façon qui m'encourageait à poursuivre, mais j'ai surtout gardé le silence et me suis contentée d'écouter le flot irrépressible de ses paroles en jaugeant son intelligence et son esprit.

Une fois devant la pension Engelbrecht, il m'a accompagnée jusqu'en haut des marches du perron. J'étais on ne peut plus soulagée.

— Merci encore, monsieur Einstein. Il n'était pas nécessaire de pousser si loin la courtoisie, mais j'ai beaucoup apprécié votre geste.

— Ce fut un plaisir, mademoiselle Marić. À demain en cours !

Alors qu'il faisait demi-tour, un air décousu de Vivaldi s'est échappé dans la rue par la fenêtre entrouverte du petit salon. M. Einstein a aussitôt remonté les marches afin de coller son nez au carreau.

— Mon Dieu, quel charmant petit groupe ! s'est-il exclamé en découvrant les filles réunies pour leur concert. Je regrette de ne pas avoir apporté mon violon. Vivaldi sonne toujours mieux avec des cordes. Vous jouez d'un instrument, mademoiselle Marić ?

Apporter son violon ? Quel présomptueux personnage ! C'étaient *mes* amies, *mon* sanctuaire, et je ne l'avais pas invité à se joindre à nous.

— Oui, je joue de la *tambura* et du piano, et je chante aussi. Mais cela n'a pas d'importance. Les Engelbrecht ont des règles très strictes concernant les visites galantes.

— Je pourrais venir en tant que camarade de classe et musicien, pas en tant que galant visiteur. Cela les apaiserait-il ?

J'ai rougi. J'avais été stupide de laisser entendre qu'il s'intéressait à moi.

— Peut-être, monsieur Einstein. Il faudrait que je me renseigne.

Avec un peu de chance, il comprendrait que je m'efforçais en réalité de lui signifier gentiment mon refus.

Il a secoué la tête, l'air approbateur.

— Vous m'avez étonné aujourd'hui, mademoiselle Marić. Vous êtes bien plus qu'une mathématicienne et une physicienne brillante. Il semblerait que vous soyez aussi une musicienne un peu bohème.

Son sourire était contagieux, et je n'ai pas pu m'empêcher de le lui retourner.

— Je crois bien que c'est la première fois que je vous vois un tel sourire, a-t-il dit en me regardant fixement. C'est tout à fait plaisant. J'aimerais en arracher davantage à votre petite bouche si sérieuse.

Déstabilisée par sa remarque, et ne sachant pas vraiment comment y répondre, je l'ai laissé planté là et me suis engouffrée dans la pension.

4

24 avril 1897
Vallée de la Sihl, Suisse

Pour la première fois depuis que nous étions descendues du train et que nous avions emprunté le sentier traversant la vallée de la Sihl, notre groupe ne soufflait mot. Le silence s'était abattu sur nous, presque comme si nous étions entrées dans une cathédrale. D'une certaine façon, c'était l'effet que nous procurait cette forêt primaire.

De vieux arbres géants nous entouraient, tandis que nous enjambions les cadavres de leurs frères tombés à terre. Le tapis de mousse qui étouffait le bruit de nos pas faisait paraître plus sonores le coassement des grenouilles, les coups de bec des piverts et le chant des oiseaux. J'avais l'impression d'avancer dans la nature sauvage et primitive de l'un des contes de fées que j'adorais étant enfant, et à leur silence j'ai senti que Milana, Ružica et Helene éprouvaient la même chose.

— *Fagus sylvatica*, a murmuré Helene, interrompant le fil de mes réflexions.

Je n'ai pas compris le sens de cette expression qui sonnait vaguement latine à mes oreilles – ce qui m'a intriguée, dans la mesure où je parlais et lisais couramment l'allemand, le français, le serbe et le latin, soit deux langues de plus qu'elle. Je me suis demandé si elle s'adressait à elle-même ou à moi.

— Pardon ?

— Désolée, c'est le genre et l'espèce de ce hêtre, là. Mon père et moi, on faisait de longues promenades en forêt près de chez nous, à Vienne, et il avait un goût particulier pour le nom latin des arbres.

Elle a fait tournoyer une feuille morte entre ses doigts.

— Ce nom est aussi beau que l'arbre lui-même, ai-je dit.

— Oui, j'ai toujours eu un faible pour lui. Il est assez lyrique. Le *Fagus sylvatica* peut vivre jusqu'à près de trois cents ans et dépasser les trente mètres de haut, à condition d'avoir assez d'espace. Mais s'il est étouffé par les autres, sa croissance sera stoppée, a-t-elle ajouté avec un sourire énigmatique.

J'ai saisi son message. Chacune de nous, à sa manière, était un *Fagus sylvatica*.

J'ai reporté mon attention sur le sentier en souriant. Je n'avais pas encore trébuché, mais je n'avais aucune confiance en mon pas. J'étais si concentrée sur le sol que j'ai heurté Milana, qui s'était arrêtée brusquement.

Nous avions atteint l'Albishorn, le sommet de ces bois, célèbre pour son fabuleux point de vue. Devant nous, le bleu du lac de Zurich et de la Sihl tranchait avec le blanc des montagnes enneigées et le vert des collines parsemées de fermes. Il était tellement plus soutenu que celui du Danube boueux de ma jeunesse.

La réputation de cet endroit n'était pas usurpée, et ce d'autant moins que le merveilleux parfum des nombreux arbres à feuillage persistant présents dans ces montagnes embaumait tout autour de nous.

Je me sentais renaître.

J'ai inspiré à fond cet air vivifiant. J'y étais arrivée. Je ne m'étais jamais lancée dans une telle entreprise auparavant, si bien que je n'avais pas été certaine au départ de pouvoir faire cette randonnée. Il avait fallu que les filles me supplient de venir et que Helene me fasse observer qu'elle-même avait réussi à arpenter le Sihlwald pour que je cède. Du reste, elle ne m'avait pas vraiment laissé le choix. Son handicap résultait d'une tuberculose qui avait atteint sa hanche dans son enfance, et non pas d'une malformation congénitale, comme moi, mais nous avions à peu près la même démarche. Comment pouvais-je prétendre que mon infirmité m'empêchait d'essayer ?

J'avais appris quelque chose de nouveau. Le déséquilibre entre mes jambes n'apparaissait pas aussi flagrant sur un sol irrégulier. C'étaient au contraire les terrains plats qui avaient tendance à l'accentuer. J'étais donc capable de gravir des sentiers pentus aussi bien que n'importe quelle fille. Quel sentiment de liberté !

Je me suis tournée vers Helene. Bien qu'elle eût souvent randonné avec son père en grandissant, je me suis demandé si elle avait éprouvé les mêmes doutes et la même révélation que moi sur ce chemin. Devant mon sourire, elle m'a pressé la main et ne l'a relâchée que pour s'approcher du bord de l'Albishorn et profiter du panorama.

Le soleil s'était couché le temps que nous regagnions la pension Engelbrecht, dont le vestibule m'a semblé trop encombré et mal éclairé, comparé à la beauté simple et lumineuse de la forêt – sans compter qu'il y régnait toujours une odeur de moisissure écœurante malgré tous les efforts de Mme Engelbrecht pour le nettoyer. Avec l'aide de la servante, nous nous sommes débarrassées de nos sacs et de nos manteaux fripés en gloussant.

— Vous êtes dans un bel état ! s'est écriée Mme Engelbrecht en nous rejoignant.

Tout ce bruit avait attiré son attention, mais si grand que fût son attachement à l'ordre et au silence, elle n'a pu s'empêcher de rire avec nous.

— Nous avons passé une si bonne journée, madame Engelbrecht ! a dit Ružica de sa voix chantante.

— Le Sihlwald était d'une beauté à couper le souffle, n'est-ce pas ?

— Oh oui ! a répondu Milana en notre nom à toutes.

— Et vous, mademoiselle Marić ? Comment avez-vous trouvé le joyau de notre région ?

Je me suis rappelé combien elle s'était extasiée avant notre départ pour le Sihlwald en repensant aux promenades que M. Engelbrecht et elle avaient faites dans les premiers temps de leur vie conjugale, mais les mots pour décrire mon expérience ne me venaient pas facilement. Cela avait représenté tellement plus qu'une simple randonnée pour moi.

— C'était si... si... ai-je bafouillé.

— Oui ?

Helene a volé à mon secours :

— Mlle Marić a adoré. Regardez, le Sihlwald l'a rendue muette !

Sa remarque a amusé Milana et Ružica, et Mme Engelbrecht nous a fait grâce d'un nouveau sourire.

— J'en suis ravie.

Elle a ensuite pointé du menton l'horloge murale.

— Vous souhaitez peut-être faire un brin de toilette ? Le dîner sera servi d'ici un quart d'heure et la traversée du lac en bateau avec un vent pareil vous a toutes décoiffées. *Unordentliches Haar*, a-t-elle conclu pour souligner notre pitoyable apparence.

Nous avions beau être de brillantes étudiantes en dehors de sa pension, une fois que les portes de celle-ci se refermaient sur nous, nous devenions des dames censées se comporter de façon respectable en toute occasion. J'ai tapoté mes cheveux. Je les avais soigneusement nattés ce matin-là, avant de réunir mes lourdes tresses en un chignon haut dont j'espérais qu'il résisterait à la randonnée et au retour en bateau, mais tout un tas de fines mèches bouclées s'étaient échappées et entremêlées par endroits.

— Oui, madame Engelbrecht, a dit Ružica.

J'ai suivi les filles à l'étage tout en m'attaquant sans succès à un nœud particulièrement récalcitrant. Alors que Milana et Ružica s'éloignaient au pas de charge vers leurs chambres respectives, Helene s'est approchée de moi par-derrière pour me donner un coup de main et je me suis arrêtée, le temps qu'elle libère mes cheveux.

— Tu veux que je vienne dans ta chambre ? a-t-elle proposé. On pourra s'aider mutuellement. Sinon, je ne suis pas sûre qu'on soit prêtes d'ici un quart d'heure.

— Volontiers.

J'ai ouvert ma porte, j'ai saisi deux peignes et quelques épingles à cheveux sur ma coiffeuse, puis je me suis assise avec elle sur mon lit grinçant afin qu'elle puisse commencer à démêler péniblement ma tignasse. Nous nous retrouvions régulièrement dans nos chambres, et j'avais assez souvent vu Ružica et Milana créer des coiffures l'une pour l'autre, mais c'était la première fois que Helene et moi faisions ça.

— Aïe !

— Désolée, c'est le seul moyen de venir à bout de ces nœuds. Tu auras ta revanche dans quelques minutes.

Cela m'a fait rire.

— Merci de m'avoir poussée à vous accompagner aujourd'hui, Helene.

— Je suis si contente que tu l'aies fait. N'était-ce pas génial ?

— Oh si ! La vue et les bois étaient magnifiques. Je ne me serais jamais crue capable de gravir un tel dénivelé.

— C'est ridicule, Mileva. Tu en étais plus que capable.

— J'avais peur de vous freiner. À cause de ma jambe, tu comprends.

— Pour une fille brillante qui a connu une telle réussite scolaire, tu doutes vraiment beaucoup de toi, Mileva. Tu t'en es très bien sortie, aujourd'hui. Maintenant, tu n'auras plus d'excuses pour ne pas venir avec nous.

Une question à son sujet me taraudait depuis notre rencontre :

— Ta jambe n'a pas l'air de te préoccuper le moins du monde. Tu ne te soucies jamais de la manière dont les gens te perçoivent ?

— Pourquoi le devrais-je ? s'est-elle étonnée. D'accord, c'est une plaie – je n'ai pas toujours un très bon équilibre, et je ne suis probablement pas très rapide –, mais pourquoi cela devrait-il influencer la manière dont les gens me perçoivent ?

— Eh bien, en Voïvodine, une fille boiteuse ne peut pas espérer se marier.

— Tu plaisantes, a dit Helene en se figeant.

— Pas du tout.

Elle a reposé la brosse sur mon lit et m'a regardée en face.

— Tu n'es plus en Voïvodine, Mileva. Tu es en Suisse, le pays le plus moderne d'Europe. Personne ici n'adhère à ces idées ridicules d'un autre temps. Même chez moi, en Autriche, qui fait figure de région arriérée comparée à une ville aussi progressiste que Zurich, cela ne serait jamais toléré.

J'ai hoché lentement la tête. Je savais qu'elle avait raison. Pour autant, cette conviction que je n'étais pas digne de me marier était ancrée en moi depuis si longtemps qu'elle semblait faire partie de ma personne.

Cela remontait à une conversation entendue par hasard par une froide journée de novembre. J'avais sept ans à l'époque et j'attendais avec impatience après l'école que papa rentre à la maison. J'avais une surprise pour lui qui, je l'espérais, le ferait sourire.

Lassée de tourner en rond dans le salon, j'ai pris un livre sur une étagère et me suis installée dans le fauteuil de mon père, les jambes repliées sous mes fesses, pour me plonger dans cet ouvrage relié cuir et gaufré à la feuille d'or – une couverture luxueuse qui contrastait avec les pages cornées à l'intérieur, si souvent lues et relues. Notre bibliothèque familiale était très fournie, papa considérant qu'il était du devoir de tout un chacun de s'instruire même lorsqu'on n'avait pas eu comme lui la chance de faire des études, mais je revenais toujours vers ces recueils de récits populaires et de contes de fées, si simplets fussent-ils pour mon âge. Celui-là renfermait justement mon préféré, *La Petite Grenouille chantante*.

C'était l'histoire d'un homme et d'une femme qui priaient pour avoir un enfant, mais qui recevaient une grenouille au lieu d'un bébé. Honteux de sa différence, ils décidaient de la cacher. Au moment où j'abordais ma scène favorite, celle où le prince entend le chant de la petite fille-grenouille et comprend qu'il l'aime malgré son physique, j'ai éclaté de rire. Entré sans bruit dans la pièce, mon père me chatouillait.

Je l'ai embrassé, puis me suis levée avec entrain et l'ai tiré par la main. Je voulais lui montrer les rampes que j'avais conçues à partir de croquis réalisés à l'école un peu plus tôt ce jour-là.

— Papa, papa, viens voir !

Avançant entre les fauteuils en noyer tapissés de velours vert, je l'ai entraîné vers le seul coin du salon qui ne fût pas décoré. J'avais imaginé cette expérience grâce à une conversation que nous avions eue sur sir Isaac Newton. Nous parlions souvent de lui à table. J'aimais sa théorie selon laquelle tout dans l'univers, des pommes aux planètes, obéissait aux mêmes lois immuables. Pas des lois définies par les hommes, mais des lois inhérentes à la nature.

Déjà à ce moment-là, j'espérais trouver Dieu en elles.

Papa et moi avions discuté des écrits de Newton sur la force des objets en mouvement et les facteurs qui les influencent – ou plus simplement sur la raison pour laquelle les objets se déplacent comme ils le font. Newton m'intriguait parce que je le soupçonnais de pouvoir m'aider à comprendre pourquoi l'un de mes pieds raclait le sol alors que ceux des autres enfants leur permettaient de sautiller sans problème dans les rues.

Cette conversation m'avait donné une idée. Et si je réalisais ma propre expérience en cherchant à déterminer quel effet produisait une augmentation de la masse des objets sur leur force en mouvement ? À l'aide de petits panneaux en bois adossés d'un côté à des piles de livres, je pourrais créer des rampes présentant des inclinaisons variées, et il me suffirait de faire rouler dessus des billes de différentes tailles pour disposer d'une tonne de données à analyser avec mon père. En rentrant de l'école, j'avais donc supplié Jürgen, notre intendant, de me procurer ces plaques de bois, que j'avais ensuite appuyées contre des piles de livres constituées avec le plus grand soin – très précisément cinq livres pour chacune des quatre rampes. Après avoir bricolé pendant plus d'une heure afin de m'assurer que les pentes étaient bien identiques, j'avais estimé que tout était prêt.

— Allez, papa. Voyons comment la taille de ces billes affecte leur mouvement et leur vitesse, ai-je dit en lui en tendant une légèrement plus grosse que celle que je gardais dans mon autre main.

Mon père m'a ébouriffé les cheveux, l'air amusé.

— Très bien, petite canaille. Nous allons jouer les Isaac Newton. Tu as une feuille de papier ?
— Oui.
Nous nous sommes agenouillés par terre, chacun devant une rampe.
— C'est parti !
Pendant un quart d'heure, nous avons fait rouler des billes et consigné les résultats obtenus. Les minutes défilaient à la vitesse de la lumière. C'était le moment de la journée où j'étais le plus heureuse. Papa me comprenait vraiment, et il était bien le seul.
Notre servante, Danijela, a fini par nous interrompre :
— Monsieur Marić, mademoiselle Mileva, le dîner est servi.
Dans l'air flottait l'odeur poivrée d'une *pljeskavica*, mon plat de viande préféré, pourtant j'étais déçue. À table, je devais partager mon père avec les autres. Lui et moi dominions la conversation, mais même si maman ne parlait que lorsqu'elle faisait le service, sa présence douchait mon enthousiasme et le rendait quant à lui moins ouvert. Mon esprit scientifique ne faisait pas du tout partie des choses qu'elle attendait de moi – et Dieu sait qu'elle en attendait beaucoup. « Pourquoi n'es-tu pas comme les autres ? » me lançait-elle souvent. Parfois, elle me citait le nom d'une petite fille de Ruma. Il y avait tant de gamines ordinaires dans cette ville qu'elle avait l'embarras du choix. Elle ne mentionnait jamais le nom de ma sœur défunte, en revanche, mais je me doutais bien qu'elle y pensait. Pourquoi ne ressemblais-je pas davantage à l'enfant qu'aurait été Milica si elle avait vécu ?

Le soir, une fois la maison endormie, il m'arrivait souvent de me demander dans le silence et l'obscurité de ma chambre si j'avais bien fait de chercher à plaire à mon père plutôt qu'à ma mère. Je ne pouvais pas contenter les deux.

Malgré leurs opinions divergentes au sujet de mon avenir, papa ne tolérait pas que j'émette envers ma mère la moindre critique, si déguisée soit-elle. Il soutenait qu'elle avait des exigences tout à fait appropriées de la part d'une femme soucieuse de protéger sa fille. Et je savais qu'il avait raison. Maman m'aimait et voulait pour moi ce qu'il y avait de mieux, même si sa vision de ce mieux ne correspondait pas à la mienne.

Le dîner s'est achevé après une conversation pesante sur Newton, et j'ai été renvoyée seule dans le petit salon. Je sentais une tension entre mes parents, une tension muette mais palpable. Maman ne contredisait jamais ouvertement mon père, du moins pas devant moi, et pourtant tout en elle exprimait sa défiance, de son bénédicité inhabituellement laconique à sa façon abrupte de passer les assiettes et son refus de nous demander ce que nous pensions du repas. En attendant que papa me rejoigne, j'ai examiné les données que nous avions collectées et préparé une seconde expérience afin d'étudier une autre des théories de Newton. Désireuse de mesurer l'impact des frottements sur le mouvement de billes de taille identique, j'avais prié Jürgen de m'apporter trois morceaux de bois présentant divers degrés de rugosité.

J'ai médité une remarque faite par mon père lorsque je lui avais soumis cette proposition :

« Mitza, tu es pareille aux objets qu'utilisait Newton dans ces expérimentations. Tu avances sans relâche dans la vie à la même vitesse, sauf quand on exerce une force extérieure sur toi. J'espère que rien ne t'arrêtera jamais. »

Il était drôle, parfois.

Pendant que je réalisais de nouvelles rampes, des éclats de voix se sont immiscés à la périphérie de ma conscience. Les servantes devaient encore se disputer, comme presque chaque jour après le dîner, quand les corvées s'accumulaient. Mais leurs cris ont bientôt résonné plus fort. Que leur arrivait-il ? Je n'avais jamais entendu Danijela et Adrijana crier ainsi, avec un tel mépris. De même que je n'avais jamais vu maman perdre à ce point toute autorité sur son personnel. Elle parlait peu, mais toujours fermement. Curieuse, j'ai tendu l'oreille, sans réussir à distinguer ce qui se disait.

Je voulais démêler cette histoire. Au lieu de m'approcher de la cuisine par l'entrée du salon, j'ai longé sans bruit le couloir des domestiques. Là, le plancher usé était un poil plus rugueux et il n'y avait pas de tableaux sur les murs, contrairement au reste de la maison. Dans la partie que nous occupions, le parquet était parfaitement poli et recouvert de tapis persans, et les murs croulaient sous les natures mortes et les portraits d'inconnus. Papa disait toujours que nous nous devions d'avoir un intérieur aussi raffiné que celui de n'importe qui à Berlin, cette ville si glorifiée.

Personne ne s'imaginait que je puisse me trouver là. Alors que je m'efforçais de marcher d'un pas léger – ce qui n'était pas chose facile avec mes grosses chaussures –, j'ai compris que ces voix n'étaient pas celles de Danijela et d'Adrijana, mais de mes parents.

Je ne les avais encore jamais entendus se disputer. Douce et docile en toute occasion, sauf dans sa cuisine – mais même là, elle se montrait calmement inflexible –, maman s'exprimait très peu en présence de mon père. Quel terrible événement avait pu la pousser à s'énerver autant ?

J'ai continué à avancer jusqu'à ce que je distingue mon nom.

— Ne donne pas de faux espoirs à cette enfant, Miloš, disait ma mère. Elle n'a que sept ans. Tu passes trop de temps avec elle, tu l'encourages trop à lire et à réfléchir. C'est une gentille fille qui a besoin qu'on la protège. Nous devons la préparer à ce qui l'attend *réellement* à l'avenir : être ici, à la maison.

— Les espoirs que je place en elle ne sont pas infondés. Et je ne passerai jamais trop de temps avec elle. En fait, je n'en passe pas assez. Faut-il que je te répète ce que Mlle Stanojević m'a dit aujourd'hui sur son intelligence ? Sur son génie pour les mathématiques et les sciences ? Sur son don pour les langues ? Faut-il que je te répète ce que je soupçonne depuis longtemps ?

La réponse de mon père était catégorique, mais, curieusement, maman n'a pas cédé :

— Miloš, c'est une fille. À quoi bon perdre ton temps à lui enseigner l'allemand et les mathématiques ? Tu veux pouvoir réaliser des expériences scientifiques avec elle, c'est ça ? Mais sa place est à la maison, et sa maison ne pourra jamais être que la nôtre. Sa jambe l'empêchera de se marier et d'avoir des enfants. Même notre gouvernement le reconnaît. Les filles n'ont pas le droit d'aller au lycée.

— Les filles ordinaires, peut-être, mais pas une fille comme Mitza.

— « Une fille comme Mitza » ?

— Tu sais très bien ce que je veux dire.

Maman a d'abord gardé le silence, et j'ai pensé à tort qu'elle avait baissé les bras.

— Une fille difforme, c'est ça ? a-t-elle craché.

J'ai cillé. Venait-elle vraiment de me traiter de « difforme » ? Elle qui me disait toujours que j'étais belle et que ma claudication se remarquait à peine ? Que les gens ne prêtaient pas attention au fond à mes jambes et à mes hanches ? J'avais toujours senti qu'elle n'était pas tout à fait sincère – il m'était impossible d'ignorer les regards insistants des étrangers et les moqueries de mes camarades de classe –, mais de là à employer ce mot...

— Je t'interdis de la qualifier de difforme, a répliqué mon père, furieux. Dis plutôt que sa jambe est un don du ciel. Avec ça, personne ne la demandera en mariage. Cela la laisse libre d'exploiter les facultés intellectuelles que Dieu lui a accordées. Sa jambe est le signe qu'elle est appelée à connaître un destin plus noble que celui d'une simple épouse...

— Un signe ? Des facultés accordées par Dieu ? Miloš, Dieu voudrait que nous prenions soin d'elle ici, dans cette maison. Nous devons veiller à ce que ses ambitions dans la vie restent réalistes pour qu'elle ne finisse pas brisée.

— Non, je veux que Mitza soit forte. Je veux qu'elle puisse marcher près de n'importe quel *klipan* qui se moquera de sa jambe en ayant l'assurance que

Dieu lui a fait cadeau d'un don très spécial – son intelligence.

J'avais l'impression de me découvrir pour la première fois telle que j'étais vraiment. Maman et papa me percevaient de la même façon que les parents de *La Petite Grenouille chantante* percevaient leur fille. Je venais de les entendre dire que j'étais intelligente, mais, plus que ça, j'avais pris conscience de leur honte. Ils voulaient me cacher de tous, sauf à l'école et à la maison. Ils ne pensaient pas que j'étais digne de me marier, chose à laquelle même la plus bête des filles de ferme pouvait aspirer.

Maman n'a pas répondu, et j'ai deviné au long silence qui a suivi qu'elle se soumettait de nouveau à mon père.

— Nous allons lui procurer un enseignement digne de ses capacités, a-t-il enchaîné d'un ton plus calme. Et je veillerai à développer en elle une volonté de fer et une discipline intellectuelle. Ce sera son armure.

Une volonté de fer ? Une discipline intellectuelle ? Une armure ? Était-ce ça, mon avenir ? Pas de mari. Pas de foyer. Pas d'enfants. Que devenait la fin optimiste de mon conte préféré, quand le prince voit la beauté de la petite fille-grenouille sous sa laideur apparente et qu'il fait d'elle une princesse en l'habillant de robes de la couleur du soleil ? N'étais-je pas promise à un sort comparable ? Ne méritais-je pas un prince, moi aussi ?

Je me suis enfuie en courant hors de la maison sans me donner la peine d'étouffer le bruit sourd de ma démarche disgracieuse. Quel intérêt ? Mes parents m'avaient bien fait comprendre que c'était elle qui me définissait.

J'étais devenue silencieuse, à force de ressasser ainsi le passé.

— Tu le vois bien, Mileva, n'est-ce pas ? a dit Helene en me prenant par les épaules. Ton handicap ne t'interdit pas de te marier, et il ne t'impose aucune autre limite. Ces croyances démodées ne doivent pas être un frein pour toi.

J'ai sondé ses yeux bleu-gris. Sa conviction était telle que j'ai opiné. Pour la première fois de ma vie, je me suis dit que peut-être – *peut-être* – ma claudication n'avait pas d'importance au regard de la personne que j'étais et de celle que je pouvais devenir.

— Oui, je le vois, ai-je répondu d'une voix aussi ferme que la sienne.

Elle a ramassé la brosse et s'est remise à démêler mes cheveux.

— Parfait. De toute façon, à quoi bon se soucier du mariage ? Même si tu voulais épouser quelqu'un, pourquoi le ferais-tu ? Prends notre groupe – toi, moi, Ružica et Milana. Nous ferons carrière toutes les quatre et nous aurons une vie bien remplie, ici, en Suisse, ce pays respectueux des femmes, de l'intelligence et des minorités ethniques. Nous pourrons compter les unes sur les autres et sur notre travail. Nous n'avons pas à suivre la voie traditionnelle.

J'ai réfléchi à ses paroles un instant. Elles étaient presque révolutionnaires – un peu comme la description d'une personne bohème par M. Einstein –, même si c'était là un avenir vers lequel nous marchions toutes les quatre d'un bon pas.

— Tu as raison. Pourquoi le devrions-nous ? À quoi rime le mariage, de nos jours ? Peut-être est-ce quelque chose dont nous n'avons plus besoin...

— Tu as tout compris, Mileva. Nous allons tellement nous amuser ! Le jour, nous exercerons nos métiers d'historienne, de physicienne ou d'enseignante, et le soir et le week-end, nous jouerons de la musique et nous irons randonner.

J'ai tenté d'imaginer cette vie idyllique. Était-ce possible ? Pouvais-je vraiment envisager un avenir aussi heureux, avec un travail riche de sens et des amitiés sincères ?

— Si on faisait un pacte ? a continué Helene. À notre avenir ensemble ?

— À notre avenir ensemble.

Nous nous sommes serré la main.

— Helene, s'il te plaît, appelle-moi Mitza. C'est le surnom que me donne ma famille et tous ceux qui me connaissent bien. Et toi, tu me connais pour ainsi dire mieux que quiconque.

— J'en serais honorée, Mitza.

Riant encore de notre journée, nous avons fini de nous coiffer et nous nous sommes préparées pour le dîner avant de redescendre au rez-de-chaussée, bras dessus, bras dessous, les cheveux enfin domptés, en débattant avec animation du plat principal qui serait servi ce soir-là – il y en avait plusieurs qui revenaient régulièrement, et si je mourais d'envie de manger un *zürcher Geschnetzeltes*, un émincé de veau accompagné d'une sauce crémeuse au vin blanc, Helene, elle, souhaitait quelque chose de plus simple. Tout à notre discussion, nous avons mis un moment à voir que Mme Engelbrecht nous guettait au pied de l'escalier. Ou plutôt elle me guettait, moi.

— Mademoiselle Marić, a-t-elle dit, manifestement contrariée. Il semblerait que vous ayez de la visite.

Quelqu'un s'est raclé la gorge, et une silhouette s'est détachée derrière la sienne.

— Excusez-moi, madame, ce n'est pas ce que vous croyez. Je suis un simple camarade de classe.

C'était M. Einstein, un violon à la main.

Il n'avait pas attendu d'être invité.

5

4 mai 1897
Zurich, Suisse

— Allons, allons, messieurs. N'y a-t-il vraiment personne parmi vous qui ait la réponse à ma question ?

Le Pr Weber bombait le torse devant nous en savourant notre ignorance. Qu'un enseignant puisse prendre un tel plaisir à mettre ses élèves en échec était incompréhensible et perturbant à mes yeux. En comparaison, sa manie de nous appeler seulement « messieurs » ne me gênait pas autant. Cela faisait des mois que je ne prêtais plus attention à ses marques de mépris régulières, qu'il s'agisse de ses commentaires sur les Européens de l'Est ou sa façon d'ignorer mon appartenance au sexe féminin. Je regrettais seulement que ses cours soient si différents de ceux d'autres professeurs, semblables quant à eux à des huîtres recelant d'incroyables perles.

Je connaissais la réponse à sa question mais, comme toujours, j'hésitais à la donner devant tout le monde. J'ai regardé autour de moi dans l'espoir que quelqu'un d'autre le ferait. Peine perdue. Tous, y compris M. Einstein, avaient les bras collés à leurs tables. Pourquoi personne ne réagissait-il ? Peut-être était-ce la chaleur inhabituelle en cette saison qui les rendait tous apathiques. Il faisait étonnamment lourd, et même les fenêtres ouvertes ne laissaient pas entrer la moindre brise. MM. Ehrat et Kollros agitaient des éventails de fortune. Le front moite, j'ai remarqué des taches de transpiration sur les vestes de mes camarades.

Pourquoi m'était-il si difficile de lever la main ? Bien qu'il m'en ait coûté, je l'avais déjà fait plusieurs fois. J'ai vaguement secoué la tête tandis qu'un souvenir enfoui remontait en moi.

J'avais dix-sept ans et je venais juste de terminer mon premier cours de physique au Lycée royal de Zagreb, où mon père avait réussi à me faire admettre après une première période à Novi Sad. La loi interdisait aux Austro-Hongroises de suivre des études secondaires, mais il l'avait contournée en demandant aux autorités de faire une exception en ma faveur. Soulagée et enthousiasmée à la suite de cette première journée – durant laquelle je m'étais hasardée à répondre à une question de notre professeur, et ce sans faire d'erreur –, je suis sortie de la classe comme sur un nuage. J'avais attendu que presque tous les élèves soient partis, si bien que l'endroit était désert. Mais un garçon s'est brusquement approché de moi par-derrière et m'a poussée en direction d'un couloir mal éclairé. Était-il pressé au point de ne pas m'avoir vue ?

— Monsieur ! Monsieur ! ai-je lancé par-dessus mon épaule.

Il a continué à m'entraîner le long de ce couloir de plus en plus sombre. Il n'y avait personne dans les parages pour entendre mes suppliques. Que se passait-il ?

J'ai tenté en vain de me retourner. Il devait faire une bonne tête de plus que moi, et lorsqu'il m'a projetée contre le mur ma joue s'est écrasée dessus de telle sorte que je ne le voyais pas et que je n'ai pas pu le reconnaître par la suite. Il m'a maintenue là en me serrant si fort les bras que cela m'a fait mal.

— Tu te crois intelligente, pour frimer comme ça avec ta bonne réponse ? a-t-il dit en postillonnant. Tu ne devrais pas être autorisée à suivre nos cours. La loi l'interdit.

Il m'a poussée une dernière fois, puis s'est enfui en courant.

Je suis restée là, immobile, jusqu'à ce que le bruit de ses pas s'estompe complètement. À ce moment-là seulement, je me suis retournée en tremblant. Je ne m'étais pas attendue à être accueillie à bras ouverts par les autres élèves, mais je n'étais pas non plus préparée à ça. Adossée au mur, je me suis mise à pleurer, chose que je m'étais juré de ne jamais faire à l'école. Essuyant mes larmes et la salive de mon agresseur, j'ai compris que j'allais devoir mettre mon intelligence en sourdine à l'avenir, sous peine de le payer très cher.

Weber a interrompu ces réminiscences déplaisantes :

— Tss-tss, je suis très déçu. Le cours tout entier nous a conduits à cette question. Personne ne sait y répondre ?

Au souvenir de ma conversation avec Helene dix jours plus tôt, j'ai soudain décidé de ne plus laisser le passé me paralyser. J'ai pris une profonde inspiration et levé la main. Weber est descendu de son estrade afin de s'approcher de moi. Quelle ignominie me réservait-il si jamais je me trompais ? Et comment réagiraient mes camarades dans le cas contraire ?

— Ah, mademoiselle Marić... a-t-il dit.

Comme s'il était surpris. Comme s'il avait ignoré vers qui il s'avançait. Comme si je n'avais pas déjà fait la preuve de mon intelligence devant lui. Cet étonnement feint n'était qu'une façon de plus de m'humilier. Et de me tester.

— La réponse à votre question est un pour cent, ai-je déclaré.

J'ai senti mes joues me brûler, au point de regretter de ne pas avoir gardé le silence.

— Je suis désolé, voulez-vous répéter ça un peu plus fort, afin que nous profitions tous de votre sagesse ?

« Votre sagesse »... Weber semblait se moquer de moi. M'étais-je trompée ? Se réjouissait-il de mon erreur ?

— Au vu des données que vous nous avez fournies, ai-je dit en forçant ma voix autant que possible, nous pouvons évaluer le temps nécessaire pour refroidir la terre avec un taux d'approximation optimal d'un pour cent.

— Exact, a-t-il admis, à la fois étonné et désappointé. Pour ceux d'entre vous qui ne l'auraient pas entendue, Mlle Marić a trouvé la réponse. Un pour cent. Veuillez le noter.

Des murmures se sont élevés dans la classe. Au début, je n'ai pas saisi ce que disaient mes voisins, mais j'ai fini par capter quelques commentaires au milieu du brouhaha, notamment « Elle a tout pigé » et « Beau travail ». Ces compliments étaient une première pour moi. J'avais répondu correctement à deux ou trois questions de Weber jusque-là sans susciter la moindre réaction, et j'en ai déduit que tous étaient simplement ravis ce jour-là de voir quelqu'un battre notre professeur à son propre jeu.

À la fin du cours, M. Einstein s'est approché de moi pendant que je rangeais mes affaires.

— Très impressionnant, mademoiselle Marić.

— Merci, monsieur Einstein, ai-je dit posément. Mais je suis certaine que n'importe lequel d'entre nous aurait pu en faire autant.

À peine avais-je prononcé ces mots que je me suis demandé pourquoi j'éprouvais ce besoin d'amoindrir ma réussite.

— Vous vous sous-estimez, mademoiselle Marić. Je vous assure qu'aucun de nous n'avait la réponse à cette question. Nous n'aurions pas laissé Weber nous torturer si longtemps, sinon, a-t-il ajouté à voix basse.

Un sourire m'a échappé devant l'audace avec laquelle il critiquait Weber alors que ce dernier se tenait près de nous, sur son estrade.

— Le revoilà, mademoiselle Marić. Ce sourire insaisissable. Je crois ne l'avoir vu que deux fois auparavant.

— Vraiment ?

J'ai levé les yeux vers lui. Je ne souhaitais pas encourager ce badinage ridicule, surtout en présence des autres élèves – et à plus forte raison de Weber, dont je tenais à ce qu'il me prenne au sérieux –, mais je n'avais pas non plus envie d'être impolie.

M. Einstein ne s'est pas dérobé devant mon regard.

— Oh, oui. Je tiens le compte précis – et tout à fait scientifique – de vos sourires. Le soir où vous avez eu la gentillesse de me laisser jouer avec vos amies et vous, j'en ai repéré un. Mais ce n'était pas le premier. Celui-là, je l'ai vu sur les marches de votre pension. Le jour où je vous ai raccompagnée sous la pluie.

Je ne savais pas comment réagir. Il avait l'air sérieux, et non pas perplexe, comme à son habitude. Cela m'a emplie d'appréhension. Se pouvait-il qu'il me fasse des avances ? Je n'avais aucune expérience de ces choses-là, en dehors des avertissements occasionnels de Helene, et je n'avais aucun moyen d'évaluer sa sincérité.

Déstabilisée, gênée peut-être, j'ai commencé à m'éloigner vers la sortie. Un bruit de feuilles froissées et de pas rapides a retenti. M. Einstein se hâtait derrière moi.

— Vous jouerez de nouveau ce soir ? a-t-il demandé en me rejoignant.

Ah, peut-être qu'il cherchait simplement la compagnie de musiciennes. Peut-être qu'il n'avait pas du tout tenté de flirter avec moi. J'en ai conçu un soulagement étrangement mêlé de déception – ce qui m'a désarçonnée. Une partie de moi espérait-elle éveiller son intérêt ?

— C'est notre petit rituel avant le dîner, ai-je dit.

— Vous avez déjà prévu un morceau ?

— Il me semble que Mlle Kaufler a choisi le concerto de Bach pour violon en *la* mineur.

— Très joli, a-t-il commenté, avant de fredonner quelques mesures. Puis-je me joindre de nouveau à vous ?

— Je ne vous pensais pas du genre à attendre d'être invité.

Cette réplique impertinente m'a moi-même étonnée. Malgré mes sentiments mitigés et mes efforts pour réorienter la conversation vers un sujet plus convenable, je ne pouvais résister au plaisir de le taquiner sur le mépris des convenances sociales qu'il avait affiché, dix jours plus tôt, lorsqu'il s'était présenté sans prévenir à la pension après notre randonnée dans les bois.

Il avait patienté dans le salon jusqu'à ce que nous ayons fini de dîner. Milana et Ružica m'avaient bombardée de questions à son sujet, tout en exprimant leur consternation devant son outrecuidance. Helene, elle, s'était contentée de nous écouter d'un air circonspect. Nous avions décidé de le laisser jouer avec nous, mais elle était restée méfiante durant notre interprétation malhabile d'une sonate de Mozart. Parce que cette soirée ne m'était pas apparue comme un succès, je ne comprenais pas qu'il ait envie de revenir.

Il a ri, d'abord un peu surpris, puis de bon cœur.

— Je suppose que c'est mérité, mademoiselle Marić. Mais je vous avais bien dit que j'étais quelqu'un de bohème.

Il m'a suivie vers la sortie à l'arrière du bâtiment. Déjà un peu sur les nerfs, je préférais éviter le bruit de la Rämistrasse. M. Einstein a poussé les lourdes portes et, quittant les couloirs sombres de l'école, nous avons émergé en plein soleil. J'ai plissé les yeux dans la lumière éblouissante pour mieux distinguer l'horizon montagneux parsemé de vieilles flèches d'églises et d'immeubles de bureaux plus modernes.

Par réflexe, j'ai compté le nombre d'angles droits de la place autour de nous afin d'en évaluer la symétrie.

Ce rituel était devenu un moyen pour moi de faire abstraction des murmures méprisants des étudiants et des professeurs que je croisais parfois sur mon chemin – voire de leurs sœurs, de leurs mères et de leurs petites amies. Les critiques sur l'impropriété pour une femme de faire des études, les ricanements devant ma claudication, les commentaires désobligeants sur mon teint mat et ma mine sérieuse étaient tels que je ne voulais pas risquer de les laisser saper ma confiance en moi durant les cours.

— Vous êtes bien silencieuse, mademoiselle Marić.

— On me le reproche souvent, monsieur Einstein. Hélas, contrairement aux autres dames, je ne sais pas parler de tout et de rien.

— Mais vous l'êtes encore plus que d'ordinaire. Comme si une théorie importante venait de s'imposer à vous. Quelle est cette pensée qui a détourné l'attention d'un esprit aussi redoutable que le vôtre ?

— En vérité ?

— Absolument.

— Je jaugeais la disposition géométrique de cette place. Je me suis rendu compte que ces colonnades présentaient une symétrie bilatérale et axiale presque parfaite.

— C'est tout ? a-t-il plaisanté.

— Pas vraiment.

Puisqu'il refusait les règles de la bonne société, pourquoi n'en ferais-je pas autant ? Cela me soulageait, à vrai dire.

— Ces derniers mois, ai-je expliqué, j'ai noté les parallèles qui existent entre la symétrie artistique et le concept de symétrie en jeu dans les sciences physiques.

— Et qu'en avez-vous conclu ?

— Qu'un disciple de Platon attribuerait justement la beauté de cette place à sa seule symétrie.

Je n'ai pas précisé combien cela m'attristait. Au cœur des théories professées par mes champs d'étude préférés, à savoir les mathématiques et la physique, figurait un idéal auquel je ne pourrais moi-même jamais prétendre avec mes hanches bancales.

— Impressionnant. Qu'avez-vous remarqué d'autre au sujet de cette place que je traverse tous les jours sans même la voir ?

J'ai montré toutes les flèches d'églises autour de nous.

— Eh bien, les églises semblent pousser en plus grand nombre que les arbres, à Zurich. Rien qu'aux abords de cette place, nous avons la Fraumünster, la Grossmünster et Saint-Pierre.

Il m'a regardée fixement.

— Vous aviez raison, mademoiselle Marić. Vous n'êtes pas une femme comme les autres. En fait, vous êtes véritablement extraordinaire.

Après ce petit détour, il a commencé à revenir vers la Rämistrasse. Je me suis arrêtée. Je ne voulais pas aller par là. J'aspirais désespérément à marcher au calme, dans des quartiers résidentiels paisibles. Me suivrait-il si je le faisais ? Je n'étais pas sûre de souhaiter sa compagnie. J'appréciais nos conversations, mais je craignais qu'il ne m'accompagne jusqu'à la pension et que sa présence ne provoque de nouveau la gêne des filles.

— Monsieur Einstein ! Monsieur Einstein ! a soudain crié quelqu'un de l'autre côté de la rue. Vous êtes en retard, comme toujours !

La voix émanait d'une table à la terrasse d'un café. J'ai avisé un monsieur brun au teint mat qui agitait les bras dans notre direction. Je ne me souvenais pas de l'avoir déjà vu, ni à l'Institut polytechnique ni ailleurs.

M. Einstein lui a fait signe, puis s'est tourné vers moi.

— Cela vous dirait-il de prendre un café avec nous, mademoiselle Marić ?

— Mes études m'appellent, monsieur Einstein. Je dois rentrer.

— Je vous en prie. J'aimerais beaucoup que vous rencontriez M. Michele Besso. Bien qu'il soit sorti de l'Institut polytechnique avec un diplôme d'ingénieur, et non de physicien, il m'a fait découvrir une foule de nouvelles théories, notamment celles d'Ernst Mach. Il est très aimable, et très intrigué aussi par la plupart des grandes idées modernes qui nous intéressent, vous et moi.

J'étais flattée. M. Einstein me pensait apparemment capable de soutenir une conversation scientifique avec son ami. Peu d'hommes à Zurich m'auraient fait une telle proposition. Une partie de moi voulait accepter, dire oui à son invitation, s'asseoir à une table de café en face d'un élève de ma classe et débattre des questions épineuses soulevées par la physique. En secret, je mourais d'envie de participer à ces discussions ferventes menées dans les rues et les cafés de la ville, au lieu de les imaginer simplement à distance.

Mais une autre partie de moi avait peur. Peur de l'attention déroutante que me prêtait M. Einstein. Peur de franchir le fossé invisible entre nous et d'encourir des risques inévitables si je devenais la personne que je rêvais d'être.

— Je vous remercie, mais je ne peux pas. Toutes mes excuses, monsieur Einstein.

— Une autre fois, peut-être ?

— Peut-être.

J'ai pris congé de lui et me suis éloignée en direction de la pension Engelbrecht.

— D'ici là, nous jouerons de la musique ensemble ! a lancé sa voix derrière moi.

— Je ne me rappelle pas vous avoir invité ! ai-je rétorqué sur le même ton, avec une hardiesse plus propre à l'un de ses pairs à l'école qu'à une dame du monde.

Un rire a retenti.

— Vous l'avez dit vous-même, je n'ai jamais été du genre à attendre qu'on m'invite !

6

9 juin 1897
Zurich, Suisse

Émergeant du salon de thé Schober, Ružica et moi avons commencé à longer la Napfgasse bras dessus, bras dessous. Le soleil doux et brumeux de l'après-midi éclairait les bâtiments par l'arrière, de sorte que les devantures des boutiques baignaient dans une lumière ambiante chatoyante, et nous avons toutes deux soupiré d'aise.

— C'était délicieux, a déclaré mon amie.

La veille au soir, après le dîner, nous avions décidé de tester le café, le chocolat chaud et les pâtisseries de la Conditorei Schober, célèbre enseigne située entre l'université de Zurich, où étudiait Ružica, et l'Institut polytechnique. Nous fantasmions sur les douceurs qui y étaient servies depuis que Mme Engelbrecht nous avait appris son existence. Helene et Milana, elles, avaient refusé de se joindre à nous. Non seulement elles préféraient le salé au sucré, mais elles n'étaient guère attirées par les expériences frivoles que recherchait Ružica. Je m'étais moi-même surprise en m'entendant accepter de l'accompagner.

— Je sens encore le goût du caramel et des noix de mon gâteau sablé, ai-je dit au souvenir de mon délicieux dessert fourré d'une crème parfaitement décadente.

— Et moi de la crème de ma *Sardegnatorte* recouverte de pâte d'amandes !

— Je n'aurais pas dû commander un deuxième café au lait. Je suis si gavée que je vais probablement devoir desserrer mon corset quand on rentrera à la pension.

Nous avons alors ri à l'idée de nous présenter toutes débraillées à la table de Mme Engelbrecht.

— Si tu penses avoir besoin de délacer le tien, qu'est-ce que je devrais dire ! C'est moi qui ai commandé un second dessert. Je n'ai pas pu résister aux *Luxemburgerli*...

Ces délicieux macarons aux parfums divers et variés étaient selon mon amie si légers qu'ils fondaient littéralement sur la langue.

— C'est peut-être une bonne chose qu'il n'y ait pas de pâtisserie comparable chez moi, à Šabac, a-t-elle repris. J'aurais été toute dodue à mon arrivée à Zurich.

Riant de plus belle, nous avons déambulé le long de la rue en admirant les tailleurs que les femmes riches de Zurich arboraient depuis peu. Nous aimions le style audacieux des vestes ajustées et des jupes moulantes qui s'évasaient vers le bas, même si, ajoutées à nos corsets, ces tenues nous paraissaient trop inconfortables au vu de nos longues heures d'études. Non, par commodité, nous continuerions à porter des chemisiers à manches longues rentrés dans des jupes amples, en veillant à ne choisir que des couleurs sombres pour être sûres d'être prises au sérieux par nos professeurs et nos condisciples.

Au bout d'un quart d'heure, un silence amical est retombé entre nous, et nous avons savouré ces rares instants de liberté. J'ai songé une fois de plus combien ma vie à Zurich était surprenante. Lorsque j'avais quitté Zagreb, je n'aurais jamais pu imaginer que je me promènerais un jour le long d'un boulevard bras dessus, bras dessous avec une amie, après être allée avec elle dans un luxueux salon de thé. Le tout en parlant chiffons.

— Passons par la Rämistrasse, a dit brusquement Ružica.

— Pardon ?

J'étais certaine d'avoir mal entendu.

— La Rämistrasse. N'est-ce pas là qu'il y a tous les cafés fréquentés par M. Einstein et ses compagnons ?

— Oui, mais...

— Ne nous a-t-il pas invitées à le rejoindre, le soir où il est venu jouer du Bach avec nous ?

— Je ne pense pas que ce soit une bonne idée, Ružica...

— Allez, Mileva, de quoi as-tu peur ? m'a-t-elle taquinée en m'entraînant à sa suite. Nous ne ferons rien d'inconvenant – pas question de nous lancer à sa recherche. Nous marcherons simplement dans la rue, comme n'importe qui d'autre, et si le hasard veut que M. Einstein et ses amis nous aperçoivent, eh bien soit.

J'aurais pu insister pour rentrer à la pension. J'aurais pu faire demi-tour et repartir dans la direction opposée. Mais, à dire vrai, l'ambiance des cafés de cette ville m'attirait plus que je n'aurais accepté de le reconnaître. Ružica était la source de confiance extérieure dont j'avais besoin pour franchir le pas.

Enhardie, j'ai hoché la tête. Nos bras toujours liés – même s'il devenait difficile de marcher de front dans les rues fréquentées du centre –, nous avons bifurqué plusieurs fois à gauche et à droite jusqu'à la Rämistrasse. Sans nous consulter, nous avons alors ralenti le pas.

J'ai serré plus fort le bras de Ružica à mesure que nous approchions du Metropol, le café que M. Einstein semblait beaucoup apprécier. Je n'osais pas scruter les tables très convoitées en terrasse pour voir si ses amis et lui y étaient assis, et j'ai remarqué que, malgré ses airs bravaches, Ružica ne le faisait pas davantage.

— Mademoiselle Marić ! Mademoiselle Dražić !

Je connaissais cette voix. C'était celle de M. Einstein.

Ružica a continué à avancer, et j'ai d'abord supposé qu'elle ne l'avait pas entendu. Mais elle m'a ensuite jeté un coup d'œil qui m'a détrompée. Elle voulait l'obliger à venir nous chercher. Je n'étais pas familière de tels faux-semblants, aussi l'ai-je imitée. Ce n'est que lorsque M. Einstein a de nouveau crié nos noms et que Ružica a tourné la tête vers lui que je me suis autorisée à suivre son regard.

M. Einstein a traversé le boulevard presque en courant depuis le Metropol.

— Mesdames, quelle charmante surprise ! J'insiste pour que vous veniez vous asseoir avec mes amis et moi. Nous discutons de la manière dont J. J. Thompson a démontré que les rayons cathodiques contenaient ces particules qu'on appelle des électrons, et des avis neufs sur la question seraient les bienvenus.

Nous lui avons emboîté le pas jusqu'au café, où nous nous sommes frayé un chemin au milieu de la foule des étudiants – tous des hommes. M. Einstein et deux de ses amis avaient pris place au fond de la salle. Comment avait-il pu nous apercevoir depuis cet endroit ? Il devait avoir les yeux rivés sur la rue.

Ses compagnons se sont levés et postés près de lui le temps de faire les présentations. Je connaissais bien l'un d'entre eux, au moins de vue. M. Grossmann, l'un des élèves de la Section VI. En dehors de nos saluts respectifs et des échanges nécessités par les cours, lui et moi ne nous étions jamais vraiment adressé la parole. L'autre était le M. Besso dont M. Einstein m'avait déjà parlé. Ses yeux marron brillaient d'un éclat malicieux sous ses cheveux bruns, et il semblait avoir le sourire facile.

Ces messieurs sont allés chercher deux chaises libres à d'autres tables et les ont disposées autour de la leur. Au moment où nous nous asseyions, M. Besso a offert de nous servir du café et de commander des pâtisseries.

Ružica et moi avons échangé un regard, avant d'éclater de rire à l'idée de manger ou boire quoi que ce soit.

— Nous sortons tout juste de chez Schober, ai-je expliqué devant la mine perplexe des trois hommes.

— Ah ! a dit M. Grossmann d'un air entendu. Je comprends. Ma mère est venue me rendre visite depuis Genève la semaine dernière, et nous avons passé un long après-midi là-bas. Je n'ai rien pu avaler pendant deux jours, après ça.

Il ne m'avait encore jamais parlé aussi longuement depuis le début de nos cours, et j'ai trouvé sa remarque très polie. Pour la première fois, j'ai envisagé que cette absence de communication entre nous puisse être ma faute.

Les hommes ont recommencé à discuter de J. J. Thomson, et Ružica et moi sommes devenues silencieuses. Cette situation était inédite pour moi. Devais-je exprimer mes opinions ou attendre qu'on les sollicite ? Je craignais que MM. Grossmann et Besso ne prennent ma timidité pour de la maussaderie ou de l'ignorance, mais je ne voulais pas non plus paraître trop effrontée.

— Mademoiselle Marić, quel est votre avis ? s'est enquis M. Einstein, comme s'il lisait dans mes pensées.

Je n'avais besoin que de cette invitation.

— Je me demande si les particules découvertes par M. Thomson grâce à ses rayons cathodiques ne seraient pas la clé qui nous permettra de comprendre la matière.

Ces messieurs sont restés muets, et j'ai frémi intérieurement. Avais-je trop parlé ? Ou proféré une stupidité ?

— Bien dit, a commenté M. Besso.

— Tout à fait d'accord, a renchéri M. Grossmann.

Les trois hommes ont ensuite débattu de l'existence des atomes – un sujet qu'ils avaient visiblement déjà abordé avant notre arrivée –, et j'ai de nouveau gardé le silence. Mais pas pour très longtemps. Profitant d'un blanc dans la conversation, je leur ai exposé mes réflexions dans ce domaine. Et lorsqu'il est devenu évident que je ne rentrerais pas dans ma coquille comme un mollusque, ils ont voulu savoir ce que m'inspiraient les expériences menées ailleurs en Europe, en particulier la découverte des rayons X par Wilhelm Röntgen. Cependant, malgré mes efforts pour lui arracher son point de vue d'experte en sciences politiques, Ružica n'est pas sortie de son mutisme.

Cela m'a surprise. La compagnie de M. Einstein et de ses amis la décevait-elle ? Avait-elle espéré un échange plus traditionnel et agrémenté de plaisanteries, au lieu de cette conversation scientifique ?

Notre sortie n'avait peut-être pas pris la tournure qu'elle souhaitait, mais moi, être intégrée dans ce groupe d'hommes, pouvoir discuter avec eux et noter la confiance de M. Einstein à mon égard me faisait sentir vivante et m'électrisait comme ces courants qui traversaient Zurich de part en part. J'essayais de ne pas penser à ce que l'attitude de M. Einstein pouvait vouloir dire de plus.

16 juin 1897
Zurich, Suisse

— C'est toi, Mileva ? a lancé Milana depuis la salle de jeu. Tu as raté Mozart !

Oh, non. Mozart. Rien que cette semaine, j'avais séché deux de nos sessions musicales.

Les joues rouges d'excitation après mon après-midi au Metropol, je suis entrée à petits pas dans la pièce sans tenter de masquer mon appréhension et ma gêne devant les filles. Normal. Je méritais leurs reproches. Elles m'avaient ouvert les bras et offert un soutien affectif dans cette ville, et je n'étais même pas capable d'honorer mes rendez-vous avec elles. La première distraction venue suffisait à m'éloigner. Quelle piètre amie je faisais, vraiment !

Toutes trois étaient assises autour de la table, leurs tasses de thé vides et leurs instruments posés près d'elles. L'interlude musical était manifestement terminé – ou peut-être n'avait-il même jamais commencé à cause de mon absence. Il ne faisait aucun doute qu'elles étaient très contrariées, en tout cas. Pour une fois, leur mine était assortie à la sévérité de leur tenue.

— Ce n'était pas pareil, sans toi à la *tambura*, m'a sermonnée Ružica, même si j'ai senti l'affection et la taquinerie derrière sa déception.

Il aurait été déplacé de sa part de m'accabler davantage. Après tout, c'était elle qui m'avait presque traînée de force dans les cafés de Zurich, bien qu'elle refusât depuis d'y retourner. « Vos discussions sont trop scientifiques pour moi », avait-elle déclaré.

— C'est vrai, a dit Milana. Le morceau sonnait creux et appauvri.

Helene ne disait rien, elle, et son silence était pire que n'importe quelle condamnation formulée à voix haute. Cela m'évoquait un éclair dans le ciel juste avant un coup de tonnerre.

— Où étais-tu ? a demandé Milana.

Avant que je puisse répondre, Helene m'a jeté un regard indigné. La rancœur et la mauvaise grâce qu'elle avait affichées dès le premier soir où M. Einstein avait joué avec nous enflaient visiblement en elle. « Quel genre de personnage peut bien débarquer chez une camarade de classe sans y avoir été invité ? » lui avait-elle asséné. Et lorsque Milana et Ružica avaient inclus M. Einstein dans notre session consacrée à Bach sans tenir compte du mécontentement de Helene, elle avait interrompu notre morceau à plusieurs reprises pour critiquer sa technique – une attitude rare chez une fille aussi gentille qu'elle. Elle en avait usé de même les trois autres fois où il avait débarqué chez nous sans prévenir et sans y avoir été convié.

Elle a fini par laisser éclater sa colère :

— Laisse-moi deviner. Tu parlais science au Metropol. Avec M. Einstein et ses amis.

Je n'ai pas répondu. Helene avait raison, et les filles le savaient. Je n'avais aucune excuse. Que pouvais-je dire ? Comment leur expliquer mon euphorie lorsque j'étais au Metropol ? Qu'en déduiraient-elles sur ce que je ressentais en leur compagnie ? D'autant que j'avais préféré à plusieurs reprises celle de M. Einstein et de ses amis à la leur.

Des larmes ont afflué au coin de mes yeux. J'étais furieuse contre moi. Rien ne justifiait que je déçoive ces filles. Elles avaient réveillé mes rêves d'un avenir épanouissant, et nous nous étions forgé ensemble un abri contre le monde extérieur, où nous pouvions laisser s'exprimer notre véritable intelligence, et parfois aussi nos petits travers ridicules. Malgré sa façon de s'insinuer dans ma vie au cours de ces deux derniers mois, malgré mon enthousiasme en sa présence, M. Einstein n'était pas une raison suffisante.

Je me suis assise timidement sur la seule chaise vide en essuyant une larme.

— Je n'ai rien à offrir que des excuses.

Ružica et Milana se sont penchées pour me prendre la main.

— Et bien sûr que nous les acceptons, Mileva.

Helene n'a pas bougé, elle.

— J'espère sincèrement que cela ne deviendra pas une habitude, Mileva, a-t-elle dit. Nous comptons sur toi.

Ses mots étaient plus qu'une allusion aux sessions musicales que j'avais ratées ou à sa peine devant mon comportement. C'était une sorte d'ultimatum. Elle consentait à m'accorder une seconde chance, mais à condition que je m'engage à faire passer notre groupe avant tout le reste. À condition que je respecte notre pacte.

— Je te promets de ne pas oublier notre promesse et de ne plus m'attarder au café Metropol à l'avenir.

À ces mots, elle m'a décoché le même sourire chaleureux et accueillant que lors de notre première rencontre. Un soupir audible de soulagement a traversé la salle de jeu.

— De toute façon, quel attrait M. Einstein peut-il bien avoir en dehors de ses discussions barbantes sur la physique ? a dit Milana pour détendre l'atmosphère. Certainement pas sa tignasse.

Sa remarque nous a fait rire. Les boucles indisciplinées de M. Einstein étaient vite devenues légendaires parmi nous. Dans le monde si raffiné de Zurich, sa coiffure n'avait pas d'égale. C'était à croire qu'il ne possédait pas de peigne.

— Elle ne doit pas être séduite par ses tenues non plus, a renchéri Ružica. Non mais vous avez vu comme sa veste était fripée quand il est venu jouer du Bach avec nous ? On dirait qu'il laisse traîner ses vêtements par terre chez lui.

Notre hilarité a grandi, et toutes y sont allées de leur pique. Même Helene :

— Quant à sa pipe, il s'imagine qu'elle fait oublier ses joues bien rondes de petit garçon ? Ou qu'elle lui donne l'air d'un professeur ?

Et elle s'est lancée dans une imitation malicieuse de M. Einstein en faisant mine de bourrer une immense pipe et de tirer pensivement dessus.

Juste quand nous éclations de rire, la cloche annonçant le dîner a retenti. Redevenant sérieuses, nous nous sommes levées afin de passer à table.

De retour dans ma chambre, un peu plus tard, j'ai enroulé autour de mes épaules le châle brodé de roses que ma mère m'avait offert. Cette soirée de juin était agréablement fraîche, et même si fermer la fenêtre m'aurait permis de réchauffer la pièce, j'avais besoin de sentir l'air du dehors sur mon visage. J'avais beaucoup de travail en attente, des chapitres de physique à lire et des calculs mathématiques à résoudre. Un café au lait revigorant n'aurait pas été de refus, mais il n'y en avait pas à la pension.

Des coups frappés à ma porte m'ont fait sursauter. Personne ne venait jamais me voir à cette heure-là. J'ai entrouvert le battant.

Helene se tenait dans le couloir.

— Entre, ai-je dit.

Un peu anxieuse, je lui ai fait signe de s'installer au pied de mon lit – à part sur ma chaise de bureau, on ne pouvait s'asseoir nulle part ailleurs. Voulait-elle discuter encore du café Metropol ? Je croyais que le sujet était clos. L'ambiance bon enfant que nous avions réussi à restaurer entre nous dans la salle de jeu avait perduré pendant tout le repas.

— Tu te souviens de la première fois où tu t'es rendu compte que tu étais différente des autres filles ? Plus intelligente qu'elles, peut-être ?

J'ai acquiescé, mais sa question me désarçonnait. Je me rappelais bien ce jour où, dans la classe de Mlle Stanojević, j'avais pris conscience que je n'étais pas comme tout le monde. J'avais sept ans et je m'ennuyais à mourir. Les autres élèves – rien que des filles – semblaient perdues devant les explications de notre professeur sur les principes de base de la multiplication, un concept simple que j'avais assimilé toute seule à l'âge de quatre ans. J'avais le vague sentiment d'être en mesure de les aider. Si seulement j'avais pu prendre la place de Mlle Stanojević, je leur aurais montré combien les nombres étaient faciles à décomposer, à manier et à combiner à l'infini au moyen d'élégantes connexions. Mais je n'osais pas. Une telle initiative aurait été un événement sans précédent dans la *Volksschule*. L'ordre et la hiérarchie régnaient dans toutes les régions de l'Empire austro-hongrois, même les plus reculées. Au lieu de m'avancer vers le tableau noir, comme je l'aurais souhaité, j'avais donc baissé les yeux sur les horribles bottines noires que maman me faisait porter chaque jour dans l'espoir que je boite moins et je les avais comparées aux jolies chaussures à lacets couleur ivoire de Maria, une douce camarade de classe aux boucles blondes.

— Et ? a dit Helene.

Je lui ai décrit ma frustration à ce moment-là.

— Tu pensais être meilleure professeur que Mlle Stanojević ?

— En fait... oui, ai-je reconnu, tout en trouvant étrange de partager ce souvenir.

— Que s'est-il passé ?

— Je ne sais plus pourquoi, mais Mlle Stanojević a été appelée à l'extérieur de la salle de classe. Elle s'est absentée un long moment, et les filles ont commencé à discuter et à quitter leur pupitre. C'était une grave entorse au règlement, bien sûr.

— Je n'en doute pas.

— L'une d'elles s'est approchée de moi – une certaine Agata, je crois. Je ne voyais pas ce qu'elle me voulait. Ce n'était pas comme si j'avais été amie avec elle, ou avec aucune des autres, d'ailleurs. J'avais peur qu'elle ne se moque de moi, tu comprends ?

— Oh que oui !

— Je me trompais. Elle s'est penchée sur ma table et m'a demandé de lui expliquer le principe de la multiplication. J'ai alors utilisé ma propre méthodologie pour refaire le cours de Mlle Stanojević. Peu à peu, les filles ont été de plus en plus nombreuses à nous rejoindre, jusqu'à ce que presque toute la classe soit réunie autour de moi. C'était risqué, mais, voyant ça, j'ai fini par aller au tableau. Je l'ai fait pour les aider autant que pour m'aider moi-même. En rendant la leçon plus accessible pour elles, j'espérais permettre à Mlle Stanojević d'enchaîner sur quelque chose de plus intéressant. Les divisions, par exemple.

— Quelle a été ta méthodologie ?

— Au lieu de passer en revue les tables de multiplication que notre professeur avait inscrites au tableau, j'ai pris une opération simple : trois fois six. J'ai dit aux filles de ne pas chercher à la mémoriser, mais d'y penser comme à une addition, ce que certaines soupçonnaient déjà. Je leur ai expliqué que « trois fois six » signifiait tout simplement « ajouter trois fois le nombre six ». Quand j'ai entendu « dix-huit » fuser çà et là dans la classe, j'ai compris que j'avais aidé au moins quelques-unes d'entre elles.

— Ç'a été ça, ton moment fatidique ?

— En fait, c'est arrivé juste après. Lorsque je me suis détournée du tableau, j'ai vu que Mlle Stanojević était revenue et qu'elle se tenait à l'entrée de la salle avec une autre enseignante, Mlle Kleine. Elles étaient toutes les deux stupéfaites.

Helene a ri devant l'audace de la petite fille que j'étais à l'époque. Elle imaginait parfaitement la mine scandalisée des deux femmes.

— Je me suis figée, persuadée que j'allais me faire taper sur les doigts, mais, chose incroyable, au bout de la plus longue minute de ma jeune existence, Mlle Stanojević a souri et a échangé quelques mots avec sa collègue avant de s'adresser à moi : « Bravo, mademoiselle Marić. Auriez-vous l'amabilité de nous refaire cette leçon ? »

J'ai marqué une pause.

— C'est là que j'ai su.

— Que tu étais différente ? Plus intelligente ?

— Que ma vie ne serait pas comme celle des autres filles, ai-je murmuré. Elles ont veillé à bien me faire comprendre que je ne serais jamais des leurs.

J'ai raconté à Helene ce que je n'avais jamais dévoilé à personne : plus tard ce jour-là, alors que je rentrais à la maison en évitant soigneusement le terrain plein de broussailles où s'amusaient les élèves, Radmila, une de mes camarades de classe, s'est avancée vers moi pour me proposer de jouer avec elle et ses copines. C'était la première fois qu'elle le faisait. J'étais méfiante et j'aurais voulu la regarder droit dans ses yeux d'un marron terreux en refusant son invitation, mais une partie de moi aspirait à avoir une amie. Résultat, j'ai dit oui. Les filles avaient déjà formé une ronde. Elles nous ont fait une place à toutes les deux, et je me suis mêlée à leur danse et à leurs chants un peu bêtes en allant et venant au gré de leurs injonctions. La poussière volait autour de nous. Mais brusquement les règles ont changé. Elles ont accéléré le rythme, et j'ai été ballottée dans tous les sens. Quand mes jambes m'ont trahie et que j'ai commencé à trébucher, les filles m'ont traînée à leur suite sans cesser de chanter. Puis elles m'ont lâché la main, m'ont poussée au milieu du cercle et sont restées là à rire aux éclats pendant que j'essayais de me relever, toute meurtrie et poussiéreuse. Je suis rentrée en pleurant jusque chez moi. Je me moquais qu'elles rient encore plus en me voyant tituber le long de la rue. Elles ne pouvaient pas me blesser davantage. Depuis le début, elles n'avaient pas eu d'autre but que de m'humilier parce que j'avais osé prendre la tête de la classe et parce que j'étais différente d'elles.

— Mon histoire est à peu près la même, a chuchoté Helene, avant de me serrer dans ses bras. Mitza, je regrette de ne pas t'avoir connue beaucoup plus tôt.

— Moi aussi, Helene.

— Je m'excuse d'avoir été si dure avec toi aujourd'hui et si ouvertement méfiante à l'égard de M. Einstein. Je sais que je t'ai encouragée à t'allier à lui, mais je ne pensais pas qu'il serait à ce point... présomptueux et non conventionnel. Il m'a fallu si longtemps pour rencontrer des personnes comme moi. Du coup, je souffre et je réagis de façon excessive quand j'ai l'impression que ces mêmes personnes s'éloignent, surtout pour aller vers quelqu'un qui ne m'apparaît pas totalement digne d'elles.

— Je suis désolée, Helene. Je ne voulais pas du tout prendre mes distances. Passer du temps avec M. Einstein et ses amis n'est qu'un moyen pour moi d'atteindre l'objectif professionnel dont nous parlons si souvent. Ces hommes n'ont que les dernières découvertes scientifiques à la bouche, et sans eux je n'en aurais jamais connaissance.

— Je n'avais pas du tout vu les choses sous cet angle. Je croyais que tu étais attirée par les manières « bohèmes » dont M. Einstein n'arrête pas de nous rebattre les oreilles. Que c'était lui qui t'avait séduite, pas son savoir.

— Non, Helene, ai-je vivement répliqué. Je le considère comme un collègue, rien de plus. D'un point de vue professionnel, il m'apporte beaucoup, même s'il se comporte de façon un peu cavalière.

En même temps que je disais cela, cependant, j'ai dû m'avouer que je n'étais pas tout à fait sincère. La réalité était plus complexe. En compagnie de M. Einstein, je me sentais vivante, comprise et acceptée – une situation à la fois inédite et déstabilisante.

— Mais cela ne porte pas à conséquence, ai-je ajouté, autant pour me rassurer, moi, que pour convaincre Helene. Ton estime compte énormément à mes yeux. Plus que celle de quiconque.

7

30 juillet 1897
Zurich, Suisse

Bien que Helene n'ait jamais vraiment réussi à accepter M. Einstein durant les dernières semaines de l'année universitaire, notre conversation l'avait rendue plus indulgente à son égard. J'avais, semblait-il, apaisé ses inquiétudes en réaffirmant mon attachement à notre pacte et en riant avec elle de l'apparence du jeune homme. Malgré l'obstination de ce dernier à participer à nos sessions musicales, elle ne voyait plus en lui une menace.

Cela m'avait fait du bien à moi aussi. Mes affirmations et mes petites moqueries m'avaient aidée à prendre du recul en me rappelant qu'il n'était qu'un camarade de classe doublé d'un amoureux comme moi de la physique, par ailleurs plutôt bête et parfaitement ridicule. Je pensais pouvoir étouffer toute attirance envers lui, être bien armée pour décourager la moindre avance, et ce alors même qu'il n'avait jamais franchi le stade du badinage et des allusions frivoles.

Le lendemain du dernier jour de nos examens de première année – examens pour lesquels j'avais travaillé comme jamais auparavant –, il s'est présenté à la pension Engelbrecht avec son violon. Ce n'était pas une surprise. Il n'avait pas été spécialement invité, mais enfin bon, il ne l'était jamais, et cela ne l'empêchait pas de venir assez souvent. Son jeu au violon était plein de sentiment et de virtuosité, au point que les filles avaient fini par l'accueillir chaleureusement, même si elles ne se faisaient toujours pas à son côté sans-gêne.

Nous avions prévu une soirée sur le thème des *Quatre Saisons* de Vivaldi, en écho au changement de saison que nous-mêmes connaissions. Plus encore que d'habitude, M. Einstein a déployé un jeu très émouvant, et lorsque les dernières notes ont fini de résonner, nous avons observé un silence satisfait. C'est alors qu'il a littéralement bondi de sa chaise.

— Mademoiselle Kaufler, vos amies et vous parlez de cette forêt magique qu'est le Sihlwald depuis des mois maintenant…

— En effet, monsieur Einstein, a répondu Helene.

— Je me souviens très bien de vous avoir entendue mentionner la vue que l'on a depuis l'Albishorn.

— C'est vrai.

Helene a poursuivi cet échange plaisant en lui décrivant l'endroit. Si elle ne paraissait pas se méfier, je devinais où M. Einstein voulait en venir.

— Pardonnez-moi mon audace, mais j'aimerais beaucoup prendre part à la balade que vous avez prévue demain matin dans ces bois.

Nous avions décidé toutes les quatre de faire une dernière randonnée pour marquer la fin de l'année. Depuis notre excursion dans le Sihlwald, nous nous étions aventurées toujours plus loin à chacune de nos sorties, et après de longues délibérations nous étions convenues de boucler cette série là où nous l'avions commencée.

Les intentions de M. Einstein me semblaient prévisibles, mais elles ne l'étaient manifestement pas pour Helene, qui n'a pu masquer sa surprise.

— Eh bien, monsieur Einstein... a-t-elle bafouillé. Comment dire... euh... nous envisagions ça comme une sorte de randonnée d'adieu, juste entre nous quatre.

Sans se laisser démonter, il a continué, sur le même ton humoristique et déterminé :

— Voulez-vous me priver de la beauté du Sihlwald et du plaisir de votre compagnie ce dernier samedi avant les vacances, mademoiselle Kaufler ? Nous ne nous reverrons pas avant plusieurs mois.

L'impertinence de sa requête, très osée, même pour lui, a décontenancé encore plus Helene.

— Mais... euh... je ne peux pas... prendre cette décision toute seule.

Il a posé sur moi son regard implorant, et j'ai senti des papillons dans mon ventre tandis qu'il se tournait vers Ružica et Milana.

— Qu'en dites-vous, mesdemoiselles ?

Il ne reculait vraiment devant rien. Nous étions toutes des filles bien élevées, à qui l'on avait appris à être polies. Comment aurions-nous pu refuser ?

31 juillet 1897
Zurich puis vallée de la Sihl, Suisse

Équipées de nos sacs à dos, tous remplis d'affaires de randonnée, de casse-croûtes fournis par une Mme Engelbrecht enthousiaste et de cartes de la forêt, nous patientions sur le quai. Je ne cessais de consulter l'horloge de la gare. M. Einstein était très en retard.

— Mais où est-il ? a demandé Ružica pour la huitième fois en tapant du pied avec impatience.

— Nous n'avons qu'à monter dans le train, a suggéré Milana. Il part dans deux minutes.

En proie à des sentiments contradictoires, j'ai levé les yeux vers l'horloge. J'avais envie que M. Einstein se joigne à nous, mais je craignais de nous faire rater notre train en insistant pour l'attendre.

— Milana a raison, ai-je dit pour ne pas donner l'impression de trop désirer sa venue. Nous ne pouvons pas rester là plus longtemps. De toute façon, M. Einstein est toujours en retard, c'est connu. Qui sait quand il arrivera ?

Helene a acquiescé. Nous sommes montées dans un wagon vide – nous avions le choix, car il y avait très peu de voyageurs à cette heure matinale du samedi – et nous avons rangé nos sacs dans les porte-bagages au-dessus de nos têtes. Juste quand nous prenions place sur les banquettes au tissu usé, un coup de sifflet a retenti et le train s'est ébranlé.

Un répit. J'ai soupiré. Il était peut-être préférable que je ne voie pas M. Einstein jusqu'à la rentrée universitaire, trois mois plus tard. Sa présence constante ces derniers temps n'avait fait qu'accroître mon désarroi. Oui, ai-je pensé, c'est précisément ce dont j'ai besoin. Commencer les vacances d'été sans lui était un bon présage.

— Oh-oh, a dit Milana.
— Qu'y a-t-il ?

Elle n'a pas répondu et s'est contentée de montrer un point au-dehors, comme si les mots ne pouvaient rendre compte de ce qu'elle voyait.

Tendant le cou par-dessus Helene, j'ai aperçu deux hommes qui traversaient la gare en courant en direction de notre train. Malgré l'épaisseur de la vitre, leurs cris sont parvenus jusqu'à nous :

— Attendez ! Attendez !

J'ai plissé les yeux pour essayer de déterminer si l'un d'eux était M. Einstein. Une tignasse bouclée. Une chemise débraillée. Je retrouvais ses traits caractéristiques, si éloignés de la mise soignée des hommes en Suisse. Mais alors qu'il était censé venir seul, quelqu'un le suivait. Peut-être que ce n'était pas lui, après tout.

Le bruit de la locomotive a légèrement décru, et les deux hommes ont sauté à bord. Quelques instants plus tard, la porte de notre compartiment s'est ouverte à la volée sur M. Einstein.

— J'y suis arrivé !

La mine rayonnante, il a fait un geste en direction de la personne qui se tenait derrière lui.

— Mesdames, permettez-moi de vous présenter mon ami, Michele Besso, que Mlle Marić et Mlle Dražić ont déjà rencontré. C'est un ingénieur diplômé de l'Institut polytechnique !

Je l'ai salué d'un signe de tête. J'avais souvent discuté avec lui d'Ernst Mach, un physicien qu'il admirait. D'une manière générale, j'appréciais la compagnie de ce jeune homme à la voix douce, mais je n'étais pas sûre de la manière dont les filles allaient le percevoir. Ružica n'avait pas vraiment cherché à lier connaissance avec lui lors de notre premier après-midi au Metropol.

— Soyez les bienvenus, messieurs, ai-je dit.

Sans attendre ma permission, et sans s'excuser de débarquer avec un invité, M. Einstein s'est laissé tomber à côté de moi sur la banquette en effleurant de sa jambe les plis de ma jupe. Je me suis rendu compte que nous ne nous étions encore jamais retrouvés côte à côte sur un même siège. Nos perchoirs habituels, à savoir les chaises en bois de nos salles de classe, celles en fer forgé des cafés et les fauteuils ouvragés du petit salon de la pension Engelbrecht, ne le permettaient pas. Il m'a soudain paru trop proche, surtout à cet instant où je venais juste de décider que cette excursion serait plus agréable sans lui.

M. Besso s'est montré plus circonspect.

— Je peux ? a-t-il demandé à Ružica avant de s'asseoir.

Pendant que notre convive inattendu échangeait des plaisanteries avec Milana, Helene et elle, je me suis tournée vers M. Einstein. Son visage était si près du mien que je sentais son haleine imprégnée de café, de chocolat et de tabac. Je me suis écartée imperceptiblement de lui.

— Quelle entrée fracassante !

— Une si belle journée mérite un coup d'éclat, a-t-il déclaré en pointant le ciel bleu vif derrière la vitre.

— Ah, c'est donc pour ça que vous avez piqué un sprint en criant au chef de gare d'arrêter le train ? ai-je lancé avec un sourire narquois.

Je subodorais que la raison de son retard n'avait rien à voir avec la beauté de cette journée – ses amis au Metropol se moquaient souvent de ses pannes de réveil, et ma remarque était de celles qu'ils auraient pu faire. Tant pis si ce n'était pas tout à fait digne d'une dame bien élevée. Plutôt que de lui renvoyer une telle image, pour le moins réductrice, je préférais qu'il me considère comme une femme instruite et comme son égale.

Il a ri.

— J'aime vous voir sourire, a-t-il murmuré.

M. Besso nous a interrompus très poliment pour nous poser une question, et nous avons bientôt discuté tous ensemble de notre randonnée. Ni lui ni M. Einstein ne s'étaient jamais aventurés dans le Sihlwald auparavant, et chacune de nous chérissait un aspect particulier de ce paysage qu'elle tenait à partager avec eux. Le trajet est ainsi passé rapidement dans une ambiance détendue.

Il en a été de même durant les premières heures de marche. La fraîcheur de l'air sous l'épaisse canopée a rendu notre ascension très agréable malgré les gros troncs abattus qui nous bloquaient parfois le chemin. D'énormes arbres à feuilles caduques (dont seule Helene savait le nom) nous dominaient de toute leur hauteur et, à en juger par leurs cris d'exclamation, M. Einstein et M. Besso étaient eux aussi impressionnés par cette verdure et par la profusion de fleurs autour de nous. Ravies, les filles leur ont fait remarquer la présence de hêtres à l'écorce argentée et de tapis pourpres formés çà et là par les androsaces des Alpes. Nous voulions que tout le monde aime le Sihlwald autant que nous.

J'ai suivi le rythme de mes amies aussi bien que ces messieurs sur des pentes toujours plus ardues. Personne ne prêtait attention à mon handicap, et moi-même, je n'avais pas à m'en méfier. Les épithètes dont j'avais été abreuvée dans ma jeunesse en Voïvodine me faisaient l'effet d'un vieux et mauvais rêve balayé par la lumière de ces bois.

Je n'étais a priori pas la seule à me sentir libérée. Ružica a raconté l'une de ses petites blagues pathétiques à M. Besso – le genre de blagues qu'elle réservait à nos parties de whist et qui nous faisait grogner, puis glousser du bout des lèvres. Helene a franchement ri d'un bon mot de M. Einstein. Et lorsque Milana m'a harcelée pour que j'imite Mme Engelbrecht, je me suis exécutée. Le temps que nous arrivions à l'Albishorn, nous étions tous de très bonne humeur.

La majesté du paysage s'est alors imposée à nous. Les pics vertigineux des montagnes à l'horizon, coiffés par les nuages et le ciel azur, le disputaient à l'étendue bleu marine du lac et de la rivière. Nous redevenions petits face à l'immensité de la nature. Même M. Einstein, toujours si volubile, n'a plus soufflé mot.

Rompant le silence, M. Besso a sorti une bouteille de vin de son sac.

— Pour vous remercier de votre accueil aujourd'hui, mesdames.

— Bien joué, Michele, a plaisanté M. Einstein en lui donnant une tape amicale sur l'épaule.

Nous nous sommes assis pour profiter de la générosité de M. Besso. Les uns après les autres, nous avons bu une gorgée à même la bouteille. Il s'est excusé de n'avoir pas pu prendre de verres avec lui, mais personne ne s'en est plaint.

— Il va malheureusement falloir partir, si nous voulons attraper le dernier train pour Zurich, a dit Helene.

— Difficile de quitter un tel endroit, n'est-ce pas ? a répondu Milana.

J'ai compris qu'elle ne parlait pas seulement de l'Albishorn. Comment mettre fin à un tel moment de béatitude ? Aurions-nous jamais l'occasion d'en connaître un autre tout aussi parfait ?

Je me levais en même temps que le reste du groupe lorsque j'ai senti une main sur mon bras. Celle de M. Einstein.

— S'il vous plaît, attendez, a-t-il murmuré.

Je me suis figée. Que voulait-il, au juste ? Il ne m'aurait pas demandé un aparté uniquement pour discuter de nos examens de physique. Au plus profond de moi, je savais que toutes ses insinuations, son badinage et ses encouragements n'avaient eu d'autre but que de mener à cet instant, mais je ne pouvais toujours pas croire qu'il nourrissait des sentiments à mon égard. J'aurais dû refuser, bien sûr, et insister pour que nous suivions les autres. Ne m'étais-je pas juré d'éviter cette scène ? Seulement c'était plus fort que moi, j'avais envie de découvrir ce qu'il avait à me dire.

Il guettait ma réponse. Ce n'est que lorsque j'ai acquiescé qu'il s'est adressé à nos compagnons :

— J'aimerais rester encore un instant. Allez-y, nous vous rattraperons.

Les autres se sont dirigés vers le chemin de terre qui redescendait du sommet, mais Helene a hésité, la mine soucieuse.

— Tu es sûre, Mitza ?

J'ai hoché la tête. Je n'avais pas assez confiance en moi pour répondre à voix haute.

— Très bien. Mais ne traînez pas, monsieur Einstein. Nous avons un train à prendre.

— Bien entendu, mademoiselle Kaufler.

— Tu veilleras à le rappeler à l'ordre, n'est-ce pas, Mitza ?

J'ai de nouveau acquiescé en silence.

Une fois les autres hors de vue, M. Einstein m'a gentiment fait asseoir près de lui sur un arbre tombé à terre. La vallée de la Sihl s'étendait à nos pieds, mais même en sachant que j'aurais dû profiter du paysage qui chatoyait dans la douce lumière rose du soleil couchant, je n'éprouvais que de la gêne et de la nervosité.

— C'est à couper le souffle, n'est-ce pas ? a-t-il dit.
— En effet.

Ma voix tremblait, et j'ai espéré qu'il ne l'avait pas remarqué.

— Mademoiselle Marić, a-t-il continué en se tournant vers moi. Cela fait quelque temps déjà que j'ai des sentiments pour vous. Des sentiments que l'on n'a pas normalement pour une camarade de classe...

Je l'ai écouté comme dans un rêve. Je soupçonnais son amour pour moi – pour être honnête, je devais admettre que j'y aspirais, malgré tout ce que je disais aux filles –, mais ces mots me bouleversaient, à présent qu'il les prononçait.

J'ai tenté de me redresser.

— Monsieur Einstein, je crois que nous devrions y aller...

Il m'a doucement obligée à me rasseoir, puis m'a pris les mains et s'est penché vers moi afin de poser ses lèvres sur les miennes. Je ne m'attendais pas à ce qu'elles soient si douces et charnues. Sans me laisser le loisir de réfléchir, il m'a embrassée. L'espace d'un instant, j'ai baissé la garde devant la douceur de sa bouche et je lui ai retourné son baiser, jusqu'à ce que le rouge me monte aux joues lorsque j'ai senti la caresse de ses doigts dans mon dos.

Izgubio sam se. Ces mots étaient les seuls qui me venaient pour décrire mon état d'esprit. Grossièrement traduits du serbe, ils voulaient dire « perdue ». Comme si je n'avais plus aucun repère. Comme si je ne savais plus qui j'étais. Comme si je m'étais totalement abandonnée à lui.

Il s'est écarté un bref instant, le temps de plonger ses yeux dans les miens. J'ai eu du mal à reprendre ma respiration.

— Une fois de plus, vous m'étonnez, mademoiselle Marić.

Il a effleuré ma joue, et j'ai eu envie qu'il m'embrasse encore. Désarçonnée par l'intensité de mon désir, je me suis forcée à me calmer.

— Monsieur Einstein, je ne prétendrai pas que vos sentiments ne sont pas partagés, mais je ne peux pas les laisser me détourner de mon objectif. J'ai fait des sacrifices et j'ai travaillé dur pour suivre la voie que j'ai choisie. Amour et travail ne font pas bon ménage. Pour les femmes, en tout cas.

Ses sourcils broussailleux ont pointé vers le haut, et sa bouche – cette tendre bouche – s'est arrondie sous le coup de la surprise. De toute évidence, il avait misé sur ma soumission, pas sur ma résistance.

— Non, mademoiselle Marić. Des êtres tels que nous, si distincts des autres par leur esprit bohème, leur vision du monde et toutes leurs différences culturelles et personnelles, peuvent sûrement avoir les deux.

Ses paroles touchaient une corde sensible en moi. J'aurais tant aimé qu'il ait raison...

— Je vous en prie, ne vous vexez pas, monsieur Einstein, ai-je dit en m'exhortant à être forte. Je ne peux pas aller plus loin. Je partage peut-être vos convictions bohèmes et cette idée selon laquelle nous sommes différents, mais dans l'intérêt de ma carrière je dois laisser mes sentiments de côté.

J'ai ensuite fait tomber les morceaux d'écorce et les feuilles accrochés à ma jupe avant de me diriger vers le sentier.

— Vous venez ?

Il s'est levé et approché de moi.

— Je suis certain de mon amour pour vous comme jamais encore je n'ai été certain de quoi que ce soit, a-t-il dit en reprenant mes mains dans les siennes. J'attendrai, mademoiselle Marić. J'attendrai que vous soyez prête.

8

29 août 1897
Kać, Voïvodine

La petite feuille, cornée et usée, est tombée à terre en voletant. Je l'ai regardée tournoyer languissamment dans la brise tiède qui soufflait à travers les ouïes du clocher. Le livre du Pr Philipp Lenard était ouvert devant moi à la même page depuis plus d'une heure, et je n'en avais pas lu un mot.

J'ai ramassé le papier sur le plancher éraflé. Je me trouvais dans la pièce voûtée au sommet du clocher de la Flèche, une maison de Kać où nous séjournions les mois d'été. La villa de style tyrolien devait son surnom aux tours situées à ses deux extrémités et en son centre, et c'était là que ma famille venait se reposer chaque année depuis que j'étais toute petite. Quelle que soit la ville où nous menaient tantôt les affectations de mon père, tantôt mes études – Ruma, Novi Sad et Sremska Mitrovica, dans l'est de l'Empire austro-hongrois, puis Zagreb –, la Flèche restait le seul endroit où je pouvais toujours me dire « chez moi ».

J'avais passé les étés de mon enfance dans ce clocher, à regarder par ses ouvertures le spectacle changeant des champs de tournesols et de maïs et à lire des tonnes de livres. C'était ma tanière, mon refuge, le lieu où j'avais dévoré mes premiers contes de fées et commencé à rêver d'une vie de scientifique. À présent, c'était celui où je me cachais.

J'ai fixé la feuille dans ma main. M. Einstein y avait griffonné son adresse de son écriture brouillonne, aussi hardie qu'il l'était lui-même, et me l'avait donnée hâtivement au moment de me faire ses adieux, le soir de notre randonnée dans le Sihlwald, en me demandant avec le plus grand sérieux de correspondre avec lui pendant les vacances. Depuis, je m'en servais comme d'un marque-page afin d'avoir un prétexte pour l'emporter partout avec moi, mais si je refusais de m'en séparer, je m'étais promis aussi de ne pas l'utiliser et je me conformais à ce vœu même lorsque j'imaginais des conversations entières entre nous sur la physique et les mathématiques. Je savais que, si je lui écrivais, je poursuivrais cette relation naissante entamée dans le Sihlwald et que cela rendrait quasi impossible la carrière pour laquelle j'avais si longtemps travaillé, avec le soutien indéfectible de mon père. Je ne connaissais aucune femme qui ait réussi à exercer une profession tout en étant mariée. Pourquoi, dans ces conditions, nouer avec M. Einstein un lien auquel je ne pourrais jamais mettre fin ? En guise de consolation, je m'accrochais à cette idée d'une vie d'érudite célibataire, riche de plaisirs culturels et d'amitiés, dont Helene et moi avions rêvé ensemble.

Mon regard s'est tourné vers les plaines fertiles et parsemées de tournesols autour de Kać. Cette partie de la Voïvodine s'étire au nord du Danube. Après avoir été le site historique de violents affrontements entre l'Empire austro-hongrois à l'ouest et l'Empire ottoman à l'est, elle faisait face désormais aux tensions qui opposaient à l'intérieur de ses frontières artificielles les dirigeants d'origine germanique et la population slave. J'avais espéré que le paysage familier, les parfums et les conversations rassurantes, l'affection de ma famille, toutes ces choses mêlées m'aideraient à oublier ce moment dans le Sihlwald avec M. Einstein. À la place, je me sentais aussi déchirée que cette province, partagée entre mes sentiments et mes promesses.

Des pas lourds ont résonné à travers les murs fins du clocher. Personne n'avait une telle façon de marteler le sol en dehors de mon père, cette force de la nature.

J'ai fait semblant de ne pas l'entendre. Pas parce que je n'avais pas envie de le voir, mais parce que je voulais lui faire croire que je parvenais encore à m'absorber totalement dans une lecture – ce que je n'avais pas réussi à faire ces quatre dernières semaines. Installée sur la méridienne élimée que maman avait reléguée dans ce recoin secret de la Flèche, je me suis penchée sur mon livre en feignant la plus grande concentration.

Les pas se sont faits plus bruyants, plus proches. Je n'ai pas levé la tête. Je m'étais distinguée pendant des années par ma capacité à faire abstraction de mon environnement, mais ignorer les chatouilles de mon père était une tout autre chose, et quelques secondes plus tard je riais aux éclats.

— Papa ! ai-je crié, faussement horrifiée, en le repoussant. J'ai presque vingt-deux ans ! Je suis trop vieille pour ces jeux-là ! Et puis je suis en train de lire…

Il a pris mon ouvrage en notant soigneusement ma page.

— Hmm. Lenard. Il me semble que tu étudiais déjà ce même passage, hier soir.

Je n'ai pu m'empêcher de rougir.

— Mitza, a-t-il dit en s'asseyant à mes côtés. Tu as changé. Tu ne parles pas, même avec moi. Tu ne passes plus de temps au rez-de-chaussée avec ta mère, Zorka et Miloš. Je sais que ton frère et ta sœur sont plus jeunes que toi, mais tu les emmenais au moins pique-niquer, avant.

Sa remarque m'a emplie de honte. Chaque été, j'avais coutume de préparer parfois un pique-nique pour Zorka, Miloš et moi, puis d'aller me promener avec eux au soleil dans les champs de tournesols et de leur lire mes contes de fées préférés – y compris *La Petite Grenouille chantante*. Je ne l'avais pas fait cette année. J'ai envisagé de dire à mon père que j'avais arrêté parce que, à quatorze et douze ans, Zorka et Miloš devenaient trop grands pour de telles escapades, mais je me suis ravisée. Il aurait tout de suite deviné que je mentais.

Il a de nouveau baissé les yeux sur mon livre, puis m'a examinée avec attention.

— Tu ne lis et tu n'étudies pas vraiment, Mitza. Tout va bien ?

— Oui, papa, ai-je répondu en essayant de refouler mes larmes.

— J'en doute un peu. Tu n'avais même pas l'air heureuse de tes résultats à tes examens quand ils sont arrivés, la semaine dernière. Tu as obtenu une moyenne de quatre et demi sur six, Seigneur. Il y avait de quoi faire la fête, mais c'est à peine si tu as trinqué avec nous.

Mon secret concernant M. Einstein brûlait en moi depuis mon retour à la maison. J'avais souvent été tentée de tout avouer à mon père, mon confident depuis toujours, mais quelque chose me retenait chaque fois. Ma peur de le décevoir, peut-être, après tout ce qu'il avait fait pour m'assurer un bon enseignement. Ou ma peur d'anéantir l'image qu'il avait de moi – celle d'une scientifique brillante et solitaire. Comment pouvais-je lui parler de M. Einstein ?

— Je vais bien, papa.

Mais alors même que ces mots m'échappaient, j'ai senti qu'ils sonnaient faux.

Il m'a fait redresser en position assise et m'a prise par les épaules pour m'obliger à me tourner vers lui. Il savait que j'étais incapable de lui mentir ou même d'omettre un seul aspect de la vérité quand je le regardais droit dans les yeux.

— Qu'y a-t-il, Mitza ?

Les larmes que je retenais depuis quatre semaines ont brisé leur digue. Secouée de sanglots, j'ai tout raconté à mon père.

Lorsque, enfin, ma respiration s'est apaisée et que je me suis calmée, il est resté silencieux. J'ai levé les yeux vers lui, terrifiée à l'idée qu'il soit en colère contre moi, ou que j'aie raté ce test, bien plus important que mes examens.

Mais il pleurait, lui aussi.

— Ma pauvre Mitza. Pourquoi faut-il que ta route soit si ardue ?

Comment mon père pouvait-il pleurer, lui que je considérais comme invincible ? Comment ce casse-tête pouvait-il le mettre dans cet état ? C'était vers lui que nous nous tournions – de même que les édiles de toutes les villes où il avait été en poste – quand nous étions face à un problème insurmontable. J'ai sorti de ma poche le mouchoir en dentelle que je gardais sur moi en permanence et me suis essuyé les yeux et les joues.

— Tu ne m'en veux pas, alors ? ai-je demandé, soulagée.

— Bien sûr que non, ma chérie. J'aimerais tant que ta vie soit plus simple, que tu puisses avoir tout ce que ton cœur désire, mais l'intelligence comporte son lot de fardeaux, n'est-ce pas ?

— Je suppose, ai-je dit, passant dans l'instant du soulagement à la déception.

Toute ma vie, je l'avais écouté me sermonner sur mon devoir de nourrir mon intellect. J'avais beau savoir que c'était déraisonnable – et même impossible –, j'espérais qu'il arriverait à résoudre le problème que représentait pour moi M. Einstein, comme il en avait résolu tant d'autres avant ça.

— Souhaites-tu encore poursuivre tes études et devenir professeur de physique ?

Mais... et M. Einstein ? ai-je pensé. Je me suis pourtant forcée à répondre ce qu'il attendait de moi :

— Oui, papa. C'est ce que j'ai toujours voulu. Ce dont nous avons toujours discuté entre nous.

— Crois-tu dans ce cas qu'il soit prudent de retourner à l'Institut polytechnique à la rentrée, étant donné l'effet que ce M. Einstein a sur toi ? Peut-être qu'un semestre dans une autre université t'aiderait à prendre du recul. Tu pourras regagner Zurich une fois que tu auras réussi à porter un jugement plus objectif sur ce jeune homme.

Un semestre dans une autre université... Mon cœur s'est serré à l'idée d'être séparée encore plus longtemps que prévu de M. Einstein, mais à bien y réfléchir cette proposition était aussi un soulagement. Je n'aurais pas à lui faire face et je ne risquerais pas de me laisser séduire par sa mine impatiente et ses yeux de cocker. Cet éloignement produirait peut-être sur moi l'effet magique dont j'avais besoin.

Mon regard s'est posé sur le livre de Lenard que je traînais avec moi depuis plusieurs jours.

— Papa, je crois savoir quel endroit me conviendrait.

21 octobre 1897
Heidelberg, Empire allemand

Au début du mois d'octobre, juste avant mon arrivée à l'université de Heidelberg, un brouillard quasi impénétrable s'était abattu sur la vallée du Neckar, dans le sud-ouest de l'Allemagne. Plusieurs jours après mon installation à l'hôtel Ritter, où je devais séjourner durant mon semestre d'études, il ne semblait pas décidé à se lever. Les cours de physique que j'avais été autorisée à suivre en tant qu'auditrice libre étaient de très haut niveau et dirigés par des professeurs renommés tels que Lenard en personne, mais je ne voyais rien de l'architecture et du cadre réputés charmants de la vieille université à travers ce rideau épais. Noyés dans la brume, la forêt et la rivière entourant le campus offraient un triste contraste avec la beauté lumineuse du Sihlwald, et j'avais parfois l'impression que ce brouillard faisait écho à mon humeur mélancolique.

Mon sentiment de solitude l'emportait sur l'exaltation intellectuelle que me procuraient la théorie cinétique de Lenard sur les gaz et ses expériences sur la vitesse de déplacement des molécules d'oxygène. Je regrettais la compagnie, les rires et la compassion de Ružica, Milana et surtout Helene, même si je le cachais dans les lettres enjouées que je leur envoyais en prétendant être enchantée par mes cours. Dans les heures sombres que je passais seule dans ma chambre d'hôtel, quand je m'autorisais à être honnête, je regrettais M. Einstein aussi. Pour autant, mon malaise était si profond que j'en étais arrivée à me demander si leur absence à tous était l'unique cause de mon désespoir.

Un après-midi de la fin du mois d'octobre, en rentrant après mes cours, j'ai trouvé une lettre de Helene à la réception de l'hôtel. Afin de la dévorer, j'ai monté deux à deux les marches jusqu'à ma chambre – ce qui n'était pas un mince exploit avec ma jambe. Et là, au milieu de menues remarques sur ses études et des ragots de la pension, j'ai lu ceci : *Je croyais que l'université de Heidelberg refusait les demandes d'inscription faites par les femmes. Une amie de ma famille à Vienne qui voulait étudier la psychologie a dû obtenir l'autorisation de chacun de ses professeurs rien que pour assister à leurs cours ! Et elle n'a jamais pu faire valider son cursus. Ta décision ne risque-t-elle pas de te faire perdre un semestre ?*

J'ai lentement reposé la lettre sur mon petit bureau, plus adapté à la correspondance d'une dame du monde qu'aux nombreux devoirs scolaires d'une étudiante. Avec sa finesse habituelle, Helene avait touché du doigt ce qui me préoccupait le plus en réalité. Ma mauvaise humeur ne s'expliquait pas seulement par le brouillard, ni même par mon sentiment de solitude, mais par le frein que ce semestre à Heidelberg risquait de mettre à ma carrière. Et si cette interruption de ma scolarité à l'Institut polytechnique me retardait dans mes études ? Et si, en me barricadant loin de M. Einstein dans l'espoir de protéger mon avenir professionnel, je ne faisais au contraire que nuire à celui-ci ? Et si, non contente d'être pénalisée par ce choix, je succombais malgré tout aux avances de M. Einstein à mon retour à Zurich ?

La lettre de Helene a ravivé ma volonté de faire remplir son objectif à ce semestre d'études. Je suivrais le cursus de l'université de Heidelberg et de l'Institut polytechnique en même temps pour ne pas prendre de retard, et je ferais clairement savoir mes intentions à M. Einstein.

J'ai décidé de répondre enfin à la lettre qu'il m'avait adressée quelque temps après mon arrivée à Heidelberg. Comme je ne lui avais pas donné signe de vie de tout l'été, il s'était renseigné auprès des filles sur ce que j'étais devenue et m'avait écrit des feuillets entiers, dans lesquels il me détaillait les cours magistraux de Weber que j'avais ratés et les exposés des Prs Hurwitz, Herzog et Fiedler, tout en ajoutant quelques commentaires sur le cours obligatoire de théorie des nombres. Je les avais lus et relus avec soin, sans y déceler aucune remarque ni aucune allusion, ni claire ni voilée, à notre discussion dans le Sihlwald. Rien de rien. Malgré ça, il me semblait sentir entre chaque ligne tout ce qu'il ne disait pas.

J'avais dû résister à l'envie de lui répondre au cours des jours précédents, mais je me réjouissais à présent d'avoir eu cette force. J'étais prête à bien me faire comprendre.

Je commençai ainsi : *Vous m'avez dit de ne pas vous écrire à moins d'être totalement désœuvrée, et je n'ai pas eu une minute à moi depuis mon arrivée à Heidelberg.*

Après m'être épanchée sur les formidables cours auxquels j'avais assisté – un verbiage auquel Helene avait déjà eu droit –, j'ai conclu par ce que j'espérais être un message très clair. Je suis partie pour cela d'un ragot dont il m'avait fait part dans sa lettre, selon lequel un élève de mathématiques aurait quitté le cursus de l'Institut polytechnique pour devenir forestier après avoir été rejeté par sa dulcinée, ajoutant : *Comme c'est étrange ! En ces temps si bohèmes, où tant de vies s'offrent à tout un chacun en dehors de celle menée par les bourgeois, le concept de l'amour me semble totalement dérisoire.*

J'ai prié pour que ma lettre soit claire. Si jamais je retournais à Zurich, toute idylle entre nous était hors de question.

Je n'ai eu aucune réponse. Ni en novembre. Ni en décembre. Ni en janvier. Son silence m'a incitée à penser qu'il avait reçu mon message. Je pouvais regagner Zurich sans danger.

DEUXIÈME PARTIE

> *Le changement de mouvement est proportionnel à la force motrice imprimée, et se fait selon la ligne droite dans laquelle cette force est imprimée.*
>
> Sir Isaac NEWTON

9

12 avril 1898
Zurich, Suisse

Saupoudrée d'une couche de neige printanière et hérissée de flèches d'églises glacées semblables aux pics en pâte d'amandes couleur ivoire qui ornaient les desserts de la pâtisserie Schober, la ville de Zurich m'avait fait bon accueil. Les filles et moi avions vite repris nos habitudes. Repas, whist, thé, musique. Mais à mesure que les jours défilaient et me rapprochaient du but de mon retour, à savoir mon inscription à l'Institut polytechnique, je n'éprouvais plus que de l'appréhension.

Le silence de M. Einstein m'avait soulagée, au début, en m'autorisant à reprendre mes études sans avoir à craindre qu'il ne me porte encore de l'intérêt. Au bout d'un moment, pourtant, je m'étais interrogée sur sa véritable signification. J'allais bientôt me retrouver assise à côté de lui en classe, et ce pendant deux ans et demi, jusqu'à la fin de notre cursus. Quelle serait son attitude ? Me mépriserait-il de l'avoir repoussé ? Répandrait-il des rumeurs sur notre unique baiser ? Notre amitié causerait-elle ma perte ? Ma réputation d'élève sérieuse comptait plus que tout pour moi. Les femmes scientifiques n'avaient pas droit à une seconde chance.

Plus le temps passait et plus je redoutais d'avoir pris la mauvaise décision en revenant à Zurich.

Le premier jour de classe, j'ai repoussé autant que possible mon entrée dans la salle. C'est en entendant les chaises racler le sol que j'ai compris que je ne pouvais plus reculer. J'ai ouvert la porte. Ma place était vide, et les autres occupées par les mêmes étudiants qui avaient fait partie de la Section VI pendant ma première année. Aucun nouvel élève n'était venu se greffer au cursus en mon absence, et aucun ancien n'avait décroché. Ma place m'avait-elle attendu durant tout ce temps ? Elle avait l'air aussi seule et abandonnée que moi, en tout cas. Alors que je me dirigeais vers elle en boitant, attentive à garder les yeux rivés sur ma table, j'ai senti que M. Einstein m'observait.

Une fois assise, je me suis concentrée sur le Pr Weber. Celui-ci a d'abord feint de ne pas me remarquer, avant de lancer brusquement :

— Je vois que Mlle Marić a quitté Heidelberg afin de nous rejoindre… Elle a sans doute assisté à des expériences intéressantes durant son congé sabbatique, mais je me demande si elle sera à même de saisir les concepts fondamentaux que vous avez tous assimilés durant le premier semestre de cette année – qui est, je vous le rappelle, la plus importante concernant mes cours de physique et celle dont dépend votre diplôme.

Puis il a entamé sa leçon.

Rouge de honte, j'ai commencé à prendre en note tout ce qu'il disait. Son message était clair. Mon semestre à Heidelberg n'avait pas été vu d'un bon œil, par lui et par je ne savais qui d'autre encore, et il ne me manifesterait aucune indulgence. J'ai tenté de me persuader que, malgré la présence de M. Einstein, j'avais bien fait de revenir à Zurich pour suivre de nouveau la voie qui me mènerait au professorat. Mais si je voulais réussir, je ne devais laisser personne à l'Institut polytechnique me percevoir comme quelqu'un de faible. J'avais travaillé dur, plus dur que n'importe lequel de mes camarades – et certainement plus que M. Einstein – pour en arriver là, pour avoir le droit d'étudier les questions que les philosophes se posaient depuis la nuit des temps, celles auxquelles les grands esprits scientifiques de notre époque étaient prêts à apporter des réponses : la nature de la réalité, de l'espace, du temps, ainsi que son contenu. Je voulais me pencher sur les principes de Newton concernant les actions réciproques, la force, l'accélération et la gravitation, et les examiner à la lumière des dernières découvertes réalisées dans le domaine des atomes et de la mécanique afin de voir s'il existait une théorie unique capable d'expliquer la diversité apparemment infinie des phénomènes naturels et du chaos. Je mourais d'envie d'étudier les concepts nouveaux sur la chaleur, la thermodynamique, les gaz et l'électricité, sans oublier leurs fondements mathématiques. Les nombres constituaient l'ossature d'un gigantesque système physique qui intégrait toute chose. Tel était le langage secret de Dieu, j'en étais certaine. Telle était ma religion. Je menais une croisade, et les croisés ne pouvaient pas se permettre la moindre faiblesse – ni la moindre idylle, ai-je pensé, toujours consciente du regard de M. Einstein sur moi.

— Ce sera tout pour aujourd'hui, messieurs. Ce soir, je veux que vous révisiez Helmholtz. Je compte intégrer ses théories à celles que nous avons vues aujourd'hui.

Sa toge flottant derrière lui, Weber est sorti de la salle de classe, l'air mauvais. Mis à part le dégoût évident que je lui inspirais, qui sait ce que nous avions fait pour provoquer sa colère ? Mille et une raisons pouvaient expliquer que nous nous soyons encore montrés indignes de cet homme formé par les grands maîtres de la physique qu'étaient Gustav Kirchhoff et Hermann von Helmholtz.

Les élèves n'ont commencé à discuter entre eux que lorsqu'ils ont été certains de son départ. MM. Ehrat et Kollros m'ont saluée chaleureusement, et M. Grossmann s'est incliné devant moi. Je les ai remerciés de leur gentillesse par une petite révérence, mais sentant ensuite approcher M. Einstein j'ai ramassé mon sac à la hâte et enfilé mon manteau. Je ne supportais pas l'idée d'affronter ce moment gênant devant témoins. Ma réputation et ma relation encore fragile avec mes condisciples n'y survivraient pas.

Marteler et racler le sol. Marteler et racler le sol. L'écho de mes pas irréguliers a retenti dans le couloir vide à l'extérieur de la salle de classe. J'espérais m'être échappée à temps quand j'ai entendu quelqu'un courir derrière moi. C'est lui, ai-je deviné.

— Je vois bien que vous êtes en colère, a-t-il dit.

Je l'ai totalement ignoré. J'éprouvais des sentiments si fluctuants à son égard que je craignais de dire ne serait-ce que « Bonjour ».

— C'est tout à fait compréhensible, a-t-il continué. Je n'ai pas répondu à votre lettre, ce qui est grossier et injustifiable.

J'ai ralenti le pas cette fois, même si je me refusais toujours à lui adresser la parole.

— Je ne sais pas ce que je peux faire d'autre, mais à défaut de mieux, je m'excuse et je vous prie de me pardonner.

Enfin, je me suis arrêtée. Il ne semblait pas furieux d'avoir été rejeté. Et moi, étais-je furieuse contre lui ? M'offrait-il vraiment de simples excuses, sans rien attendre en retour ? La tendresse, l'affection et même l'abandon qu'il avait suscités en moi avant mon départ m'ont soudain envahie. Ne voulais-je rien de plus que ses regrets ? Je n'en étais pas sûre, mais je ne pouvais pas revenir en arrière. J'avais sacrifié un semestre entier pour me libérer de son emprise et j'avais fait des promesses à mon père. Je devais feindre l'indifférence.

— Bien sûr que je vous pardonne, ai-je dit d'un ton sec et guindé.

Allons, me suis-je sermonnée. Redeviens la fille sarcastique que tu étais avec lui. Tu veux retrouver la relation que vous aviez avant, non ? Fais comme si c'était déjà le cas.

— Après tout, ai-je ajouté, moqueuse, vous m'avez pardonné mon absence, n'est-ce pas ?

— Je suis si soulagé, mademoiselle Marić ! s'est-il exclamé, tandis qu'un large sourire illuminait son visage. Vous êtes partie si vite que j'ai eu peur...

Il s'est interrompu, et j'ai compris qu'il avait été sur le point de faire allusion à notre baiser.

— Je suis certain que vous ne regretterez pas d'être revenue à l'Institut polytechnique, même s'il ne compte pas de professeurs aussi renommés que ceux de Heidelberg. Il n'y a pas de Lenard, ici.

Il m'a demandé ensuite s'il pouvait m'accompagner à la bibliothèque. J'ai accepté et traversé avec lui la cour en l'écoutant enchaîner les anecdotes sur certains débats enflammés qui avaient agité le Metropol, sur ses promenades dans les montagnes à l'extérieur de la ville et ses sorties en bateau avec ses amis sur le lac de Zurich. Toutes ces histoires étaient si parfaitement racontées qu'elles semblaient avoir été inventées et répétées juste pour moi.

— Il faut que vous veniez faire du bateau avec M. Besso et moi quand le temps s'améliorera. Et peut-être que vos amies de la pension Engelbrecht apprécieraient d'être de la partie ? Vous êtes toutes des aventurières, a-t-il dit en entrant avec moi dans la bibliothèque.

— Vous m'avez brossé un tableau si dangereux de ces sorties sur le lac que je ne suis pas du tout certaine que nous y serions en sécurité ! ai-je plaisanté.

Un bibliothécaire nous a jeté un regard noir en passant près de nous, et deux étudiants ont levé la tête, contrariés de nous entendre parler si fort. Nous avons aussitôt baissé la voix et nous nous sommes installés dans des alcôves voisines. Du fatras qui emplissait son sac, M. Einstein a alors sorti un tas de carnets de notes. Il n'en avait qu'un seul sur lui, d'habitude, preuve qu'il avait dû prévoir de me les donner ce jour-là.

— Vous trouverez là tout ce que vous avez à rattraper. Ce sont des notes prises pendant les exposés de Hurwitz sur les équations et les calculs différentiels. Je crois ne rien avoir laissé échapper des cours de Herzog sur les solides, et j'ai essayé de consigner jusqu'au dernier mot de Weber sur la thermodynamique. Oh, sans oublier les cours de Fiedler sur la géométrie projective et la théorie des nombres...

J'ai été prise de vertige en feuilletant ces carnets. Je m'étais efforcée de suivre le programme de la Section VI pendant mon séjour à Heidelberg. Avais-je vraiment raté tant de choses ? Comment pourrais-je jamais combler mon retard ? J'avais manqué non seulement la moitié des cours de Weber sur la partie du programme de physique qu'il jugeait incontournable, mais aussi tant d'autres, tout aussi fondamentaux. J'avais besoin d'assimiler ces notions avant de pouvoir espérer comprendre mes cours actuels et futurs. Pour la première fois, j'ai senti combien j'avais été stupide d'aller à Heidelberg. En voulant me montrer forte et empêcher un homme de me détourner de mon objectif, j'en avais en fait laissé un autre me dicter ma conduite.

J'ai adressé un pâle sourire à M. Einstein, mais mon angoisse devait être visible, parce qu'il s'est désintéressé des théories et des calculs qu'il me fallait maîtriser pour me dévisager avec attention. L'espace d'un instant, il a cessé de rester centré sur lui-même – ce qui était rare chez lui.

— Mademoiselle Marić, a-t-il dit en posant sa main sur mon bras en un geste rassurant. Tout ira bien. Je vais vous aider.

— Merci, monsieur Einstein. C'est très généreux d'avoir réuni toutes ces notes pour moi. Surtout étant donné la manière dont je suis partie et notre...

Il a gentiment secoué la tête.

— Ne parlons pas de ça, a-t-il déclaré avec une solennité que je ne lui avais jamais vue. Je devine ce que vous ressentez, et vous vous êtes très bien fait comprendre. Je me conformerai volontiers à votre souhait de préserver notre amitié. Je ne voudrais risquer de la perdre pour rien au monde.

— Merci, ai-je murmuré, plus partagée que jamais.

— Sachez toutefois que je vous attendrai, au cas où vous changeriez d'avis.

Je tentais encore de m'imprégner du sens de ses paroles lorsqu'il a enlevé sa main de mon bras en affichant son éternel sourire espiègle.

— Et maintenant, ma chère petite fugitive, au travail !

10

8 juin 1898
Zurich, Suisse

— Comment peut-il ignorer les théoriciens les plus récents ? C'est impensable de la part d'un homme de science ! s'est exclamé M. Einstein en me prenant à témoin en même temps que MM. Grossmann, Ehrat et Kollros.

Nous étions attablés devant un café au Metropol, et tout en l'écoutant s'indigner je songeais combien, à de nombreux égards, mes journées ressemblaient à celles précédant mon départ pour Heidelberg. En mieux. Exactement comme il l'avait promis.

J'ai examiné nos compagnons à la dérobée. Nous avions pris l'habitude de nous rendre dans notre café préféré tous les vendredis après les cours, et mes camarades de la Section VI s'étaient révélés plus accueillants et d'un abord bien plus facile que je ne l'avais imaginé. Plus humains, aussi. J'avais appris que M. Ehrat était un angoissé chronique qui ne devait sa place à l'université qu'à un travail acharné. M. Kollros, originaire d'un village français, était taillé du même bois que lui, ou presque, et s'exprimait en prime avec un fort accent. Seul M. Grossmann, issu d'une vieille famille d'aristocrates suisses, était naturellement doué, surtout dans le domaine des mathématiques.

Entre deux gorgées de café et deux bouffées tirées de leurs pipes ou de leurs cigares, tous exprimaient leur frustration devant l'adhésion obstinée de Weber aux théories physiques classiques et son refus d'étudier les plus récentes. Mais seul le visage de M. Einstein exprimait une véritable colère. Lorsqu'il avait eu la certitude que notre professeur ne comptait pas s'aventurer au-delà des théories formulées par son cher mentor, le Pr Helmoltz, y compris pour aborder des sujets contemporains comme la mécanique statistique ou les ondes électromagnétiques, il était entré dans une colère noire.

Pendant qu'il se prononçait sur les insuffisances de notre enseignant, j'ai jeté un coup d'œil à l'horloge du Metropol. Nous avions intérêt à partir sur-le-champ si nous ne voulions pas rater la session musicale avec les filles. Il était hors de question que je rompe mes engagements envers elles, et il le savait très bien. J'ai attendu de croiser son regard, puis je me suis tournée vers l'horloge. Il s'est levé d'un bond.

Nous avons longé les rues aussi vite que possible sans nous soucier de faire voler des éclaboussures autour de nous en marchant dans les flaques d'eau. La fine bruine qui tombait ce soir-là, nos parapluies qui s'entrechoquaient et nos éclats de rire nous ont ralentis, mais nous avons réussi à arriver à la pension avec seulement deux minutes de retard. Encore essoufflés par notre course, nous avons découvert avec surprise que le petit salon était désert.

— Helene ? Milana ? Où êtes-vous ?

Patientaient-elles dans leur chambre ? Je ne pouvais pas croire que notre léger retard les ait agacées au point de les pousser à partir.

— Ružica ?

— Pourquoi tout ce raffut, mademoiselle Marić ? a demandé Mme Engelbrecht en sortant de la cuisine, un torchon à la main.

Je lui ai fait une petite révérence tandis que M. Einstein s'inclinait devant elle.

— Je suis désolée, madame Engelbrecht. Je cherche juste Mlles Kaufler, Dražić et Bota. Nous étions convenues de nous retrouver pour jouer de la musique, et M. Einstein devait se joindre à nous. Elles sont dans leurs chambres ?

— Non, mademoiselle Marić, a-t-elle répondu avec un reniflement réprobateur. Mlles Dražić et Bota sont allées se promener et Mlle Kaufler est dans le petit salon avec un galant visiteur.

Un nouveau reniflement a accompagné cette dernière remarque.

« Un galant visiteur » ? J'ai failli éclater de rire devant cette expression si ridicule. Helene était peut-être en compagnie d'un camarade de classe ou d'un parent, mais certainement pas d'un galant visiteur. Notre pacte l'excluait.

Un bruit d'étoffes m'est parvenu de la salle de jeu.

— C'est toi, Mitza ? a lancé la voix de Helene.

— Oui, ai-je répondu, aussi doucement que possible sous le regard menaçant de Mme Engelbrecht.

Helene s'est avancée dans le vestibule avec un grand sourire.

— Je suis si contente que tu sois rentrée. Viens, j'aimerais te présenter quelqu'un.

Elle m'entraînait vers notre salle de jeu lorsqu'elle a remarqué la présence de M. Einstein derrière moi.

— Ah, vous êtes là, vous aussi...

— Il me semble que mon violon était requis pour votre session sur Beethoven...

— Le concerto ! s'est-elle écriée en plaquant une main sur sa bouche. J'avais complètement oublié. Je suis désolée. Il faudra que je m'excuse auprès de Milana et de Ružica aussi. Elles sont avec vous ?

— Elles sont sorties se promener.

— Oh, non... À cette heure-ci ? Elles doivent être furieuses contre moi...

— Ne te fais pas de souci, Helene. J'ai raté nos séances musicales plus d'une fois, et tu m'as bien pardonnée. Tu voulais me faire connaître quelqu'un ? ai-je ajouté en changeant de sujet pour dissiper son inquiétude.

— Ah, oui, a-t-elle dit, de nouveau avec un grand sourire.

Peut-être s'agissait-il de l'un de ses cousins, qu'elle évoquait si souvent avec affection.

Pénétrant avec moi dans la salle de jeu, elle a fait signe à un homme brun qui, par sa stature, écrasait littéralement l'une des petites chaises placées autour de la table. Il s'est levé à notre arrivée et s'est incliné devant M. Einstein, qui nous avait suivies dans la pièce, puis devant moi.

— Milivoje Savić, a-t-il dit avec un accent très prononcé. Ravi de vous rencontrer.

M. Einstein et moi nous sommes présentés à notre tour, avant que Helene indique d'une voix débordante de ravissement :

— Nous parlions justement de toi, Mitza. J'étais en train d'apprendre à M. Savić que ma meilleure amie était serbe.

Je me suis adoucie en l'entendant m'appeler sa meilleure amie, mais son compliment n'apaisait pas mes craintes. Qui était cet homme, et pourquoi Helene faisait-elle si grand cas de lui ? Elle ne l'avait jamais mentionné auparavant, n'avait mentionné ni proche parent ni camarade de classe ces derniers temps. Mme Engelbrecht avait-elle eu raison de le qualifier de « galant visiteur » ? À voir Helene glousser bêtement et s'affairer sans cesse autour de lui, cela ne me paraissait plus si impossible.

— M. Savić est ingénieur chimiste et travaille pour le compte d'une usine textile d'Užice qui l'a envoyé à Zurich observer les pratiques en cours dans d'autres entreprises. Il est serbe, lui aussi, a-t-elle précisé.

À croire que ses origines et ses liens avec la Serbie expliquaient tout.

Je ne savais pas quoi dire. J'étais déconcertée par ce personnage et par la réaction qu'il suscitait chez ma fidèle Helene. Même M. Einstein jaugeait la situation avec une réserve inhabituelle.

Helene a tenté de meubler le silence qui s'installait entre nous :

— Je... j'ai pensé que vous auriez beaucoup de choses en commun, Mitza.

Je me suis reprise à ces mots et j'ai salué M. Savić en serbe :

— *Dobrodošao*. Quel plaisir de rencontrer l'un de mes compatriotes ici, à Zurich !

— *Hvala*.

Helene et lui se sont alors tournés l'un vers l'autre en faisant allusion à leur précédente conversation, restée en suspens. J'ai attendu qu'ils m'y fassent participer, mais ma présence semblait inutile, voire indésirable, et j'ai fini par les interrompre :

— Nous allons vous laisser. Le travail nous attend, M. Einstein et moi.

Helene nous a regardés comme si elle venait seulement de se rappeler que nous étions encore là.

— Oh, oui, votre travail ! Mlle Marić étudie la physique, monsieur Savić. De même que M. Einstein.

M. Savić a paru étonné.

— La physique ? Je suis très impressionné, mademoiselle Marić.

Sa réponse a vaguement atténué l'antipathie qu'il m'inspirait. L'idée d'une femme physicienne faisait fuir les hommes, en général.

— Pas autant que moi devant la connaissance que Mlle Kaufler a de l'histoire, monsieur Savić, je vous assure.

— J'espère bien découvrir plus précisément toute l'étendue de ce savoir, a-t-il répliqué en fixant Helene droit dans les yeux.

Celle-ci rayonnait et, dans le silence qui a de nouveau envahi la pièce, M. Einstein et moi avons pris congé.

— Ce Savić a un fort accent serbe, m'a-t-il murmuré tandis que nous rejoignions le vestibule de la pension. C'est à peine si j'ai compris un mot de son allemand. Le vôtre en revanche est impeccable. J'ai toujours voulu vous demander comment vous aviez réussi à le maîtriser si parfaitement.

— Mon père tenait à ce que nous parlions allemand à la maison. Après tout, c'est la langue de la réussite dans l'Empire austro-hongrois. Nous n'utilisions le serbe qu'avec notre mère et nos domestiques.

Je m'étais exprimée tout bas moi aussi, mais d'une voix blanche. À quoi avais-je assisté au juste ?

Au moment où nous franchissions le seuil du salon, Helene est revenue vers nous et m'a attrapée par le bras. J'ai fait signe à M. Einstein d'entrer sans moi.

— Je voulais m'assurer que tu n'étais pas en colère, a-t-elle dit, le regard implorant.

— Parce que tu as oublié notre petit concert ? C'est ridicule. Encore une fois, Helene, je ne t'en veux pas du tout.

— Tant mieux, a-t-elle soupiré. Je ne supporterais pas de t'avoir contrariée.

Je sentais cependant que notre session musicale n'était pas sa seule source d'inquiétude.

— Ne devrais-tu pas retourner auprès de...

Allais-je oser dire « ton admirateur » ? Je voulais savoir qui était cet homme, mais mon audace a disparu devant la mine soucieuse de mon amie.

— ... M. Savić ?

— M. Savić ? a-t-elle répété, l'air émerveillée. Je suppose que oui.

— Comment l'as-tu connu ?

— Il est passé à la pension hier. Ma tante est étroitement liée à sa famille, et elle lui a suggéré de me rendre visite. Nous avons eu une conversation si agréable et nous nous sommes découvert tant de points communs que, ma foi... lorsqu'il m'a demandé s'il pouvait me revoir aujourd'hui, j'ai accepté.

Helene n'avait cessé de sourire pendant cette explication.

— Tu ne nous as pas parlé de lui, hier.

— Je crois que j'ignorais jusqu'à cet instant qu'il méritait que je parle de lui.

Elle a marqué une pause, et son sourire s'est évanoui. Elle venait de prendre conscience de ce qu'elle avait avoué malgré elle.

— Est-ce qu'il te fait la cour, Helene ?

J'avais besoin de savoir. Qu'adviendrait-il de notre pacte si elle devait tomber amoureuse de M. Savić ?

— Je l'ignore, Mitza. Je... je n'ai pas envie de rompre notre serment, mais...

Elle s'est tue.

— Mais quoi ?

— Tu veux bien me laisser le temps de démêler ce qu'il représente pour moi ? a-t-elle supplié.

Cela m'a tordu le ventre. Je m'attendais à un rire sarcastique, mais je ne pouvais apparemment qu'espérer que M. Savić serait une passade. Ou qu'il quitterait bientôt la ville.

Je me suis retenue de crier mon refus. Je voulais secouer Helene et lui rappeler notre rêve commun d'une vie professionnelle épanouissante qui nous dispenserait de nous marier. Mais comment aurais-je pu ne pas dire oui ?

— Bien sûr, Helene.

— Merci de ta compréhension. Je crois que je ferais bien de le rejoindre, maintenant.

Elle est retournée dans la salle de jeu, et je l'ai suivie du regard jusqu'à ce que l'ourlet festonné de sa jupe ait disparu, comme si nous nous étions dit adieu – ce qui était le cas, d'une certaine manière.

Je suis entrée dans le salon. La pièce était telle qu'à l'accoutumée. Il y avait là les chaises au tissu damassé rose que mon père et moi avions découvertes le jour de mon arrivée. Le piano sur lequel Milana travaillait consciencieusement ses partitions. Les fauteuils brodés où nous prenions si souvent place, Helene et moi, nos instruments à la main. J'entendais presque les doux accords de Mozart, Bach, Beethoven et Vivaldi flotter dans l'air. Et pourtant, d'un certain point de vue, le salon avait changé, comme si une énorme gomme avait effacé les tendres souvenirs et les projets qu'il renfermait.

L'avenir venait de se fissurer.

11

8 décembre 1898
Zurich, Suisse

M. Einstein a fait glisser son archet sur les cordes de son violon en un mouvement lent, quasi langoureux, qui a empli la pièce d'un son vibrant. J'ai fermé les yeux. Je me représentais presque des ondes imperceptibles qui se réverbéraient autour de nous, un peu comme ces rayons X invisibles découverts récemment. Et j'avais l'impression que ces notes m'effleuraient avec la douceur d'une caresse.

Mes joues ont viré au rouge cramoisi. Étaient-ce les notes que j'imaginais sur ma peau, ou les mains de M. Einstein ?

Je me suis détournée de lui et de son violon afin de me caler plus à mon aise sur mon siège, face aux touches du piano. Même si je ne le voyais plus bercer son instrument, sa musique m'émouvait. Pas par sa virtuosité, mais par l'émotion qu'elle dégageait.

J'ai secoué la tête. Encore quelques mesures et je devrais commencer à jouer. Pas question de rater ma partie sous prétexte que je rêvassais. Cela faisait des mois – et même plus d'un an – que je passais beaucoup trop de temps chaque jour à lutter contre de tels désirs pour baisser les bras au moment d'interpréter les notes d'un si beau morceau.

Bien que refoulés, mes sentiments pour M. Einstein n'avaient pas disparu, loin de là. Parfois, je me demandais si prolonger mon amitié avec lui n'était pas de la pure folie et si cela ne faisait pas naître en moi des émotions que j'aurais dû étouffer. Mais j'avais choisi la voie de la physique, et il en était indissociable, me suis-je rappelé pour la énième fois rien que ce jour-là. Il m'était difficile de l'ignorer. Après tout, nous travaillions en binôme au laboratoire.

Mes doigts flottaient au-dessus des touches, prêts à passer à l'action, quand des rires aigus ont retenti dans toute la maison. Le bruit nous a fait sursauter tous les deux, et M. Einstein a cessé de jouer.

— Tu es bête ! a crié une voix espiègle. C'est mon parapluie !

— Vraiment ? Il ressemble beaucoup au mien, a répondu une autre.

J'ai reconnu Ružica et Milana.

Je me suis levée. Les filles étaient enfin rentrées, avec quarante minutes de retard par rapport à l'heure à laquelle nous nous retrouvions d'habitude. Elles prétendaient de plus en plus souvent avoir été empêchées d'assister à nos sessions musicales autrefois sacro-saintes. Leurs excuses allaient de séances d'étude sur leur campus à des exposés en fin d'après-midi et des oublis purs et simples, mais une volonté manifeste m'apparaissait derrière tout ça. Pour peu que Helene ne puisse pas être présente – et elle l'était de moins en moins depuis que sa relation avec M. Savić devenait sérieuse – ou pour peu que

M. Einstein le soit, lui, Ružica et Milana se révélaient curieusement indisponibles.

J'ai lissé ma jupe et pris une inspiration pour me calmer – je ne voulais pas les faire fuir davantage en leur montrant ma déception –, puis j'ai passé la tête hors du salon.

— Bonsoir, les filles ! M. Einstein et moi commencions justement à jouer en espérant que vous ne tarderiez pas. Vous voulez vous joindre à nous ?

Milana a lancé un regard impénétrable à Ružica. Que voulait-elle lui signifier ? Avant, je savais déchiffrer ces coups d'œil aussi facilement que je déchiffrais ceux de mon père, mais ils me semblaient dorénavant incompréhensibles et cryptiques. Helene avait-elle été le ciment de notre joyeuse petite bande ? Si oui, ce qui nous réunissait toutes les trois, Ružica, Milana et moi, était en train de se désagréger et de ne plus faire de nous que des amies distantes et de simples compagnes de dîner. Même à table, je regrettais leur ancienne compagnie.

Milana a répondu pour elles deux :

— C'est très gentil de ta part, Mileva, mais on se plaignait justement de la tonne de devoirs que nous avons à faire, Ružica et moi. Je pense qu'on va plutôt monter dans nos chambres en attendant le dîner.

— Oui, Mileva. Aucune de nous ne peut tenir en dormant aussi peu que toi, a renchéri Ružica avec un clin d'œil.

Des deux, Ružica se montrait toujours la plus amicale. Milana et elle connaissaient ma capacité à travailler toute la nuit avec la fenêtre ouverte pour rester éveillée.

Elles m'ont adressé un sourire très poli, de ceux que l'on réserve plutôt à des tantes demeurées vieilles filles qu'à des amies de cœur, puis ont monté bruyamment l'escalier. Je suis retournée dans le salon, blessée et furieuse. Au lieu d'aller nous promener avec nos amis après notre café hebdomadaire au Metropol, M. Einstein et moi les avions quittés exprès pour rejoindre les filles. Et tel était le traitement auquel j'avais droit ? Qu'avais-je fait pour mériter un tel rejet, si bien présenté soit-il ?

Je me suis laissée tomber sur mon tabouret, mes doigts ont trouvé le clavier, et sous le regard de M. Einstein j'ai martelé les notes que j'étais censée jouer avant que les filles nous interrompent. Toute ma colère s'est exprimée à travers ce passage, jusqu'à ce qu'elle s'épuise lentement d'elle-même et que j'achève le morceau sans aucune conviction.

— Ces demoiselles sont trop occupées pour rester avec nous, a commenté M. Einstein.

Il avait tout écouté. Les filles. Et moi aussi.

— En effet, ai-je dit distraitement. C'est ce qu'elles prétendent.

Pourquoi Ružica et Milana avaient-elles décidé de m'exclure de leur cercle ? Je n'arrivais pas à déterminer ce que j'avais pu faire pour les inciter à un tel comportement. Après tout, mes liens avec Helene demeuraient forts malgré le temps qu'elle passait avec M. Savić. Leur idylle avait été un coup dur pour moi, mais je n'y trouvais plus rien à redire quand je voyais le bonheur qui illuminait le visage de mon amie.

J'ai complètement arrêté de jouer. Peut-être n'était-ce pas à cause de moi que Ružica et Milana s'éloignaient, mais de M. Einstein. Il venait de plus en plus souvent depuis que Helene nous faisait faux bond. Les filles ne l'appréciaient-elles pas ? Méprisaient-elles son côté débraillé, sa familiarité, ses plaisanteries, sa présence constante à la pension et ses bizarreries ? C'étaient pourtant là quelques-unes des qualités irrévérencieuses que j'aimais chez lui, quelques-unes des différences qui nous rapprochaient.

— Qu'y a-t-il ? a-t-il demandé.
— Rien, rien.
— Mademoiselle Marić, vous et moi sommes amis depuis trop longtemps pour nous mentir.

Il se trompait. Chaque jour, dans tous nos échanges, je lui mentais à travers mes paroles et mes gestes. Je fabriquais une fausse Mileva Marić, qui n'était qu'une camarade de classe et une amie. Et je me mentais à moi-même en essayant de me persuader qu'à force de feindre l'indifférence je finirais par ne vraiment plus rien éprouver pour lui.

J'en avais assez de ces faux-semblants.

Je lui ai jeté un coup d'œil. Assis comme toujours sur le canapé près du feu, il accordait son violon. Je l'ai regardé serrer tendrement le manche et tourner les chevilles tout en tirant sur sa pipe. Lorsque de la fumée s'en est échappée et qu'il a pincé les cordes de son instrument, j'ai pris conscience que mes sentiments envers lui avaient grandi depuis mon séjour à Heidelberg. Pourquoi m'accrochais-je à cette situation hypocrite ? Par égard pour mon père ? Pour honorer une promesse faite à Helene qu'elle-même avait rompue ? En dehors de mon père, c'était elle qui avait joué le plus grand rôle dans ma décision de fuir les avances de M. Einstein. Résultat, je l'avais perdue au profit de M. Savić. Avais-je sacrifié M. Einstein

– et la possibilité d'un amour que je croyais ne jamais connaître – pour rien ? Pour une vie solitaire où le travail serait mon seul horizon ? Ružica et Milana n'allaient certainement pas être mes lots de consolation. Si j'avais autrefois une image romantique de la vie d'une scientifique célibataire, cette époque était bel et bien révolue.

Cette fois, ce ne serait pas comme dans le Sihlwald. Je ne me laisserais pas surprendre. Je ne m'enfuirais pas. Je saisirais ma chance à deux mains, et je me forgerais le destin auquel j'aspirais.

M. Einstein a cessé d'accorder son violon et levé les yeux vers moi. Je suis allée m'asseoir sur le fauteuil voisin du canapé et me suis penchée si près de lui que j'ai senti son souffle sur mes joues et sa moustache sur mes lèvres. Il n'a pas bougé. Mon cœur a manqué un battement. Était-il trop tard ?

— Vous êtes sûre de vous, mademoiselle Marić ? a-t-il murmuré.

— Je... je crois, ai-je bafouillé, terrifiée.

Il m'a prise par les bras.

— Mademoiselle Marić, je suis fou amoureux de vous. Je vous promets que mon amour n'interférera jamais avec votre carrière. Au contraire, il ne fera que vous propulser en avant. Ensemble, nous deviendrons le couple bohème idéal – égaux en amour et dans le travail.

— Vraiment ? ai-je dit d'une voix tremblante.

Lui et moi pourrions-nous mener la vie dont je n'avais même pas osé rêver ? Une vie peut-être plus riche encore ?

— Oui.

— Alors je suis sûre de moi.

Il m'a embrassée avec autant de douceur qu'il avait tenu son cher violon. Ses lèvres étaient douces et pleines, comme dans mon souvenir, et je lui ai rendu son baiser.

Izgubio sam se. J'étais perdue.

12

12 février 1900
Zurich, Suisse

— Je vous promets qu'il sera là demain, professeur Weber.

J'implorais notre enseignant d'excuser Albert pour son absence – la troisième rien que cette semaine-là.

— Il me serait plus facile de ne pas en tenir compte si je pensais qu'il était souffrant, mademoiselle Marić. Mais si vous vous rappelez bien, il n'est pas venu en cours la semaine dernière en raison d'une prétendue crise de goutte, et pourtant je l'ai aperçu dans un café de la Rämistrasse en rentrant chez moi, ce soir-là. Il était en assez bonne santé pour sortir s'amuser, mais pas pour se rendre dans une salle de classe.

Les narines de Weber ont frémi, et j'ai compris que j'avais peu de chances de l'amadouer.

— Vous avez ma parole, professeur Weber. Et vous n'avez aucune raison de douter de moi, n'est-ce pas ?

Il a poussé un soupir semblable au renâclement d'une mule en colère.

— Pourquoi vous obstinez-vous à le défendre, mademoiselle Marić ? Il n'est que votre partenaire au laboratoire, pas votre protégé. M. Einstein est intelligent, sauf lorsqu'il s'imagine qu'il n'a rien à apprendre de personne. Le Pr Pernet est encore plus agacé que moi par son comportement.

Même si mes suppliques se révélaient sans effet, j'avais au moins découvert que notre stratagème fonctionnait. Weber croyait qu'Albert et moi étions de simples camarades de classe. Nous avions tenté de cacher notre relation en nous contentant strictement en public d'échanger un regard en coin occasionnel ou de nous frôler la main sous la table au Metropol. Je ne voulais surtout pas que l'attitude de mes condisciples et des amis d'Albert envers moi change un tant soit peu – ce qui est souvent le cas lorsqu'on passe du statut de collègue à celui d'être aimé, comme si cette transition vous privait de votre intelligence. Je soupçonnais bien M. Grossmann d'être au courant depuis le jour où, par mégarde, j'avais touché sa main au lieu de celle d'Albert, mais si tel était le cas il n'en montrait rien.

La question du Pr Weber m'a fait entrevoir une faille en lui malgré sa mine inhabituellement indéchiffrable, et j'ai pris le risque de l'énerver en insistant encore :

— S'il vous plaît, professeur Weber...

— Très bien, mademoiselle Marić. Mais je me fie uniquement à votre excellente réputation. Vous êtes une étudiante prometteuse. Votre intelligence et votre travail vous mèneront loin. Vous avez même réussi à rattraper le retard que vous aviez pris à la suite de votre étrange décision de passer un semestre à Heidelberg. Je fonde de grands espoirs en vous.

J'étais soulagée concernant Albert, et surprise aussi par ce rare compliment – surtout si l'on considérait que, près de deux ans après mon retour, je trimais encore en secret pour combler mes lacunes. Je commençais à le remercier lorsque je me suis rendu compte qu'il n'avait pas fini :

— Dites à M. Einstein que s'il n'est pas là demain il compromettra non seulement son maintien dans cette classe, mais aussi le vôtre.

— Ma petite Dollie, a dit Albert lorsque je suis entrée dans le salon de la pension Engelbrecht.

Il adorait m'appeler Dollie, le diminutif de Doxerl, « petite poupée ». Assis à son aise sur le canapé, un livre sur les genoux et sa pipe au coin de la bouche, il m'attendait.

Je ne lui ai pas adressé en retour son surnom de Johnnie, le diminutif de Jonzerl. En fait, je n'avais pas du tout envie de lui répondre. J'étais énervée d'avoir dû mettre en péril ma réputation sous prétexte qu'il préférait manquer les cours de Weber pour étudier seul de son côté. Albert estimait que nous étions en mesure de résoudre ensemble des énigmes scientifiques majeures, à condition que je continue à aller en cours et à prendre des notes sur les sujets traditionnels abordés par notre professeur pendant que lui assimilait les thèses de nouveaux physiciens comme Boltzmann. Son projet supposait que nous collaborions en partageant nos connaissances sur les théories anciennes et récentes, et c'est ainsi que nous explorions à ce moment-là la nature de la lumière et de l'électromagnétisme. J'avais déjà une importante charge de travail supplémentaire à assumer à cause de mon séjour à Heidelberg et il me fallait veiller tard le soir pour m'en sortir, mais j'avais participé avec enthousiasme à cette expérience d'un couple bohème et moderne. Du moins jusqu'à cet instant.

Délaissant notre exemplaire du manuel rédigé par le physicien Paul Drude, Albert a pris ma main et l'a portée à sa joue.

— Ta petite main est si froide. Je vais la réchauffer pour toi.

Je n'ai rien dit, et lorsqu'il a tenté de me faire asseoir sur le coussin à côté de lui, j'ai résisté et suis restée debout.

— Comment ça s'est passé avec Weber, Dollie ?

En temps normal, j'adorais entendre mon surnom prononcé avec son accent, mais ce jour-là le mot a grincé à mes oreilles. Je me faisais plus l'effet d'une marionnette que d'une poupée adorée.

— Pas très bien, Albert. Weber n'a accepté de te réintégrer dans sa classe demain que si j'engageais ma réputation en lui promettant que tu serais là. Je l'ai donc fait.

Il m'a lâchée et s'est levé pour me faire face.

— J'ai trop exigé de toi, Dollie. Je suis désolé.

— Albert, l'un de nous deux au moins doit obtenir son diplôme. Notre projet ne se réalisera jamais, sinon. De quoi vivrons-nous ? Nous ne pourrons pas enseigner la physique si toi tu es recalé pour avoir quitté l'Institut polytechnique, et moi pour avoir promis en vain que tu retournerais en cours.

Je voulais le sermonner, mais il m'était difficile de me montrer ferme alors qu'il me présentait des excuses d'un air suppliant. J'étais faible, et il le savait.

— Viens là, Dollie. Plus près, a-t-il ajouté en voyant que je ne consentais qu'à faire un petit pas vers lui sans le regarder.

J'ai tourné la tête afin de m'assurer qu'il n'y avait personne dans l'entrée. Je serais renvoyée de la pension si quiconque nous surprenait. L'intimité physique était la pire entorse au règlement imposé par Mme Engelbrecht.

J'ai avancé d'un pas de plus.

— Tu es si bonne avec ton Johnnie, a-t-il dit en m'attirant contre lui. Je te jure de ne plus jamais te demander un tel sacrifice.

Des frissons m'ont parcouru tout le corps. Je me suis appuyée contre lui, mais juste quand nos lèvres s'effleuraient, la porte d'entrée a claqué et nous nous sommes brusquement écartés l'un de l'autre. Ružica et Milana ont jeté un coup d'œil dans le salon pour voir s'il était libre. En nous découvrant là, elles nous ont salués très poliment, quoique froidement, puis se sont retirées dans la salle de jeu. Seule Helene parvenait encore à nous réunir désormais, mais elle était partie en Serbie rencontrer la famille de M. Savić, à qui elle s'était récemment fiancée.

Albert savait combien l'attitude de Ružica et Milana me contrariait.

— Ne t'inquiète pas, Dollie, a-t-il dit en me reprenant la main. Elles sont jalouses, c'est tout. Helene a M. Savić, et tu m'as, moi. Contrairement à vous, elles ne peuvent compter que l'une sur l'autre.

— Je n'en doute pas, Albert.

Mais je n'osais pas lui dire qu'à mon avis tout le problème venait de lui.

— Cela nous laisse plus de temps pour nos études, Dollie. Vois les choses du bon côté.

Attentifs à ce que nos jambes ne se touchent pas, nous nous sommes assis sur le canapé et avons échangé nos notes. Pendant qu'il se moquait des cours de Weber, je me suis émerveillée devant les descriptions faites par Drude des diverses théories sur la lumière. Le physicien expliquait que le débat sur la nature de celle-ci en englobait un autre sur la nature du vide invisible de l'univers. Cela faisait écho à l'image que j'avais au fond de moi de secrets divins tapis dans les recoins de la science – une hypothèse qu'Albert aurait certainement méprisée, mais dont je demeurais certaine. La lumière était-elle faite de minuscules particules, ou d'éther, selon la théorie de Newton ? Était-ce une sorte de mouvement dans un espace rempli de matière, comme le croyait Descartes ? Ou encore, selon la théorie de James Clerk Maxwell, qui nous fascinait tous les deux, une danse entre des champs électriques et magnétiques entremêlés ? Et cette idée selon laquelle les rayons lumineux étaient des oscillations électromagnétiques, pouvait-elle être démontrée par des équations mathématiques ? Nous avions tourné et retourné cette théorie de l'électromagnétisme dans tous les sens jusqu'à ce que, sur mes conseils, nous décidions de creuser le sujet en l'abordant sous l'angle du questionnement et de l'analyse mathématique. Notre credo était de privilégier la simplicité sur toute autre chose et de rejeter les idées archaïques compliquées si nécessaire – ce que je devais constamment rappeler à Albert, qui avait trop tendance à se disperser.

La cloche annonçant le dîner a sonné, mais je voulais passer encore un moment avec Drude. Je consultais la dernière page de l'ouvrage afin de vérifier une référence lorsqu'une feuille de papier s'en est échappée. En me baissant pour la ramasser, j'ai senti un parfum fleuri très distinct, et je l'ai examinée. Ce n'était pas l'écriture désordonnée d'Albert qui figurait dessus, mais une autre, inconnue, et de toute évidence féminine.

Qui lui avait adressé cette lettre parfumée qu'il avait soigneusement conservée dans le manuel de Drude ? Nauséeuse, je me suis penchée sur le début du message en priant pour que son auteur soit sa jeune sœur, Maja, la seule personne de son entourage proche à faire concurrence à notre relation. Et surtout pas sa mère.

À l'automne de l'année précédente, les parents d'Albert, Pauline et Hermann, avaient visité Zurich en profitant d'un voyage entrepris pour conduire Maja à Aarau, en Suisse, où elle devait étudier et vivre chez les Winteler, des amis de longue date de la famille. Je m'étais tout de suite bien entendue avec cette fille douce et brillante qui me rappelait ma propre sœur, Zorka, et avec qui je m'étais découvert de nombreuses affinités.

Mais ses manières simples et spontanées n'étaient pas partagées par son père, un homme aussi massif que réservé, ni par sa mère, une authentique bourgeoise aux opinions bien arrêtées. Lorsque nous nous étions retrouvés dans un salon de thé un après-midi et qu'Albert m'avait présentée à eux avec un sourire malin qui m'avait fait rougir, Mme Einstein m'avait longuement détaillée de ses yeux gris et froids assortis à sa mine et à sa robe. Je m'étais sentie toute petite, noiraude et laide sous son regard fixe.

Face à son silence, j'avais observé son mari, me disant qu'elle attendait peut-être qu'il m'adresse la parole, comme l'exigeaient les convenances. J'avais vite compris cependant que s'il en imposait beaucoup, avec sa moustache soigneusement cirée et son pince-nez, c'était elle qui portait la culotte. Peut-être que les faillites en série de Hermann Einstein avaient amoindri son prestige auprès de sa femme, à moins qu'il n'en eût toujours été ainsi entre eux.

« Voici donc la fameuse Mlle Marić, avait-elle fini par déclarer en s'adressant à Albert et non à moi.

— En effet. »

Le sourire d'Albert se devinait à sa voix, et cela m'avait détendue suffisamment pour que je me risque à répondre à sa mère :

« C'est un plaisir de vous rencontrer, madame Einstein. Votre fils parle souvent de vous avec affection. »

Elle avait pris note de ma remarque polie en faisant un vague petit signe de tête à Albert, puis m'avait de nouveau dévisagée froidement.

« Votre famille vient de... »

Elle avait marqué une pause théâtrale, comme s'il lui en coûtait de prononcer le nom de ma ville.

« ... Novi Sad, c'est ça ?

— Oui, c'est là que j'ai grandi. En partie, en tout cas, avais-je dit en me forçant à sourire. Et c'est là que mes parents passent encore plusieurs mois chaque année. »

Un long silence s'en était suivi. Puis :

« J'ai cru comprendre que vous étiez aussi portée sur les études que mon Albert. »

Ce n'était pas un compliment, et j'ignorais comment réagir. Albert m'avait laissé entendre que sa mère, bien que très bourgeoise et agaçante par ses préoccupations et ses idéaux, était tout à fait inoffensive. À en juger par ce dernier commentaire, il se trompait lourdement. Elle exerçait un pouvoir insidieux sur les siens et elle entendait l'utiliser dans le cas présent. Cela n'augurait rien de bon, tant son mécontentement à ma vue était évident.

Qu'avais-je fait pour la rebuter ? Me reprochait-elle de ne pas être juive ? Albert m'avait décrit une enfance essentiellement laïque, et je doutais que ce soit la seule raison. Était-ce parce que j'étais étudiante, et non une jeune femme au profil plus traditionnel, qui n'aurait eu en tête que le mariage ? Impossible. Les parents d'Albert souhaitaient aussi que leur fille Maja bénéficie d'un enseignement universitaire. Peut-être que Mme Einstein ne m'aimait pas tout simplement parce que j'étais originaire de l'Europe de l'Est.

J'avais envisagé plusieurs réponses, mais il m'était vite apparu que rien de ce que je pourrais dire ne l'apaiserait. Elle était résolue à me mépriser. Voyant cela, j'avais opté pour la franchise :

« Si vous voulez dire par là que je prends mes études au sérieux, madame Einstein, c'est effectivement le cas. »

Comprenant enfin que cette discussion tournait au désastre, Albert était intervenu :

« Mlle Marić veille à ce que je ne me dissipe pas, maman. »

Mais elle avait ignoré cette jolie perche qu'il lui tendait, et il en avait été réduit à dévier la conversation vers Aarau et les Winteler. Pendant que sa mère, sa sœur et lui se confiaient les dernières nouvelles concernant leurs amis, M. Einstein m'avait fait signe de m'asseoir avant de me servir un thé. Nous avions échangé quelques amabilités jusqu'à ce que sa femme le fusille du regard.

J'ai tenté de ne pas repenser à ce moment désagréable avec elle en parcourant la lettre en quête de son auteur. J'ai d'abord été soulagée – ce n'était pas sa mère. Mais je me suis aperçue ensuite que ce n'était pas non plus Maja. Sa correspondante avait pour nom Julia Niggli.

La proposition que tu m'as faite de t'aider à passer le temps est très alléchante. J'aimerais beaucoup te rendre visite à Mettmenstetten si tu prévois d'y aller avec ta famille à la fin du mois d'août.
Préviens-moi quand tu seras fixé.
Bien affectueusement,

Julia Niggli

— Quelle est la brillante théorie de Drude qui retient autant ton attention ? a demandé Albert.

— Ce n'est pas Drude qui retient mon attention.

— Non ?

— Non. C'est Julia Niggli.

Il n'a rien dit, mais ses joues ont viré au rouge.

— Je sais très bien comment tu occupes ton temps libre, ai-je craché en lui donnant la lettre, et je frémis à l'idée que tu le partages avec cette

Julia Niggli – et peu importe qui elle est. Comment expliques-tu ça ?

Il a lorgné la feuille, puis me l'a rendue.

— Regarde l'en-tête, Dollie. Quelle date vois-tu écrite ?

— Le 3 août 1899, ai-je dit avec dégoût. Soit au moment où tu m'envoyais des notes depuis Aarau pendant que j'étais à la Flèche, à Kać.

J'avais un souvenir très précis de ces notes. En fait, j'en avais même mémorisé une partie. L'été précédent, j'étais restée confinée chez mes parents en raison d'une épidémie de scarlatine qui faisait rage dans les campagnes, et les lettres d'amour d'Albert avaient été ma seule consolation.

— Exactement. J'étais à Aarau et à Mettmenstetten avec mes parents qui, je te le rappelle, étaient déjà au courant de ma relation avec toi. Ma mère et ma sœur t'ont même adressé des messages dans les post-scriptum de mes lettres, bon sang ! Mlle Niggli est une amie de la famille avec qui j'ai joué deux ou trois fois du violon. Rien de plus !

Son explication était crédible, mais elle n'étouffait pas entièrement mes soupçons.

— Pourquoi avez-vous continué à correspondre ?

— Elle cherchait un poste de gouvernante et ma tante avait justement besoin de quelqu'un. Je les ai mises en contact.

Je me suis soudain sentie ridicule. Pourquoi avais-je douté de mon Johnnie ? Il ne m'avait jamais témoigné autre chose que de la dévotion, même durant la longue période où je l'avais tenu à distance. Ce n'était pas son amour pour moi qui devait m'inquiéter, en réalité, mais son entêtement à sécher les cours de Weber et ses perspectives d'emploi.

— Stop, Dollie, m'a-t-il interrompue alors que je commençais à m'excuser. Tu n'as pas à être désolée. Je réagirais comme toi si je découvrais un message d'un autre homme dans tes manuels. La jalousie est un sentiment impitoyable qui surgit toujours sans prévenir, y compris quand on fait totalement confiance à l'autre. Passer l'été dernier dans le monde philistin et superficiel de mes parents et de leurs amis – dont fait partie Mlle Niggli – m'a amené à t'apprécier encore plus.

— Tu le jures ?

— Oui, Dollie.

— Même si tes parents te pressent de quitter ton étrangère au teint mat et de te trouver une compagne plus convenable ?

Après m'avoir rencontrée et s'être rendu compte que notre relation ne serait pas passagère, la mère d'Albert avait mis fin aux salutations polies mais froides auxquelles j'avais eu droit jusqu'alors dans son courrier à son fils. Depuis, elle l'exhortait avec virulence à se choisir une partenaire plus « convenable » d'ici à l'hiver. Ses efforts pour nous séparer me nouaient le ventre. Seule Maja continuait à me transmettre ses amitiés dans les lettres qu'Albert m'écrivait durant nos séparations.

— Quelqu'un qui ressemblerait davantage à Julia Niggli, par exemple ?

— Dollie, malgré leurs réserves devant ton côté très studieux, mes parents n'ont jamais tenté de me jeter dans les bras de Mlle Niggli ni de qui que ce soit d'autre. Ils ne sont pas si stupides. Ils savent que je n'aime que toi.

Je lui ai souri à ces mots, mais le temps que mon regard se détache du sien Mme Engelbrecht nous avait rejoints et nous observait d'un air indigné.

— Ah, mademoiselle Marić. J'aurais dû me douter que vous étiez absorbée par votre travail avec M. Einstein. Cela explique pourquoi vous n'êtes pas venue à l'appel de la cloche.

Je l'avais rarement vue si furieuse, mais il est vrai que j'avais totalement chamboulé le bel ordonnancement de son dîner.

— Mlles Dražić et Bota vous attendent.

— Toutes mes excuses, madame Engelbrecht. J'arrive tout de suite.

Puis je me suis fendue d'une révérence devant Albert.

— Bonsoir, monsieur Einstein, ai-je dit avant de sortir vivement de la pièce en le laissant seul avec Mme Engelbrecht.

La voix de celle-ci s'est élevée derrière moi :

— Votre présence ici devient de plus en plus fréquente, monsieur Einstein. À ce rythme-là, je vais peut-être bientôt vous facturer les nombreuses heures que vous passez dans ce salon.

Elle ne semblait pas vouloir entamer une discussion courtoise avec lui, et je me suis arrêtée pour les écouter.

Albert a mis un long moment à lui répondre :

— Je suis désolé si je vous ai contrariée, madame. Je veille toujours à partir avant le dîner ou à ne me présenter que lorsqu'il est terminé, comme le stipule le règlement de votre pension.

— Vous prenez toujours soin de respecter la lettre de la loi, monsieur Einstein, mais je crains que vous n'ayez aucunement l'intention d'en respecter l'esprit.

Le ton de Mme Engelbrecht s'est fait plus dur et plus glacial. Elle écumait de rage.

— Vous voudrez bien à l'avenir obéir au règlement dans son intégralité pour tout ce qui touche à Mlle Marić. Elle est sous ma responsabilité, et je suis un cerbère vigilant.

13

27 juillet 1900
Zurich, Suisse

La vapeur de la locomotive s'est répandue en tourbillonnant dans la gare. L'espace d'un bref instant, elle a empli l'air entre Albert et moi, et je l'ai perdu de vue. Puis j'ai senti sa main saisir la mienne, et nous avons ri devant notre incapacité à rester invisibles l'un pour l'autre quand seuls quelques centimètres nous séparaient.

La fumée épaisse s'est dissipée en le dévoilant progressivement. D'abord la masse de ses boucles couleur chocolat. Ensuite la moustache cachant ses lèvres charnues. Et enfin ses yeux d'un marron soutenu qui me suppliaient toujours de lui accorder quelque chose – des idées, des baisers, des promesses, tout et n'importe quoi.

— Ces deux petits mois passeront vite, ma douce sorcière, m'a-t-il dit.

Douce sorcière, petite fugitive, polissonne… J'étais devenue bien plus que Dollie. Albert avait une foule de surnoms pour l'intellectuelle bohème qu'il voyait en moi. Il adorait que je sois différente des autres femmes de sa connaissance, en particulier celles avec qui il allait séjourner les deux mois suivants : sa sœur, sa mère, sa tante et toute leur bande d'amies insipides. J'avais fait de mon mieux pour me conformer à son idéal, quelles qu'en soient les conséquences sur mes études.

— Je sais, Johnnie. J'aurai beaucoup à faire de mon côté, alors j'espère bien qu'ils passeront vite. Mais quand même…

Il aurait tout le loisir de se prélasser cet été-là. En potassant les notes que j'avais prises pendant les cours auxquels il n'avait pas assisté, il avait réussi l'examen oral final conditionnant l'obtention de son diplôme. Il ne lui restait plus que sa thèse à rédiger, si toutefois il décidait de s'y atteler. Je ne pouvais pas en dire autant. Mon semestre à Heidelberg – cette fuite devant l'inévitable qui m'apparaissait si ridicule à présent – et tous nos projets de recherche hors programme m'avaient fait prendre du retard. Il était libre d'aller de l'avant, de se mettre en quête d'un emploi ou de creuser plus à fond les sujets que nous avions étudiés ensemble, tandis que moi, je devais encore passer mes examens finaux lors de la prochaine session, qui n'aurait lieu qu'en juillet de l'année suivante. Pour ne pas perdre mon temps, j'avais résolu de me consacrer à mes révisions durant les mois à venir tout en entamant ma thèse avec le Pr Weber, de façon à décrocher à la fois mon diplôme de physique et mon doctorat.

— Mais quand même… a-t-il répété.

Il n'avait pas besoin d'en dire plus. Ce matin-là, il avait listé tout ce qui allait lui manquer pendant notre séparation. Nos longs après-midi de travail pour comprendre les lois de l'univers. Nos baisers volés et nos étreintes quand nous étions certains que l'omniprésente Mme Engelbrecht était occupée.

De mon point de vue, ces mois d'été seraient bien remplis, mais tout aussi pénibles. Si Albert projetait de se promener avec sa famille dans la jolie ville de Sarnen, dans le comté d'Obwald, je me terrerais à la Flèche avec pour seuls compagnons sporadiques mon père, ma mère, Zorka et Miloš. Bizarre comme cet endroit que je chérissais plus que tout autre était devenu à mes yeux synonyme d'exil solitaire. Mon avenir se tenait devant moi, et je détestais avoir à le quitter ne serait-ce qu'un instant.

La locomotive a laissé échapper une colonne de vapeur qui nous a encore masqués l'un à l'autre. Profitant de cet écran de fumée, Albert a enroulé un bras autour de ma taille avant de m'embrasser. Le désir a jailli en moi, et j'ai songé à toutes les nuits où nous faisions de tels efforts pour nous maîtriser.

— Je n'en reviens toujours pas d'avoir eu la chance de te rencontrer, toi qui es aussi audacieuse, intelligente et déterminée que moi, a-t-il soufflé à mon oreille.

Puis, une main dans mon dos, il m'a guidée vers mon wagon. Je me suis hâtée de rejoindre ma place afin de pouvoir l'apercevoir une dernière fois derrière la vitre. Planté sur le quai, il avait l'air triste et abandonné au milieu de ses bagages. Son train ne partait que dans trois heures, mais il avait insisté pour m'accompagner à la gare et attendre là. Sans moi, Zurich perdait tout intérêt à ses yeux, avait-il dit.

10 août 1900
Kać, Voïvodine

— Mademoiselle Marić, le dîner est servi.

Notre nouvelle aide de cuisine, Ana, m'appelait depuis le bas de l'escalier menant au grenier, où je passais le plus clair de mon temps depuis deux semaines. Je savais que nos domestiques trouvaient curieux que je m'enferme pour lire au lieu de voir du monde ou de me promener, comme les autres dames – leurs regards en coin devant les ouvrages que j'étudiais toujours seule ne m'échappaient pas.

— Je descends tout de suite !

Je voulais relire encore la lettre que je venais de recevoir d'Albert. Mes parents allaient m'interroger, c'était certain, et Zorka et Miloš ne manqueraient pas de me taquiner à son sujet. J'avais besoin d'être calme et impassible pour résister aux assauts moqueurs de ma sœur et de mon frère, détourner l'attention de la première en lui demandant comment elle s'en sortait à l'école et du second en l'interrogeant sur ses jeux préférés. Je ne pouvais pas risquer d'éclater en sanglots devant eux.

Comment Albert avait-il pu m'écrire ces lignes ? N'avait-il pas deviné combien je souffrirais en découvrant dans les moindres détails la réaction excessive de sa mère à l'annonce de nos projets de mariage ? Il m'était presque insupportable d'imaginer Mme Einstein se jeter sur son lit, pleurer sans retenue et crier des insultes à mon encontre au motif que, selon elle, j'allais détruire la vie de son fils et que je n'étais absolument pas un parti convenable. Je savais à présent que les parents d'Albert souhaitaient pour lui une épouse juive, ou au moins une Allemande qui pourrait le couver, comme sa mère l'avait toujours fait, mais aucun de nous deux ne s'était attendu à mon avis à une telle crise de rage. Ses préjugés contre moi étaient nombreux : mon éducation chrétienne orthodoxe, mon intelligence, ma culture slave, mon âge, ma claudication. Tout ce que j'avais soupçonné le jour où je l'avais rencontrée, et plus encore.

Ce qui me blessait le plus cependant, c'étaient ses allégations selon lesquelles je serais enceinte. Pour qui me prenait-elle, et de quel genre de famille me pensait-elle issue ? Même si nous avions voulu donner libre cours à notre désir, Mme Engelbrecht nous tournait toujours autour comme un faucon, si bien que toute intimité entre nous était impossible. Dire que la difficulté de décrocher un emploi nous était apparue jusqu'alors comme le plus gros obstacle à notre union...

Comment arriverions-nous à surmonter de telles accusations, illogiques et délirantes ?

Les larmes me sont montées aux yeux. Les préjugés et les scènes d'hystérie de Mme Einstein allaient-ils nous séparer ? Non, Albert ne le permettrait sûrement pas. Je me suis consolée en lisant qu'il demeurait attaché à nos projets malgré les critiques de sa mère, qu'il m'aimait et que je lui manquais. Il était toujours mon Johnnie. Nous trouverions une solution.

J'ai inspiré afin de me redonner du courage, puis j'ai descendu l'escalier en colimaçon, j'ai pris place à table à côté de mon père et je me suis jointe aux autres au moment de dire le bénédicité. Alors que nous nous reculions sur nos chaises pour laisser Ana remplir nos assiettes de *ćevapi*, je me suis préparée à une salve de questions et de taquineries, comme chaque fois que je recevais une lettre d'Albert. Mais, curieusement, personne n'a soufflé mot, et j'ai songé qu'ils n'avaient peut-être pas remarqué l'arrivée du courrier.

Le dîner s'est déroulé dans un silence inhabituel et gênant. Quelque chose s'était-il produit ? Incapable de supporter le raclement discret des fourchettes sur les assiettes et le tintement des cuillères, j'ai essayé de faire diversion en discutant avec Zorka de ses projets pour le semestre suivant. C'était une bonne élève, même si elle n'était pas brillante, et elle rêvait de poursuivre sa scolarité à l'étranger. Papa l'encourageait à s'installer avec moi à Zurich et à faire un semestre à l'École supérieure de jeunes filles de la ville pour préparer son *Matura*, l'examen couronnant la fin de ses études secondaires. Je me suis demandé s'il souhaitait ainsi me surveiller et me protéger à distance. Ses inquiétudes concernant mon propre cursus et Albert filtraient dans tous nos échanges depuis quelque temps.

Dès qu'il a eu terminé sa part de la délicieuse *gibanica* servie en dessert, maman a entraîné Zorka et Miloš hors de la pièce et nous a laissés seuls, lui et moi.

Je me suis levée pour me retirer à mon tour, mais il m'a retenue.

— S'il te plaît, reste, Mitza. Tiens-moi un peu compagnie.

Je me suis rassise et j'ai attendu qu'il allume sa pipe et souffle quelques anneaux de fumée vers le plafond.

— J'ai vu que tu avais reçu une lettre de M. Einstein aujourd'hui.

Ainsi, il l'avait bien remarquée. Et s'il était au courant, les autres devaient l'être aussi. Pourquoi personne n'avait-il rien dit ?

— En effet, papa, ai-je répondu posément, curieuse de voir où il voulait en venir.
— J'imagine qu'il est occupé à chercher du travail ?
— Il le fera à l'automne, quand il retournera à Zurich. Pour l'instant, il est en vacances en Suisse avec sa famille.
— En vacances ? Pourquoi remettre ça à plus tard, Mitza ? Un homme qui veut se marier doit avoir un emploi.

Voilà donc vers quoi tendait cette conversation. Mes parents n'avaient pas encore rencontré Albert. Ils ne me rendaient jamais visite à Zurich, et il n'était quant à lui jamais venu à Kać, bien que je l'aie invité cette année-là et la précédente. Chaque fois, il avait refusé en mettant en avant son souci d'apaiser sa famille durant l'été tant qu'il dépendrait d'elle. Je n'insistais pas. C'était pour cette raison que mes parents se méfiaient de lui. Il n'était pas dans les mœurs serbes qu'un soupirant se tienne ainsi à distance.

Je pouvais comprendre les préoccupations de mon père, et j'aurais même été choquée qu'il reste indifférent. Pour autant, j'ai préféré esquiver le sujet. Albert et moi évoquions assez souvent le mariage. Je lui avais expliqué qu'il devrait faire sa demande officielle à mon père pour que celui-ci le prenne au sérieux, mais il me soutenait qu'il voulait d'abord trouver du travail.

— M. Einstein pense qu'il y aura plus de postes à pourvoir à l'automne. La plupart des universités sont fermées en ce moment.
— Il compte te faire attendre jusque-là ?

Papa faisait mine de poser une question, mais c'était un jugement qu'il formulait. Il n'avait jamais accepté que je cède aux avances d'Albert après avoir fait le choix difficile de passer un semestre à Heidelberg, et il se montrait par ailleurs très protecteur à mon égard – ce d'autant plus que, en tant qu'étranger et Juif, Albert demeurait quelqu'un de très mystérieux pour lui.

Avait-il raison ? Albert me tenait-il à distance afin d'avancer à son propre rythme dans la vie ? Je lui avais toujours fait confiance pour nous guider dans notre aventure bohème. Il me voulait forte et indépendante, et le supplier de s'engager m'apparaissait comme une marque de faiblesse et de dépendance. Je m'efforçais au maximum de jouer le rôle qu'il m'avait assigné.

— Je ne m'ennuierai pas vraiment, papa. Je dois réviser les examens que je passerai l'été prochain et travailler sur ma thèse.

— Vous avez discuté de vos projets d'avenir, tous les deux ?

— Oui, ai-je répondu d'un ton que j'espérais convaincu.

Albert évoquait souvent notre vie après l'université, et ne venait-il pas d'affirmer à sa mère que je serais sa femme ? Certes, il ne mentionnait jamais de plans très précis, mais j'avais besoin du soutien de mon père, surtout au vu de l'opposition virulente de Mme Einstein.

Le regard et la voix de papa se sont adoucis, et il s'est penché vers moi pour prendre mes mains entre les siennes. Elles avaient l'air toutes petites, comparées à son poing si épais et si puissant.

— Je veux juste m'assurer que ses intentions sont honorables. C'est mon devoir de veiller sur toi.

Ces quelques mots m'ont ramenée en arrière, à l'époque où j'avais surpris sa conversation avec ma mère au sujet de mon handicap et de mon inéligibilité au mariage. Brusquement, la colère a enflé en moi.

— C'est si difficile pour toi de croire que quelqu'un puisse m'aimer et avoir envie de m'épouser ?

Il en est resté bouche bée. Je ne lui avais encore jamais parlé ainsi.

— Oh, Mitza, ce n'est pas ce que je…

— Vraiment ? Je sais que maman et toi, vous me trouvez difforme. Indigne d'être aimée. C'est pour ça que tu m'as toujours poussée à faire des études. Tu supposais que je finirais ma vie toute seule.

En martelant ce mot détestable, « difforme », je voulais qu'il comprenne que je les avais entendus, maman et lui, toutes ces années plus tôt. Et aussi que, malgré tous mes efforts pour enfouir ce jugement au fond de moi et adhérer aux opinions progressistes défendues à Zurich, je n'avais jamais pu oublier cette étiquette qu'ils m'avaient mise.

Des larmes ont coulé le long de ses joues. Il avait saisi le message.

— Mitza, je suis tellement désolé. Je t'aime, ma petite Mitza, plus que personne d'autre sur cette terre. La fierté que tu m'inspires me porte de jour en jour. Je sais que tu es capable de réussir tout ce que tu veux et que ton handicap ne sera jamais un obstacle pour toi, que ce soit en amour ou dans ton travail. J'ai eu tort d'essayer de te protéger du monde extérieur, de penser que ta claudication te rendait en quelque sorte plus faible, plus vulnérable. Ou moins digne d'être aimée.

J'étais à deux doigts de pleurer moi aussi. En voyant les larmes de cet homme stoïque qu'était mon père et en écoutant ces paroles si gentilles, j'ai failli craquer. J'étais fatiguée de devoir toujours paraître inébranlable et prouver ma valeur. J'aspirais à me blottir dans ses bras et à redevenir la petite Mitza, plutôt que cette femme forte et indépendante que j'étais désormais.

À la place, je me suis raidie et ma main s'est refermée sur la sienne avec assurance. J'avais si souvent clamé ma force de caractère qu'il aurait été malvenu de trahir la moindre faiblesse devant lui.

— Ce n'est rien, papa. Je comprends, maintenant.

Il m'a serrée dans ses bras.

— Est-ce mal de vouloir le meilleur pour toi, Mitza ? Est-ce mal de te souhaiter un mari qui t'appréciera et t'aimera autant que moi ?

— Non, papa. Bien sûr que non. Mais, s'il te plaît, accepte le fait que M. Einstein sera ce mari.

Un doigt sous mon menton, il m'a obligée à lever la tête.

— Tu en es sûre ?

— Oui, ai-je dit en soutenant son regard.

Puis j'ai souri.

— Papa, lui aussi m'encourage à être une *mudra glava*.

14

4 février 1901
Zurich, Suisse

Le fin manteau blanc qui recouvrait les flèches des églises de Zurich n'égayait pas du tout Albert. Même lorsque je lui ai dit que nous aurions peut-être assez de neige le lendemain matin pour aller faire de la luge sur l'Uetliberg, il s'est contenté de grogner. Rien de ce que la nature et moi pouvions lui offrir n'était en mesure de dissiper son humeur noire.

— C'est Weber qui est derrière tout ça, a-t-il marmonné avant de tirer sur sa pipe et de siroter le café délavé servi au café Sprüngli, surtout connu pour ses pâtisseries.

Je mourais d'envie de prendre un *Milchkaffee* au Metropol, mais Albert préférait éviter notre refuge habituel de peur de croiser nos anciens camarades et d'être amené à parler travail avec eux. Lui-même n'en avait toujours pas trouvé.

— Il a dû envoyer des rapports assassins sur moi à toutes les universités où des postes étaient à pourvoir. Je n'aurais jamais dû lui demander de m'écrire des lettres de recommandation. Il n'a accepté que pour pouvoir me blackbouler.

— Je sais que tu en es persuadé, ai-je redit.

Qu'aurais-je pu ajouter ? Albert ne tolérerait aucune parole apaisante, aucun encouragement. J'avais déjà essayé.

— Pourquoi sinon aurais-je une pile entière de lettres de refus ? Alors que tous ceux de la Section VI travaillent depuis des mois déjà ?

Cela faisait des semaines, voire plus, que j'entendais ce refrain.

Il a étalé ses lettres de refus sur la table comme il l'aurait fait avec des cartes. Sauf que ce n'était pas un jeu, mais notre avenir qui s'affichait sous nos yeux. Tant que je n'aurais pas passé mes examens de juillet, mon diplôme demeurerait incertain, et nos projets de mariage dépendaient donc entièrement d'Albert et de sa situation professionnelle.

— Je ne vois pas d'autre explication que Weber, ai-je dit, même si je n'y croyais qu'à moitié.

Weber n'appréciait pas Albert, c'était vrai. Pour autant, je doutais que son refus de lui rédiger une lettre de recommandation élogieuse soit la seule raison. La plupart de nos condisciples – et même la plupart des diplômés de l'Institut polytechnique, pas seulement ceux du département de physique – avaient trouvé un poste grâce à leurs professeurs ou aux élèves de leur promotion, mais aucun de nos autres enseignants ne semblait enclin à aider Albert. Son mépris flagrant des règles d'assiduité et son insolence envers eux lorsqu'il décidait de venir assister à leurs cours avaient fait de lui leur bête noire.

— Et si tu essayais encore de me défendre auprès de Weber ? Il accepterait peut-être d'envoyer des lettres plus flatteuses, non ? m'a-t-il demandé en me prenant la main.

Je rencontrais Weber chaque semaine afin de discuter avec lui de ma thèse.

— Johnnie, tu sais que je ferais n'importe quoi pour toi. Mais je ne pense pas que nous devrions prendre ce risque.

Albert se doutait bien que je ne pouvais plus espérer amadouer Weber et lui soutirer des recommandations qu'il n'avait aucune envie de donner. Mon avenir professionnel dépendait aussi de cet homme, et je me devais de garder des relations cordiales avec lui. Attirer son attention sur mes liens avec Albert était le plus sûr moyen de saper l'estime qu'il me portait – et que j'avais si durement acquise. Pour ne rien arranger, Weber était le président du jury qui faisait passer les examens oraux, plus subjectifs que les autres, et je ne voulais pas non plus réduire mes chances de décrocher mon diplôme cet été. Si Albert ne parvenait pas à s'assurer un emploi, j'étais résolue à le faire à sa place. J'avais besoin d'annuler au moins une des nombreuses objections de ses parents envers notre mariage.

Il a lâché ma main en soupirant bruyamment et s'est remis à tirer sur sa pipe. Je savais qu'il valait mieux ne pas tenter de le faire sourire en le taquinant. Lorsqu'il avait reçu ses premières lettres de refus, il n'y avait vu qu'une plaisanterie, et même une source de fierté pour l'esprit bohème qu'il était. Mais lorsque la pile avait grandi et que sa candidature à des postes de maître de conférences n'avait pas été retenue par l'Institut technique supérieur de Milan, les universités de Göttingen, Leipzig, Bologne et Pise, et l'université technique de Stuttgart, parmi bien d'autres, il avait cessé de trouver ça drôle.

— Les écoles allemandes sont très antisémites. C'est peut-être un autre facteur à prendre en compte.

Il n'avait que vaguement envisagé cette hypothèse jusqu'alors. Malgré ses origines, il aimait se considérer comme non religieux, et qu'importait si les autres ne le percevaient pas ainsi !

J'ai hoché la tête. Il avait raison. L'antisémitisme gangrenait toutes les institutions éducatives en Allemagne. Cela n'expliquait pas les refus qu'il avait essuyés en Italie, mais je n'ai pas osé le lui faire remarquer.

Les petites pattes-d'oie qui se formaient autour de ses yeux lorsqu'il était amusé avaient disparu. Un silence gênant est retombé entre nous. Du moins gênant pour moi. Je ne savais jamais quoi faire quand il était de cette humeur.

J'ai balayé du regard le café autour de nous en essayant de me concentrer sur la profusion d'éléments décoratifs, les enjolivures des chaises, les plateaux en marbre des tables. Nous étions venus en pleine heure creuse, entre le déjeuner et le dîner, et l'endroit était presque désert. Les serveurs en veste blanche patientaient contre le mur du fond, bien alignés mais détendus, l'air soulagés que le café ne grouille pas de monde.

— Peut-être que si j'étais libre d'aller où je veux… a marmonné Albert, presque à part lui.

Presque.

Je l'ai dévisagé, abasourdie. Trop abasourdie pour répondre, en fait. Parlait-il de moi ? Suggérait-il que je lui imposais de rester dans un périmètre géographique restreint et que telle était la cause de ses échecs ? Ou que j'avais exprimé une autre exigence qui lui portait préjudice ? Comment osait-il ? Je lui avais offert un soutien sans faille et la liberté de se mettre en quête d'un emploi où il le souhaitait, étant entendu que je le suivrais. J'avais même décliné la proposition que m'avait faite un ancien professeur de venir enseigner dans un lycée de Zagreb parce que Albert ne voulait pas vivre en Europe de l'Est. Cette région était pour lui trop éloignée du centre névralgique de la recherche scientifique. J'avais cédé, consciente qu'il jugeait humiliant de me suivre – surtout pour lui qui ne parvenait pas à trouver de poste –, et durant toute cette période j'avais dû supporter sa frustration sans rien dire.

Je n'avais encore jamais crié contre lui, et lorsque les mots sont enfin sortis de ma bouche, ils n'étaient rien de plus qu'un murmure :

— Je n'ai jamais été un obstacle à ta carrière...

— Albert ? Mademoiselle Marić ?

Je me suis détournée d'Albert et de sa mine étonnée. M. Grossmann se tenait derrière moi. Il avait été le premier de notre classe à obtenir un poste de chargé de TD, ce qui faisait probablement de lui la dernière personne qu'Albert avait envie de croiser.

— Que faites-vous là, tous les deux ? Vous êtes loin de votre repaire.

Albert n'était pas du genre à dévoiler ses faiblesses devant quiconque à part moi, aussi a-t-il affiché un air ravi, avant de se lever et de serrer la main de M. Grossmann comme s'il n'y avait personne au monde dont la vue aurait pu lui faire davantage plaisir.

— Quelle bonne surprise, Marcel ! Mlle Marić et moi sommes entrés ici nous reposer après nous être promenés. Et toi, qu'est-ce qui t'amène dans cet endroit improbable ?

M. Grossmann a souri sans faire de commentaire sur notre présence à tous les deux, seuls, si loin de notre école, ce qui m'a confortée dans mon idée qu'il était au courant de notre relation depuis un bon moment. Il nous a expliqué qu'il avait un peu de temps libre avant d'aller rendre visite à quelqu'un dans le quartier et qu'il s'était juste arrêté boire une bière. Nous l'avons invité à s'asseoir à notre table. Inévitablement, nous avons évoqué son nouveau poste de chargé de TD sous la direction du Pr Wilhelm Fiedler, un géomètre de l'Institut polytechnique. Malgré son enthousiasme apparent, je sentais combien il en coûtait à Albert de l'interroger.

Puis la conversation a ralenti.

— Mademoiselle Marić, a dit M. Grossmann par politesse, je sais que vous avez décidé de passer vos examens en juillet, et j'imagine que vous êtes très prise par vos études, mais toi, Albert, qu'est-ce que tu deviens ?

— Je travaille sur ma thèse, bien sûr.

— Bien sûr, a répété M. Grossmann.

Il avait perçu la gêne d'Albert, mais quelque chose l'a poussé à insister. Peut-être avait-il entendu parler de sa situation précaire.

— Je t'ai juste posé la question parce que mon père m'a dit récemment que son ami Friedrich Haller, qui dirige le Bureau fédéral de la propriété intellectuelle, à Berne, cherchait un examinateur...

— Hmm, a répliqué Albert en feignant l'indifférence.

— Je ne sais pas si tu as déjà trouvé un emploi fixe...

— Je suis encore en lice sur plusieurs postes.

Je me suis retenue de crier. Pourquoi ne saisissait-il pas cette chance ? Il ne pouvait pas se permettre cette comédie. Mon avenir aussi était en jeu, alors au diable sa fierté.

— C'est ce que je pensais, a dit M. Grossmann, avant de continuer prudemment : Ce poste n'est pas destiné à un physicien uniquement intéressé par la théorie, mais à quelqu'un qui mettra ses connaissances en pratique en étudiant les inventions pour lesquelles une demande de brevet est déposée. Ce serait une façon peu conventionnelle, et même non orthodoxe, d'employer tes compétences.

Par ces simples mots, « non orthodoxe », M. Grossmann lui offrait un moyen de préserver son honneur.

— Tu as raison, Marcel, a dit Albert en rayonnant de joie. Ce poste n'aurait rien de conventionnel. Mais bon, je n'ai jamais cherché autre chose. Peut-être que cela me conviendrait parfaitement.

— Merveilleux. Ce serait un grand soulagement pour Friedrich Haller d'avoir un candidat sérieux. J'ignore quand au juste le poste sera à pourvoir, mais tu as déjà rencontré mon père et je suis sûr qu'il te recommandera volontiers.

Albert a croisé mon regard et souri. Dans cet instant riche d'un nouvel espoir, je lui ai pardonné.

15

3 mai 1901
Zurich, Suisse

Le poste au Bureau de la propriété intellectuelle s'était trop fait attendre. Albert s'était soumis à la procédure de recrutement méthodique et minutieuse du gouvernement suisse, mais il lui fallait un emploi au plus vite. N'importe quel emploi, à vrai dire, puisque ses parents n'avaient promis de le soutenir financièrement que durant ses années d'études et qu'ils venaient de lui couper les vivres. Il avait même sollicité de simples postes d'enseignant, sans succès. Jusqu'au jour où une relation éloignée de l'Institut polytechnique, Jakob Rebstein, lui avait écrit pour lui demander s'il accepterait de le remplacer en tant que professeur de mathématiques au lycée de Winterthur pendant qu'il effectuait son service militaire. Nous étions euphoriques.

Le poste était temporaire, mais nous avions fêté ça en commandant exceptionnellement une bouteille de vin au café Schwarzenbach. Enivrés par l'alcool et cette bonne nouvelle, nous avions discuté de notre avenir en riant, le cœur vraiment léger pour la première fois depuis le début de l'automne. J'avais même passé l'éponge sur les sautes d'humeur et les mots durs d'Albert au cours des mois précédents, toute cette période où je ne savais jamais à l'avance si j'allais avoir affaire à un Johnnie aimant ou à un Albert maussade. À présent qu'il n'était plus stressé par sa recherche d'emploi, au moins provisoirement, j'étais certaine de retrouver mon Johnnie pour de bon.

C'était là, dans la douceur de l'air nocturne et les vapeurs d'alcool, que l'idée d'une escapade sur les bords du lac de Côme avait germé en lui.

« Imagine, Dollie. Les eaux du célèbre lac clapotant à nos pieds et les montagnes enneigées des Alpes tout autour de nous... »

Il s'était rapproché très légèrement de moi – juste ce qu'il fallait pour ne pas faire sourciller la clientèle bien sous tous rapports du café.

« Nous serions seuls tous les deux, avait-il ajouté.
— Seuls... »

J'avais médité sa proposition, scandalisée et séduite à la fois. Je ne me rappelais pas avoir jamais été seule avec lui, sauf dans un lieu public ou dans le salon de ma pension, et encore ne l'étions-nous pas vraiment non plus dans les deux cas.

« Pas de Mme Engelbrecht...
— J'ai du mal à imaginer que je pourrais t'embrasser sans avoir à craindre qu'elle ne débarque à l'improviste. Cette femme ne fait pas plus de bruit qu'un chat. »

Les pattes-d'oie autour de ses yeux s'étaient creusées. J'adorais cet Albert-là. C'était l'homme que j'aimais, celui qui m'avait manqué durant une bonne partie de cette année universitaire.

« Peut-être qu'elle est silencieuse parce qu'elle n'est pas tout à fait humaine, avait-il répliqué. Comme un fantôme ou une sorte d'esprit. Après tout, Engelbrecht signifie "ange lumineux". »

J'avais de nouveau ri en jouant avec la longue mèche qui retombait sur mon épaule. J'avais testé pour l'occasion une nouvelle coiffure, moins stricte, que j'avais remarquée chez d'autres jeunes femmes. Au lieu de me faire un chignon très serré, j'avais attaché mes cheveux avec un nœud lâche sur la nuque et libéré une mèche épaisse que j'avais ramenée sur le devant.

« Qu'en penses-tu, Dollie ? » avait demandé Albert.

Je n'avais d'abord pas saisi le sens de sa question.

« Tu veux dire, est-ce que Mme Engelbrecht est un chat ou un fantôme ?

— Tu sais très bien ce que je veux dire, avait-il rétorqué en glissant sa main autour de ma taille sous la nappe blanche amidonnée. Que penses-tu du lac de Côme ? »

Je ne savais absolument pas quoi répondre. Une partie de moi aspirait à une escapade romantique avec lui, loin des contraintes de Zurich. Mais j'avais peur aussi, car je devinais ce qu'impliquerait un tel voyage. Nous avions attendu si longtemps sans franchir ce stade, peut-être était-il préférable de ne pas nous risquer à le faire tout de suite.

Albert avait compris mon conflit intérieur.

« Réfléchis-y simplement, Dollie. Cela pourrait rendre notre séparation plus facile, même si elle n'est que temporaire, et ce serait un pont vers notre nouvelle vie ensemble. »

Mais il ne m'avait pas reparlé du lac de Côme. Ni durant les jours qu'il avait passés à faire ses valises en prévision de son départ pour Winterthur – dans une telle précipitation qu'il avait oublié derrière lui sa brosse à dents, son peignoir et son peigne –, ni lors de nos adieux abrégés à la gare, où une rencontre imprévue avec un ami de sa famille avait mis fin à nos effusions. Un peu soulagée, je m'étais gardée d'aborder moi-même le sujet.

Quelques jours après son arrivée à Winterthur, cependant, il est revenu à la charge dans une lettre. Tout en me suppliant de le rejoindre, il m'assurait de son amour et m'appelait par tous mes surnoms, Dolly, « douce petite sorcière », et j'en passe. Helene avait emménagé à Reutlingen avec son mari, M. Savić, et Milana et Ružica étaient rentrées chez elles une fois leurs études terminées, si bien que j'étais seule à la pension Engelbrecht et donc d'autant plus sensible aux prières d'Albert. Je savais que s'il avait prononcé ces mots devant moi les choses auraient été beaucoup plus faciles. La simple vue de ses yeux noisette m'aurait poussée à dire oui à ce voyage et à oublier son comportement durant les mois où il avait été incapable de trouver du travail. Je n'aurais pas non plus hésité à ignorer ce fichu message que j'avais reçu la veille de mon père, dans lequel il mettait en cause mon honneur et m'accusait de vouloir jeter la *stramota* sur ma famille en allant à Côme et de les déshonorer tous sur plusieurs générations. Pourquoi m'étais-je confiée à lui ? Inquiet à l'idée que je donne ma « chemise » à Albert – c'est-à-dire mon innocence –, il m'informait qu'il ne financerait plus mes études si je passais outre à son interdiction. Comment mes parents pouvaient-ils penser que je me souciais si peu de mon honneur et du leur ?

Et dans le même temps, comment pouvais-je ignorer les menaces de mon père ?

Mais Albert n'était pas là pour m'enhardir. J'avais perdu avec lui ma source de confiance extérieure. La décision m'appartenait tout entière.

Que faire ?

J'avais posé sur mon bureau les deux réponses distinctes – et très différentes – que j'avais rédigées. Chacune des voies qui s'offraient à moi comportait ses propres gratifications et ses propres dangers. Laquelle choisir ?

J'ai lissé les feuilles de papier, toutes froissées à force d'être lues et relues. Espérais-je vraiment finir par y déceler un signe divin ? Des heures plus tard, je n'avais toujours reçu aucun signe du ciel, bien sûr, et je n'étais pas plus avancée.

J'ai parcouru les deux lettres pour la énième fois. Dans la première, je refusais gracieusement l'invitation d'Albert en lui laissant entendre que ma famille s'y opposait. Devais-je la lui envoyer et me priver d'un plaisir tant attendu ? Que deviendrait notre relation si je n'y allais pas ? Il avait comparé cette escapade à un pont vers notre nouvelle vie commune, après tout. Verrait-il dans mon refus une forme de rejet ? Nous avions connu un tel passage à vide ces derniers temps que je m'inquiétais.

Dans ma seconde réponse, j'exposais consciencieusement les détails de mon voyage en les accompagnant d'un schéma approximatif de mon itinéraire. Je n'ai pas pu m'empêcher de sourire face aux serments d'amour qui débordaient de ces lignes. Ils dévoilaient ma vraie nature, très éloignée de mon moi corseté par la peur et les conventions.

J'ai tout jeté sur mon bureau. Comment était-il possible de rédiger deux lettres si différentes ? Il me paraissait inconcevable de ressentir des émotions contraires simultanément, et avec une telle force. Le désir et la reddition. Le devoir et le renoncement. Et pourtant c'était le cas.

Je me suis massé les tempes en faisant les cent pas dans ma chambre. J'étais déboussolée. Oserais-je reprendre la lettre de mon père dans l'espoir qu'elle m'aide à me décider ? Mais je ne pensais pas avoir besoin de la relire pour me rappeler ses paroles pleines de mépris. *Stramota*. La honte.

Que m'aurait conseillé Helene ? J'aurais aimé qu'elle soit encore là afin de pouvoir en discuter avec elle. Elle se serait assise en face de moi sur mon lit et m'aurait guidée avec douceur et fermeté vers le bon choix. Un choix moderne, non dicté par la mentalité serbe démodée de mon père, mais tout de même avisé. J'entendais presque sa réponse à mes lamentations – perdre Albert me tuerait, c'était certain – et à mon besoin impatient de savoir si lui et moi pourrions un jour clamer notre amour au monde entier. Elle m'aurait tapoté les mains en m'exhortant à « faire preuve de courage ».

J'ai repensé à notre séparation, six mois plus tôt, début novembre, quand elle avait quitté Zurich pour épouser M. Savić. Comme je tenais à lui dire au revoir avant qu'elle prenne le train à destination de Reutlingen, où son mari et elle comptaient s'installer, je m'étais levée très tôt et j'étais descendue au rez-de-chaussée en chemise de nuit et robe de chambre au moment où Mme Engelbrecht sortait voir pourquoi leur fiacre était en retard. Les valises de Helene s'empilaient au pied de l'escalier, et elle-même patientait dans le salon, l'air soudain toute petite.

Nous nous étions embrassées.

« Tu me manqueras beaucoup, Helene. Je n'ai jamais eu d'amie comme toi et je n'en aurai jamais d'autre.

— Cela vaut pour moi aussi, Mitza. Mais tu sais, je m'en veux toujours d'avoir rompu notre pacte. J'ai beau être heureuse avec M. Savić, je garde ça à l'esprit.

— Helene, s'il te plaît, ne laisse pas cette vieille histoire gâcher ta joie. Nous nous sommes détachées toutes les deux de ce pacte, non ?

— Oui, mais j'ai été la première à le faire. Et je me demande ce que nous serions devenues si je m'en étais tenue à notre promesse. Si j'avais décidé de privilégier ma carrière au lieu de me marier.

— Je suis ravie de nos choix respectifs, moi, avais-je dit en la prenant par les épaules, avant de poursuivre d'un ton faussement sérieux : Maintenant, je vais te donner un conseil que tu m'as toi-même souvent répété. Profite du moment présent. Profite de ton bonheur avec M. Savić. Savoure-le. Je ferai pareil de mon côté avec M. Einstein. »

Nous nous étions embrassées une dernière fois en jurant de toujours nous écrire et de nous rendre visite, puis elle était partie.

M'inciterait-elle à vivre pleinement chaque instant, moi aussi, et à aller à Côme ? Ou me dirait-elle plutôt d'être courageuse et de supporter la séparation, au moins jusqu'à ce qu'Albert et moi soyons mariés ? Je ne pouvais pas le deviner, et je n'avais pas le temps de lui poser la question.

J'étais complètement seule. Ma famille ne décolérait pas contre moi. Mes amies avaient tourné la page de leurs études. Même l'avenir d'Albert demeurait incertain. Son emploi de professeur prendrait fin dans quelques mois, et je savais ce que sa mère voulait pour lui. Qu'il avance sans moi dans la vie. J'ai frissonné en songeant à la solitude à laquelle je m'étais longtemps crue destinée.

Peut-être ressentais-je d'autant plus durement notre séparation que j'avais formé un tout avec lui. Je l'entendais encore me murmurer des mots d'amour à l'oreille, me dire qu'il n'était plus que la moitié de lui-même lorsque nous étions loin l'un de l'autre. Ses paroles s'étaient logées dans mon âme, détruisant à jamais l'image de l'intellectuelle solitaire que j'avais eue de moi durant des années. J'éprouvais la même chose que lui, en réalité.

La voie à suivre m'apparaissait clairement désormais.

J'ai ramassé l'une des deux lettres et l'ai rapidement glissée dans une enveloppe. Sans me laisser ne serait-ce qu'une seconde de réflexion, j'ai descendu l'escalier d'un pas décidé et, ignorant l'appel d'une servante qui m'annonçait que le petit déjeuner était servi, j'ai poussé la porte d'entrée et me suis mise en route vers le bureau de poste et vers mon avenir.

16

Du 5 au 8 mai 1901
Lac de Côme, Italie

Une aube rose se levait sur les Alpes lorsque mon train a approché de Côme, et le paysage s'est progressivement dévoilé dans toute sa splendeur. Les eaux du lac, d'un bleu profond, étaient entourées de collines vert émeraude et de villas si charmantes qu'on les aurait dites peintes par le Titien en personne.

Le trajet de nuit depuis Zurich avait été interminable, mais loin d'être épuisée je me sentais surexcitée, comme si j'avais enjambé les vestiges croulants de mon ancienne vie pour franchir le seuil de ma véritable existence.

Le train a ralenti, et j'ai jeté un coup d'œil par la vitre. Albert serait-il là ? Je lui avais indiqué mon heure d'arrivée dans ma lettre, mais la ponctualité n'était pas son fort et je n'osais espérer qu'il serait là à m'attendre. En fait, je m'étais même déjà préparée à prendre un café le temps qu'il arrive.

Tandis que les wagons s'avançaient les uns après les autres sous le vaste édifice voûté, j'ai constaté que j'avais vu juste. Le quai était désert, et le café de la gare aussi. Il ne semblait y avoir personne dans les parages à cette heure matinale, en dehors d'un contrôleur derrière les barreaux de son guichet.

Mais j'ai ensuite avisé quelqu'un à l'autre bout de la gare. Les yeux plissés face au nuage de vapeur de la locomotive qui se répandait partout, j'ai reconnu la silhouette d'Albert. J'ai aussitôt attrapé mes bagages et longé à la hâte le couloir central vers la portière la plus proche de lui. Quand le train s'est enfin arrêté, je suis descendue juste devant ses bras grands ouverts. Il m'a soulevée et s'est mis à tourner sur lui-même.

— J'ai le cœur qui bat, a-t-il dit en me reposant. Ça fait si longtemps que j'attends ce moment.

— Moi aussi...

Prise de vertige, j'ai plongé mon regard dans le sien pour tenter de me ressaisir.

— Viens, ma petite sorcière, a-t-il enchaîné en prenant les sacs que je portais en bandoulière. J'ai tant de choses à te montrer.

Une main nichée dans le creux de son bras, je me suis laissé guider le long des rues pavées jusqu'à la cathédrale du quatorzième siècle qui dominait la ville. Après avoir remonté avec moi l'allée centrale aux dalles noires et blanches, Albert m'a fait découvrir deux tapisseries flamandes élaborées aux teintes passées et trois beaux tableaux de Bernardino Luini et Gaudenzio Ferrari.

— Ces portraits de la Vierge à l'Enfant sont merveilleux, mais comment savais-tu qu'ils étaient là ? ai-je demandé, surprise de le voir si bien renseigné.

— Je suis venu hier après-midi préparer le programme de la journée. Je voulais que cette parenthèse soit en tout point parfaite.

Et lui qui avait si peu l'habitude de planifier les choses a souri devant le succès de son entreprise.

— J'ai aussi repéré le meilleur café de Côme. Je suis sûr que tu n'en refuseras pas un après cette nuit dans le train, Dollie.

— Tu as vraiment pensé à tout, Johnnie, ai-je répondu en lui pressant le bras.

Pendant que nous trempions nos petits pains dans nos tasses de café fumant, Albert m'a décrit ses projets. Nous nous promènerions dans les rues de la ville jusqu'à midi. Ensuite, nous prendrions le bateau reliant Côme à Colico, une bourgade située à trois heures de là, tout au nord du lac, et nous descendrions à mi-chemin dans le petit port de pêcheurs de Cadenabbia afin de visiter la villa Carlotta, célèbre pour ses sept hectares de jardins.

Il n'a pas précisé où nous passerions la nuit, et je n'ai pas posé la question. J'étais trop euphorique et effrayée à la fois à l'idée de ce qui allait peut-être se produire ce soir-là. Cette perspective flottait entre nous comme un dessert que l'on attend avec impatience, mais sans savoir de quoi il sera fait.

Nous avons admiré toute la matinée les produits luxueux exposés dans les vitrines des boutiques de la ville, où les riches Milanais commençaient à affluer, puis nous sommes montés à bord du bateau. Les petites vagues qui s'écrasaient contre ses flancs étaient d'un bleu irréel dans la lumière étincelante du jour. Très vite, il a fait si chaud que j'ai ôté mon manteau. Albert avait enroulé un bras autour de moi, je savourais la caresse du soleil sur mon visage, et tandis que nous regardions défiler les anciens châteaux bâtis sur les rives du lac, il s'en est fallu de peu que je ne ronronne de plaisir. Jamais encore nous n'avions été si insouciants et si libres d'afficher nos sentiments.

Les jardins de la villa Carlotta ne m'ont pas déçue. Nous avons traversé une série interminable d'escaliers et de passages en marbre avant de déboucher subitement à l'extérieur sur une explosion de teintes vertes, rouges, roses et jaunes, toutes plus luxuriantes les unes que les autres. Plus de cinq cents espèces de buissons et cent cinquante variétés d'azalées et de rhododendrons se disputaient notre attention. Même les nombreuses sculptures d'Antonio Canova ne soutenaient pas la comparaison avec un tel paysage.

Je me suis penchée tout près d'une fleur couleur fuchsia afin de respirer son parfum, quand un garde s'est précipité vers moi.

— *Non toccare !*

Ne pas toucher. J'ai reculé d'un pas.

— Ces fleurs sont d'autant plus belles qu'on ne peut pas les cueillir, ai-je fait remarquer à Albert.

— Tu m'inspires la même réflexion depuis des années, a-t-il répliqué avec un sourire en coin.

J'ai éclaté de rire. L'un de nous avait enfin abordé le sujet tabou.

— J'espère que tu n'auras pas changé d'avis à la fin de mon séjour, l'ai-je taquiné en m'éloignant pour examiner une azalée d'un rouge particulièrement vif.

Cela faisait longtemps que j'étais parfois impertinente avec lui, mais je m'étonnais tout de même. Où avais-je appris à me montrer si aguicheuse ?

J'ai entendu ses pas derrière moi, puis son bras s'est de nouveau enroulé autour de ma taille.

— J'ai hâte d'être à ce soir, a-t-il soufflé.

Mes joues se sont enflammées, et j'ai brusquement eu chaud.

— Moi aussi, ai-je dit en m'appuyant contre lui.

Colico n'était pas notre destination finale. Nous avons fui cette ville triste et ennuyeuse en prenant un train pour Chiavenna, non loin de là. Le ciel s'assombrissait et je n'ai pas distingué le village en détail lorsque nous nous en sommes approchés, mais Albert me l'a décrit comme un endroit pittoresque blotti dans une belle vallée au pied des Alpes. Il y était déjà venu une fois, bien des années plus tôt, et avait envie d'y retourner avec son amour à son bras.

Son amour.

Affamés et fatigués, nous nous sommes dirigés au sortir de la gare vers une petite auberge massive et un peu quelconque à deux rues de là. Albert a poussé la lourde porte en chêne et s'est présenté à la propriétaire, une dame d'un certain âge, visiblement exténuée, qui tenait l'accueil assise derrière un bureau.

— Ma femme et moi aimerions une chambre pour ce soir, s'il vous plaît. En avez-vous une de libre ?

J'ai réprimé un fou rire en l'entendant m'appeler « ma femme », mais je me suis rappelé ensuite les devoirs inhérents à ce rôle, et je me suis tue. La nervosité commençait à me gagner.

L'aubergiste a fixé Albert d'un air mauvais. Ce n'était pas l'accueil chaleureux que j'avais anticipé.

— D'où venez-vous ?

— De Suisse.

— Vous n'avez pas la tête d'un Suisse. Et vous n'en avez pas l'accent non plus.

Albert m'a jeté un regard perplexe. Pourquoi cette femme s'intéressait-elle à notre citoyenneté ? La région regorgeait de touristes originaires de tous les pays d'Europe.

— Pardon. Vous m'avez demandé d'où nous venions. Nous arrivons de Suisse, mais je suis d'Ulm.

Il ne lui a pas montré ses papiers parce qu'il était alors apatride. Méprisant le militarisme ambiant de son pays, il avait renoncé à la citoyenneté allemande et attendait d'être naturalisé suisse.

— Vous n'avez pas la tête d'un Allemand, non plus. Plutôt celle d'un Juif.

Albert a plissé les yeux, en proie à une colère que je ne l'avais vu manifester qu'une fois auparavant, lors d'une dispute avec le Pr Weber.

— Je suis juif. C'est un problème ?

— Oui. Nous n'avons pas de chambre ici pour les Juifs.

Nous avons repris nos bagages et sommes sortis en claquant la porte.

— Albert, je suis tellement désolée... ai-je dit pour tenter d'atténuer cette humiliation.

— Pourquoi t'excuses-tu, ma douce Dollie ? L'antisémitisme est une partie hideuse de ma vie. Je regrette juste que tu aies eu à subir ça.

— Johnnie, si cela fait partie de ta vie, alors cela fait partie de la mienne aussi. Nous l'affronterons ensemble.

Il a souri.

— Quelle chance j'ai de t'avoir !

Nous sommes arrivés dans une autre auberge. Avec ses murs blanchis à la chaux et ses poutres en bois sombre, à la fois fonctionnelles et décoratives, elle était typique de la région. Albert a ouvert prudemment la porte. La réception était propre et bien chauffée, et quelques tables avaient été disposées devant le feu dans la cheminée. Nous n'avons même pas eu le temps d'appeler quelqu'un – déjà, une serveuse s'avançait vers nous.

— *Würden Sie ein Bier ?*

Jamais l'idée d'une bière ne nous avait paru si alléchante. Nous avons accepté et, sans même m'en apercevoir, j'ai descendu plusieurs chopes avant qu'on nous apporte une *Wurst* accompagnée de *Spätzle* pour le dîner. Tandis que nous évoquions en riant nos aventures du jour, j'ai trouvé les plaisanteries d'Albert plus drôles et ses réflexions scientifiques plus pénétrantes que jamais. J'étais éméchée, ai-je enfin compris lorsqu'il s'est excusé une minute. Éméchée, et pas du tout nerveuse à la perspective de ce que j'allais peut-être vivre cette nuit-là. J'ai avalé une nouvelle gorgée de bière.

Il est réapparu avec une clé d'allure archaïque. Tous nos bagages avaient disparu.

— Tu as fini, Dollie ? a-t-il dit en me tendant la main.

Sans un mot, je l'ai prise et me suis levée. Nous avons monté ensemble les marches grinçantes menant à l'étage. Parvenu devant la chambre numéro 4, Albert a inséré la clé dans la serrure et a commencé à se battre avec elle, sans succès. Ses mains tremblaient, ai-je constaté.

— Laisse-moi essayer, Johnnie.

J'ai facilement ouvert la porte. Une bonne flambée réchauffait la chambre immaculée, dotée d'une petite terrasse et d'un lit à baldaquin. Un lit. Toute la bière que j'avais bue m'avait fait oublier ce léger détail.

Je me suis figée. Sentant ma nervosité, Albert m'a tournée face à lui.

— On n'est pas obligés de le faire, Dollie. Je peux te demander une autre chambre.

Dans le silence qui a suivi, les accusations de mon père me sont revenues à l'esprit, en même temps que celles de la mère d'Albert, et j'ai failli accepter sa proposition. Juste failli.

— Non, Johnnie. Je veux le faire. Nous attendons depuis trop longtemps.

Une carafe de vin rouge accrochait la lumière du feu sur une table basse devant la cheminée. Albert s'est hâté de nous servir deux verres. Même lui qui buvait rarement de l'alcool – sauf ce jour-là, semblait-il – a vidé le sien d'un trait. Il l'a rempli encore afin de porter un toast.

— Ma très chère Dollie, ce soir marquera le début de notre union. Nous fêterons bientôt notre mariage avec le reste du monde, mais aujourd'hui, nous allons célébrer une cérémonie bohème très privée. Rien que pour nous deux.

J'avais fait le bon choix.

Il m'a embrassée – un baiser profond, qui ne craignait pas d'être interrompu. Je me suis abandonnée et l'ai laissé m'envelopper tout entière. Sa langue a titillé la mienne, sa main s'est glissée dans mes cheveux. Lorsqu'il a retiré l'épingle qui retenait mon chignon, mes boucles épaisses se sont déroulées jusque sur mes épaules. Lentement, trop lentement, il a défait les petits boutons de nacre qui fermaient ma robe bleu marine. J'ai cru l'entendre suffoquer lorsqu'elle est tombée à terre.

Sans plus rien d'autre sur moi que mes sous-vêtements, je me suis sentie horriblement mise à nu. Était-il rebuté par mes hanches asymétriques ? Par mon corps difforme ?

— Je suis trop laide ? ai-je murmuré en recouvrant ma poitrine de mes cheveux.

— Non, Dollie, tu es belle.

Ses doigts ont effleuré les courbes de mon corps et entrepris ensuite de délacer mon corset. J'ai frissonné sous ses caresses délicieuses.

— Tes épaules d'ivoire, ta petite taille, ta poitrine généreuse... Je... je n'aurais jamais pensé...

Il n'était pas déçu, mais intimidé. J'ai tendu la main vers lui et l'ai embrassé durement sur la bouche tout en arrachant presque les boutons de sa chemise et de son pantalon. J'aspirais au contact de sa peau contre la mienne. Nous sommes restés là un long moment, nos corps soudés, immobiles. Puis il m'a entraînée vers le lit.

Le dernier jour, Albert m'a fait une surprise et m'a guidée dans les rues de Chiavenna en gardant les mains sur mes yeux. Je m'étais habituée aux parfums de notre petit paradis – l'odeur amère des grains de café torréfiés de l'estaminet local, l'encens épicé qui s'échappait d'une église pendant la messe, les senteurs florales intenses de la seule boutique de luxe de cette petite ville –, si bien que j'avais une idée du chemin que nous suivions. Mais nous sommes ensuite entrés dans un lieu que je n'ai pas reconnu tout de suite. J'ai de nouveau humé l'air. Seuls les chevaux dégageaient une telle odeur.

Albert m'a laissée ouvrir les yeux, cette fois. Nous étions dans une grange. Était-ce là ma surprise ?

— Nous partons pour le col du Splügen, a-t-il annoncé.

De joie, j'ai pressé sa main entre les miennes. Nous avions souvent parlé de l'excursion insensée qui menait à ce col entre l'Italie et la Suisse, mais nous n'avions jamais pu nous autoriser une telle dépense.

— J'ai du travail maintenant, ne l'oublie pas, a-t-il dit fièrement en réponse à ma question muette.

Je l'ai serré fort dans mes bras avant de prendre place dans un traîneau confortable avec l'aide de notre conducteur. Albert s'est assis à son tour, et l'homme a étendu sur nous une couche épaisse de fourrures, de couvertures et de châles. Les températures descendraient de plus en plus à mesure que nous gravirions la montagne.

— J'adore cette intimité, ai-je chuchoté.

— Une intimité parfaite pour des amants, a-t-il répondu en caressant mes jambes sous les couvertures.

J'ai frissonné, et pas de froid.

Le conducteur s'est installé sur un trépied derrière nous et a fait claquer son fouet. Tandis que ses chevaux s'élançaient gaiement le long d'un sentier enneigé, il a commencé à nous raconter l'histoire du Splügen et du merveilleux paysage autour de nous, mais tout à notre amour, Albert et moi ne l'avons pas vraiment écouté. Des heures durant, nous sommes restés blottis l'un contre l'autre, et c'est ainsi que nous avons parcouru une succession de chemins pentus sans rien voir que de la neige et encore de la neige autour de nous.

— On dirait une éternité blanche, ai-je fait remarquer à un moment.

L'éternité. Découvrirais-je jamais une vérité scientifique ou mathématique à l'impact aussi durable que la théorie de l'éternité ?

— Qu'est-ce qu'on est bien, au chaud sous ces couvertures... a répondu Albert en m'enlaçant plus étroitement. Tu sais, la nuit dernière a été merveilleuse,

Dollie. Quand tu m'as laissé te faire l'amour de cette façon...

J'ai rougi et me suis collée davantage contre lui. Nous étions chaque soir un peu plus à l'aise ensemble – et plus audacieux aussi. Chiavenna était bel et bien devenu le lieu de notre lune de miel bohème.

— Je pense que je vais donner notre article au Pr Weber, a-t-il ajouté, l'air distrait.

Il sautait si souvent du coq à l'âne dans nos conversations que je n'ai pas été étonnée de l'entendre passer sans transition de notre amour au travail. Ironie du sort, son nouveau supérieur au lycée de Winterthur portait le même nom que notre professeur à l'Institut polytechnique.

— Lequel ? ai-je demandé, le nez dans son cou.

J'avais lu de lui tant d'articles et de théories au cours de ces dernières années, et le travail n'était pas la première de mes préoccupations à ce moment précis.

— Celui sur les interactions moléculaires entre les atomes.

Au son distant de sa voix et au relâchement de ses bras, j'ai compris qu'il avait la tête ailleurs.

— Les « Conclusions tirées du phénomène de capillarité » ?

Je me suis redressée. Nous avions fait des recherches et rédigé un article qui expliquait qu'à chaque atome correspondait un champ d'interactions moléculaires indépendant de la température et des liaisons chimiques entre cet atome et les autres, mais sans déterminer si et comment ces champs étaient soumis aux forces gravitationnelles.

— Oui.

Nous avions terminé cette étude le mois précédent, avec l'intention de l'envoyer à une revue scientifique renommée. Une publication nous donnerait plus de chances à tous les deux de trouver du travail.

— Ne risque-t-il pas de demander qui est cette Mlle Marić, ton coauteur ?

Albert est d'abord resté silencieux.

— Cela t'ennuierait que je le soumette seulement en mon nom ? S'il le lit et que cela l'impressionne autant que je m'y attends, le Pr Weber m'offrira peut-être un poste fixe.

Je n'ai pas répondu. L'idée de ne pas être mentionnée comme auteur me contrariait. Nous avions contribué autant l'un que l'autre à cette étude. Mais s'il ne la montrait au Pr Weber que pour l'impressionner et s'il était entendu que nous la proposerions plus tard à des revues en la signant conjointement, je n'y voyais pas d'inconvénient. J'aurais fait n'importe quoi pour permettre à Albert de s'assurer au plus tôt un emploi stable.

— À condition qu'il ne fasse rien que la lire...

Je n'ai pas fini ma phrase, car je ne pensais pas avoir besoin d'insister pour que cette publication nous soit bien attribuée à tous les deux. Albert avait toujours eu à cœur de défendre mes intérêts.

— Bien sûr, Dollie. Imagine, on pourrait se marier très vite si j'obtenais un poste de professeur titulaire.

Je me penchais pour l'embrasser quand notre conducteur nous a interrompus :

— *Signor !* Nous avons atteint le col du Splügen. Voulez-vous descendre et traverser la frontière à pied avec la *signora* ? Les gens sont nombreux à faire ça.

— Volontiers. Cela nous plairait beaucoup, à ma *signora* et à moi.

Le Splügen ? À cet instant, je me moquais bien de ce col et de la manière dont nous allions le traverser. J'étais la *signora* d'Albert.

17

31 mai 1901
Zurich, Suisse

— Mademoiselle Marić, veuillez vous concentrer davantage sur ces nombres, je vous prie. Je m'attendais à une plus grande attention aux détails de votre part.

Les narines du Pr Weber frémissaient de contrariété. Nous passions en revue les recherches qui constituaient le socle de mon projet de mémoire sur la conductivité thermique, et je ne m'étais encore jamais retrouvée assise si près de lui – assez pour remarquer le soin avec lequel il avait peigné sa barbe et la rougeur qui gagnait rapidement ses joues lorsqu'il était agacé ou déçu. Cette proximité le rendait encore plus intimidant.

— Oui, professeur Weber, ai-je dit pour la millième fois peut-être cet après-midi-là.

Mon retour à Zurich me faisait penser à la chute des anges sur terre. Albert aurait ri devant ces superstitions ridicules, mais un passage biblique tiré de Jude et souvent cité par ma mère résonnait en boucle dans ma tête : « Quant aux anges qui n'ont pas gardé la dignité de leur rang, mais ont quitté la demeure qui était la leur, le Seigneur les maintient enchaînés à perpétuité dans les ténèbres... » Comme eux, j'avais quitté le faîte de la félicité pour m'échouer dans la sombre routine de mes derniers jours d'étude à Zurich, avec Weber pour seule compagnie. Comment aurais-je pu me satisfaire de cette réalité terrestre rebutante – et de la méchanceté de mon professeur – après avoir goûté au paradis ?

— N'espérez pas me flatter et obtenir votre diplôme d'un claquement de doigts rien qu'en citant mon travail théorique sur la propagation de la chaleur dans des cylindres métalliques, a ajouté Weber d'une voix encore plus tonitruante.

— Bien sûr que non, monsieur.

Mes rapports avec lui s'étaient détériorés après que ses soupçons sur ma relation avec Albert avaient été confirmés, deux mois plus tôt. Albert et moi nous promenions ensemble, main dans la main, quand nous l'avions croisé dans le parc de l'hôpital universitaire. Parce que mon avenir professionnel dépendait presque entièrement de lui, j'usais de tous les stratagèmes possibles pour l'amadouer, mais à l'évidence mon utilisation de ses propres travaux était un échec. Et ce n'était pas en rêvassant et en l'obligeant à me rappeler à l'ordre que j'allais arranger mes affaires.

— Votre démarche scientifique est bonne, mais si vous n'êtes pas capable de faire ces calculs correctement, tout ceci ne servira à rien.

— Oui, professeur Weber, ai-je répondu humblement, au bord des larmes.

Pourquoi devenais-je si émotive en sa présence ? Je pensais m'être endurcie après toutes ces années passées à le supporter, mais pour je ne sais quelle raison je me sentais plus fragile que d'ordinaire.

Peut-être était-ce dû à l'absence d'Albert le dimanche précédent. Sommé à l'improviste d'apporter un soutien scolaire à quelques élèves en difficulté en dehors de ses heures de cours, il avait dû rester à Winterthur. Être privée de sa compagnie réconfortante pendant près de deux semaines m'avait-il rendue vulnérable aux commentaires cinglants de Weber ?

Je m'étonnais tout de même d'être à ce point à fleur de peau. Se pouvait-il qu'il y ait une autre raison ? Notre séparation et les incertitudes qui pesaient sur notre avenir commun m'atteignaient-elles plus durement que je ne m'y étais attendue ?

Albert avait pu me rendre visite deux dimanches d'affilée, mais j'étais une vraie boule de nerfs la première fois, ses lettres débordantes d'affection n'ayant pas suffi à me rassurer. *Je t'aime, ma Dollie*, m'avait-il écrit, *et j'ai hâte de te revoir dimanche prochain... Penser à toi et à nos moments ensemble près du lac de Côme est la seule chose qui parvienne à égayer mes journées*. Je craignais en fait que nous ne soyons gênés de nous retrouver après avoir partagé une telle intimité. Pourtant, malgré la réserve que nous imposaient la pension Engelbrecht, les cafés et les parcs suisses, nous avions renoué avec la simplicité et la tendresse familières de nos rapports. Et il en avait été de même le dimanche suivant.

J'ai reporté mon attention sur ma thèse et mon examen final. Si préparer ce dernier me privait de la joie que me procurait d'habitude l'étude de la physique, travailler sur mon mémoire avec Weber annihilait carrément toute notion de plaisir. Qu'était devenu mon enthousiasme naturel ? J'avais autrefois gravité vers la physique, persuadée qu'elle était la clé qui me dévoilerait le projet de Dieu pour le monde et ses habitants – preuve d'une forme de religiosité qui m'était propre. Désormais, je n'y voyais plus qu'une corvée impie. Je ne distinguais aucun grand schéma divin dans tout ça.

— Maintenant, passons à la page seize, où j'ai relevé quelques négligences dans vos calculs, a craché Weber. J'ai peur que vous ne mettiez des mois à finir cette thèse, mademoiselle Marić.

J'ai soudain été prise d'une violente nausée. Sans même m'excuser, j'ai quitté la salle pour foncer jusqu'aux seules toilettes pour femmes du bâtiment, deux étages plus haut. Craignant de ne pas arriver à temps, j'ai ouvert la porte à la volée et me suis agenouillée devant la cuvette juste avant de vomir. Je n'avais jamais été si malade de toute ma vie.

Quand mes haut-le-cœur ont pris fin, je me suis assise sur mes talons. M'avait-on servi un aliment avarié au petit déjeuner ? Je n'avais mangé que du pain grillé avec de la confiture et bu du thé avec un peu de lait. Je n'avais même pas touché aux œufs cuits dur. Qu'est-ce qui avait bien pu me retourner ainsi l'estomac ? Les critiques de Weber n'expliquaient certainement pas tout.

Puis une pensée m'a traversé l'esprit. Une chose dont je doutais qu'elle puisse se produire un jour. J'ai fait un rapide calcul, horrifiée.

Il était encore tôt, mais il n'y avait pas d'erreur possible – pas pour une mathématicienne et une physicienne telle que moi, même si Weber dénigrait mes capacités dans ce domaine. J'étais enceinte.

18

2 juin 1901
Zurich, Suisse

Je ne cessais de faire les cent pas dans le salon. Complètement élimé, le tapis d'Orient brun-rouge et bleu marine ne présentait plus aucun motif distinct, et je ne pouvais m'empêcher de penser que j'avais grandement contribué à sa décrépitude au cours de ces quelques jours passés à le piétiner. Pourquoi tant des événements majeurs de ma vie devaient-ils se dérouler dans la pension des Engelbrecht ?

Contrairement au dernier dimanche où j'avais vu Albert, ma nervosité n'était pas de celles qu'on éprouve en anticipant quelque chose avec plaisir, mais plutôt de celles qui précèdent un événement terrifiant. Quelle serait sa réaction lorsque je lui annoncerais la nouvelle ?

Mon anxiété s'est provisoirement dissipée lorsque j'ai enfin entendu ses coups reconnaissables frappés à la porte et que j'ai aperçu ses yeux pétillants de joie. J'avais envie de sauter dans ses bras, et à en juger par la manière dont il les a écartés à ma vue, j'ai compris que c'était ce qu'il attendait. Seul le reniflement réprobateur de Mme Engelbrecht nous a freinés.

Nous avons échangé un salut et une révérence polis pendant qu'elle s'attardait dans la pièce afin de s'assurer de la bienséance de nos retrouvailles. J'ai deviné le sourire malicieux d'Albert sous sa moustache, et j'ai dû prendre sur moi pour ne pas rire.

Mme Engelbrecht ne pipait mot en général, mais je devais avoir l'air pitoyablement mal en point, parce qu'elle est sortie de son silence :

— Vous ne vous sentez pas bien, mademoiselle Marić ? Voulez-vous que je demande à une domestique de vous apporter du thé ? Cela vous redonnera peut-être quelques couleurs.

— Très volontiers, madame Engelbrecht. Merci, c'est très gentil.

Albert a soupiré lorsqu'elle a quitté le salon. Peu de gens l'effrayaient, mais il ne faisait pas le fier devant la fermeté toute teutonique de cette femme.

— Dollie...

Il m'a pris la main. Je savais qu'il n'oserait pas m'enlacer tant que la servante ne m'aurait pas apporté mon thé et tant qu'il n'aurait pas la certitude que Mme Engelbrecht était bien partie.

— Deux semaines, c'est beaucoup trop long, ma douce.

— À qui le dis-tu, Johnnie. Cette période a été particulièrement éprouvante.

— Mon pauvre petit chat. Je sais bien quel cauchemar ç'a été pour toi de réviser tes derniers examens tout en composant avec Weber...

— Ce n'est pas la seule raison, Albert.

— Bien sûr, Dollie. Après Côme, ça me fait bizarre qu'on soit séparés. Je n'ai pas de vie sans toi.

Il a vérifié que personne ne traînait dans le passage à côté du salon avant de me voler un baiser.

Une servante en uniforme est ensuite entrée avec un plateau sur lequel s'entrechoquait de la vaisselle. J'ignorais son nom, mais il est vrai que je ne prenais jamais la peine de retenir ceux des domestiques de la pension, tant j'avais l'impression de voir chaque semaine une nouvelle recrue remplacer la précédente. Albert et moi nous sommes assis sur le canapé et avons attendu qu'elle pose devant nous la théière bleu céruléen, les tasses et le sucre, puis qu'elle filtre le thé. Mon cœur battait de plus en plus fort à mesure que les minutes défilaient, mais la fille ne semblait pas vouloir s'en aller, et je me suis demandé si Mme Engelbrecht lui avait ordonné de nous surveiller.

Albert a fini par en avoir assez.

— Viens, a-t-il soufflé en me tirant par la main. Quittons cette prison. Il nous faut la nature et toute la liberté qu'elle nous offre.

Bras dessus, bras dessous, nous avons parcouru à pied la distance jusqu'au parc de l'hôpital universitaire. Il faisait un temps clair et frais, agréablement ensoleillé, et pour la première fois depuis plusieurs jours je me suis sentie toute légère. Dans l'enceinte du parc, je me suis détachée d'Albert pour admirer une ancolie d'un bleu-violet particulièrement vif.

Alors que je me penchais sur elle, il m'a saisie par la taille.

— Il n'est plus interdit de toucher, petite polissonne.

J'ai rougi.

Nous avons repris notre promenade et je l'ai écouté me raconter sa semaine. Après m'avoir décrit la difficulté d'enseigner à des lycéens, il a abordé ses recherches personnelles – ses expériences de pensée, ainsi qu'il les appelait – sur les effets thermoélectriques. Nous menions d'habitude nos projets ensemble, mais ma thèse et mes examens rendaient cela impossible pour le moment.

— Je ne suis pas satisfait de ma théorie, Dollie.
— Pourquoi ?
— Comme tu le sais, elle repose en partie sur les travaux de Drude, mais j'ai trouvé quelques erreurs dans son ouvrage. Comment puis-je publier mon article si les recherches sur lesquelles il s'appuie ne sont pas fiables ?

Il m'a exposé les problèmes qu'il avait identifiés et m'a demandé conseil. J'ai pris le temps de la réflexion.

— Tu aurais peut-être moins de scrupules à partager tes théories si tu écrivais à Drude pour lui signaler ses erreurs. En le faisant avec diplomatie, tu pourrais même nouer une alliance utile avec lui. Une sorte de partenariat entre deux fervents admirateurs de la physique.

— C'est une idée géniale, Dollie. La démarche est audacieuse, mais ne sommes-nous pas d'audacieux bohèmes ?

J'ai souri. J'adorais le rendre heureux. Surtout à cet instant où je me préparais à lui faire part d'une nouvelle déstabilisante.

— Si, en effet.

Nous avons continué à marcher en silence. Était-ce le bon moment pour lui dévoiler ma grossesse ? Vacillant légèrement, j'ai perdu courage et l'ai interrogé sur un point qui me préoccupait depuis notre escapade :

— Tu as montré notre article au Pr Weber ?

J'ai insisté sur le « notre ». Je voulais lui rappeler que je l'avais autorisé à s'en attribuer la paternité exclusive seulement devant cet homme.

— Oui, oui, a-t-il répondu distraitement.

— Qu'a-t-il pensé de nos théories sur le phénomène de capillarité ?

— Il était très intéressé.

Puis Albert s'est replongé dans ses réflexions sur la thermoélectricité, et je n'ai pas insisté. Une fois qu'il avait une idée en tête, il était comme un train que rien ne saurait arrêter, et je savais que je ne parviendrais pas à détourner son attention. Puisque la faillite rapide de la société d'ingénierie électrique fondée par son père expliquait à elle seule les ressources déclinantes de sa famille, m'avait-il souvent dit, il serait bienvenu que ce soit lui qui découvre les rouages scientifiques secrets de l'électricité.

Cela m'apaisait de le voir si détendu et passionné par un sujet après de longs mois d'inquiétude et de maussaderie, mais bien qu'il m'en coûtât, je n'avais pas d'autre choix que de tout gâcher.

Nous nous sommes arrêtés au Metropol, où nous avons trouvé une table bien située en terrasse, avec juste ce qu'il fallait d'intimité. À présent qu'il avait du travail, ce bouclier dont il avait besoin pour affronter toutes les relations que nous risquions de rencontrer, Albert était enchanté de revenir dans notre ancien repaire. Avant que j'aie pu dire quoi que ce soit, il a fait signe à un serveur.

— Deux *Milchkaffee*, s'il vous plaît, Heinrich.

À la seconde même où celui-ci est revenu avec notre commande, Albert a fièrement payé pour nous deux. Heinrich a eu l'air surpris – Albert n'avait jamais eu de quoi m'inviter avant –, mais il s'est gardé de tout commentaire.

Nous avons porté un toast.

— J'aimerais que nous puissions vivre ensemble dès maintenant, mais entre mes parents et le fait que je n'ai réussi à décrocher qu'un emploi temporaire, le sort s'acharne contre nous, ma douce Dollie.

— Je sais, Johnnie. Ce n'est pas juste.

Il a reposé sa tasse afin de me caresser la joue.

— Mon amour, cette attente nous fera apprécier encore plus notre bonheur une fois que nous aurons surmonté tous les obstacles sur notre route. La chance sera bientôt de notre côté.

— Il serait temps, ai-je répondu en songeant qu'il ignorait combien il y avait urgence.

— J'ai une nouvelle à t'annoncer. Un secret que je t'avais caché jusque-là.

Son sourire satisfait montrait qu'il n'était pas sérieux, et j'ai fait mine de bouder.

— On s'était promis de ne jamais avoir de secret l'un pour l'autre, ai-je dit, alors même que j'en gardais un depuis quelques jours.

— Celui-là va te plaire, ma douce enchanteresse : en plus de la place que Marcel m'a laissé espérer à Berne, Michele Besso a peut-être quelque chose pour moi.

Au diable les convenances. Je me suis penchée et l'ai embrassé sur la joue. La possibilité d'un poste obtenu grâce à un bon ami comme Michele Besso était en soi plus prometteuse que toutes les candidatures qu'Albert avait soumises à diverses universités en Europe. La chance serait peut-être bientôt de notre côté, en effet.

C'était le moment ou jamais :

— Moi aussi, j'ai une nouvelle à t'annoncer, mais tu risques de ne pas l'apprécier autant que moi j'ai apprécié la tienne, ai-je commencé d'une voix mal assurée.

— Ne me dis pas qu'on te propose encore du travail ? J'avoue que j'ai trouvé un peu humiliant que tu reçoives une offre si rapidement quand moi j'avais tant de mal à me faire embaucher quelque part. Même si j'étais fier de ma Dollie, bien sûr.

Cette allusion au poste que j'avais refusé à Zagreb m'a remis mon sacrifice en mémoire. J'espérais ne pas avoir à en faire d'autres, mais mon état actuel compliquait la situation. Les sacrifices seraient peut-être bien à l'ordre du jour.

— Non, ce n'est pas ça.

Comment le lui dire ? Quels mots pourraient adoucir le choc ?

— Quoi, alors, mon chaton ? a-t-il demandé en se rapprochant de moi.

J'ai fait de même afin de lui parler à l'oreille.

— J'attends un enfant.

Comme un serpent menacé, il s'est écarté de moi en reculant sur sa chaise.

— Tu en es certaine ?

— Oui. C'est le fruit de notre séjour au bord du lac de Côme.

Il a passé ses doigts dans ses cheveux, et au lieu de me prendre la main, comme je l'aurais aimé, il a sorti sa pipe de la poche intérieure de sa veste.

— Qu'allons-nous faire, ma petite chérie ?

Nous. Ce n'était pas une demande en mariage immédiate, mais au moins cette grossesse serait-elle notre problème à tous les deux, pas seulement le mien. Quel soulagement !

— Que penses-tu que nous devrions faire, mon amour ? ai-je répliqué, curieuse de connaître sa réponse.

Il a tiré sur sa pipe durant une éternité. Puis, après avoir soufflé un gros anneau de fumée en l'air, il m'a pris la main et m'a regardée en face.

— Dollie, j'ignore comment nous allons gérer ça, mais je veux que tu sois heureuse et que tu n'aies pas de souci à te faire pendant que je chercherai une solution. On va juste devoir patienter.

Patienter ? Je patientais depuis si longtemps déjà que j'avais du mal à me rappeler l'époque où je me payais le luxe d'être impulsive. Cela faisait presque un an que je priais pour qu'il trouve du travail et qu'on puisse enfin se marier, et ça, c'était *avant* que je tombe enceinte.

— Je ne suis pas sûre d'avoir beaucoup de temps devant moi, Johnnie, ai-je dit d'un ton aussi plaisant que possible, tant il supportait mal d'être mis sous pression.

— Quand ce garçon naîtra-t-il ? a-t-il demandé en caressant discrètement mon ventre encore plat.

— Le garçon ?

— Oui. Notre petit Jonzerl. Ou peut-être Hanzerl ?

J'ai éclaté de rire. Notre petit Johnnie. Notre petit Hans.

— Pourquoi pas une fille ? Lieserl, par exemple ?

En secret, je rêvais d'une fille, d'où ce diminutif d'Élisabeth. Mais dans tous les cas, cela faisait du bien de plaisanter avec lui.

— L'avenir nous le dira.

— Je pense qu'il ou elle naîtra en janvier.

— En janvier, a-t-il répété en souriant. En janvier, je serai père. Nous avons encore de longs mois devant nous, Dollie. D'ici là, je te promets que tu seras mariée et que nous aurons une maison à nous. Tu imagines comme ce sera merveilleux d'avoir un toit et de pouvoir travailler sans être dérangés, loin du regard de Mme Engelbrecht ? On sera libres de faire tout ce qu'on veut, a-t-il ajouté d'un ton égrillard.

Ne comprenait-il pas que je ne pouvais pas attendre le mois de janvier ? À supposer que j'aie le moindre espoir de trouver du travail une fois mon diplôme en poche en juillet, j'avais besoin de me marier *tout de suite*, avant de passer mes examens et avant que mon état ne devienne visible. Aucune grossesse illégitime ne devait être associée à mon nom. Ma réputation personnelle n'y survivrait pas, et je n'aurais plus jamais aucune chance de m'en bâtir une professionnelle. Toutes ces années à trimer avec le soutien de mon père n'auraient servi à rien. Même en imaginant qu'on se marie sur-le-champ et que notre enfant naisse au terme d'un délai à première vue acceptable, je devrais tout de même affronter de sévères critiques et une farouche opposition si je choisissais d'exercer une profession tout en étant mère. Et à quoi rimait cette idée de travailler chez nous en toute tranquillité ? Pensait-il qu'un enfant était synonyme de calme et de silence ? Je me souvenais bien du bruit et de toutes les corvées qui avaient suivi les naissances de Zorka et Miloš. Un bébé ne ferait rien que nous déranger.

J'avais envie de hurler. Albert ne voyait-il pas que mon monde s'écroulait ? Je me sentais nauséeuse, et ce n'était pas seulement à cause de ma grossesse.

Mais je n'ai rien dit. Il m'estimait pour ma force et mon indépendance. Ce n'était pas le moment de me transformer en mégère vulgaire, à l'image des femmes de sa famille. Je ne pouvais pas risquer de me l'aliéner. Et s'il décidait de me quitter ? J'aurais alors tout perdu.

— Une maison à nous ? ai-je dit à la place. Où personne ne viendrait nous interrompre ? Johnnie, cela dissipe presque mes inquiétudes concernant la réaction de nos parents et ma carrière.

— Dollie, tout ce que nous voulons – du travail, un mariage, un foyer –, nous l'aurons un jour. Je te le promets. Maintenant, il faut que je te raconte le truc épatant qui m'est arrivé cette semaine.

— Quoi donc ?

Avait-il une autre nouvelle à m'annoncer sur le plan professionnel ?

— J'ai eu une matinée de libre pour lire attentivement les *Annalen der Physik* publiées par Wiedemann. Me croiras-tu si je te dis que j'y ai découvert de quoi valider la théorie des électrons ?

Ses yeux brillaient de joie. Mais comment pouvait-il concevoir que je puisse souhaiter l'écouter me parler de ses recherches plutôt que de ses chances de trouver du travail ? Espérait-il que j'entame avec lui une conversation animée sur la question de la vie à un moment pareil ?

— C'est très intéressant, me suis-je entendue lui répondre, comme si j'étais totalement détachée de moi-même.

Ma voix ne devait pas aller dans le sens de mes paroles, parce qu'il a interrompu son monologue et s'est arraché à ses réflexions pour me regarder. Me regarder vraiment. Et aussi, l'espace d'un instant, se regarder lui-même.

— Oh, Dollie, je suis désolé. Ne t'inquiète pas. Je te jure que je continuerai à chercher un poste fixe, quel qu'il soit, et que j'accepterai n'importe quoi.

Même un emploi subalterne. Nous nous marierons aussitôt après et nous ne préviendrons nos parents que lorsque tout sera terminé. Une fois mis devant le fait accompli, il faudra bien qu'ils l'acceptent.

— Tu es sérieux ?

Il prononçait enfin les mots que j'attendais. Il se souciait un peu trop à mon goût de la réaction de nos parents, car à ce stade j'avais besoin de l'armure du mariage bien plus que de l'approbation de nos familles respectives. Je savais déjà que la nouvelle ne plairait pas du tout à la sienne, tant sa mère me détestait.

— Oui. On mènera la vie de bohème à laquelle on a toujours aspiré et on poursuivra nos recherches ensemble, chez nous.

Ses pattes-d'oie se sont creusées tandis qu'un large sourire éclairait son visage.

— Simplement, on le fera avec un petit garçon sur les genoux, a-t-il conclu.

J'ai fermé les yeux en appuyant la tête sur son épaule et, rien qu'une petite minute, j'ai laissé son beau rêve m'envelopper tout entière.

19

20 août 1901
Kać, Voïvodine

Nous n'avons pas eu un mariage assorti de deux emplois à présenter en guise de joli cadeau surprise à nos parents. Albert ayant échoué encore et encore à obtenir un poste fixe à la fin de son contrat à Winterthur, il a bien fallu les informer de la situation. Après tout, nous allions de nouveau vivre sous leur toit. J'avais déjà dû retourner chez mes parents, à Kać. J'avais passé mes examens, mais parce que ma grossesse commençait à se voir, je ne pouvais pas rester à Zurich pour travailler sur ma thèse en attendant mes résultats – que je savais d'avance catastrophiques. Albert, qui n'avait pas d'économies, devait quant à lui rejoindre ses parents, en vacances à l'hôtel Paradise de Mettmenstetten. Le fait qu'il serait au paradis pendant que je vivrais un enfer à Kać me faisait grincer des dents.

L'angoisse de mon père concernant le bébé était pire que toutes les crises de colère que j'aurais pu avoir à subir de sa part. Quand je lui ai appris la nouvelle, ses larges épaules se sont affaissées, et je l'ai vu pleurer pour la troisième fois de ma vie.

— Oh, Mitza, comment as-tu pu faire ça ?...

Il n'a pas eu à exprimer le fond de sa pensée – je la devinais parfaitement : il m'avait dégagé un chemin dans la jungle si masculine de la science et des mathématiques, et je venais d'envoyer promener le fruit de tous ses efforts. J'avais trahi ma famille.

Sa déception lorsque j'ai reçu le résultat de mes examens par la poste n'était rien en comparaison. Aussitôt après lui avoir annoncé que j'étais enceinte, je l'avais préparé à un échec que je jugeais inévitable en lui expliquant combien j'avais travaillé dur, mais combien aussi j'avais été malade au cours des semaines précédant mon oral, y compris au moment de ce dernier. J'étais en proie à des nausées permanentes, des vomissements, des vertiges qui m'assaillaient jour et nuit, et, pour ne rien arranger, j'avais de plus en plus de mal à lacer mon corset. J'avais dû m'enfuir de la salle d'examen au beau milieu d'une question afin de ne pas vomir devant le jury, dans lequel figurait le Pr Weber. Lorsqu'elles sont arrivées, mes notes ont laissé mon père aussi indifférent que mon récit. Il savait que cette grossesse anéantissait tous mes rêves professionnels. Rater mes examens n'était qu'un échec secondaire. Même l'adoption possible de mon enfant, à laquelle il ne cessait de faire allusion, ne pourrait sauver mon honneur ni ma carrière.

Ma mère, elle, ne se souciait que du salut de mon âme. Elle priait la Vierge Marie à longueur de journée en la suppliant de bien vouloir me pardonner mon péché. Malgré ça, je percevais une pointe de vulnérabilité dans sa voix lorsqu'elle me demandait comment je me sentais. Il était rare selon elle que les femmes affligées d'un problème de hanche tombent enceintes, et plus rare encore que l'accouchement se déroule sans complications – d'où des séries de prières supplémentaires pour ma santé et celle du bébé. Mais ces attentions mises à part, elle gardait en permanence la tête baissée, comme écrasée par le poids de sa honte.

Seule la lettre envoyée par les parents d'Albert, dans laquelle ils me traitaient de « catin », a adouci l'attitude de mes parents à mon égard. Bien que le courrier portât la signature des deux époux, je savais que seule Mme Einstein en était l'auteur. Son mari était un homme trop doux pour de telles injures.

Des insultes. Des accusations haineuses. Des mots que je n'aurais jamais prononcés à voix haute, et encore moins écrits à la mère de mon petit-fils ou de ma petite-fille.

— Cette lettre n'est pas seulement offensante, elle est illogique, a dit mon père après avoir frappé les canapés et les murs à coups de poing et de pied dans un accès de colère rare.

Le teint encore rouge, il a esquissé un sourire sarcastique.

— Qui pourrait avoir envie de piéger un étudiant en physique sans emploi ?

Je n'ai pas pu m'empêcher de rire. Il avait raison. Sur le papier, Albert était tout sauf une belle prise. Cela a été le seul moment joyeux au milieu de toutes ces semaines de détresse.

— Si cette femme s'imagine qu'on laissera une jolie Serbe comme notre fille épouser son vaurien de fils, elle se trompe lourdement, a déclaré mon père en s'installant à son bureau pour lui répondre.

Il préférait que j'élève seule cet enfant illégitime ou que je le fasse adopter, quelles que soient les conséquences pour ma réputation et celle de notre famille, plutôt que de nous lier davantage à des gens aussi malveillants.

J'étais mieux sans lui, pensait-il.

À Helene, j'ai tout avoué : ma grossesse, mes craintes vis-à-vis des intentions d'Albert, nos problèmes avec nos parents. Je lui ai parlé de Mme Einstein : *Comment peut-il y avoir des personnes aussi abominables sur terre ? Il me semble évident qu'elle cherche à détruire trois vies : la mienne, celle de son fils et celle de mon enfant !* Helene a été la seule à me témoigner de la compassion, et non de la colère, de l'inquiétude ou du souci pour mon âme.

À mesure que les semaines s'écoulaient sans qu'Albert me rende visite à Kać, je suis devenue un objet de pitié. J'ai surpris des conversations entre mes parents sur « cette pauvre Mitza » et des claquements de langue attristés. Ils se préparaient depuis toujours à ce que je sois ainsi rejetée, et leur commisération m'enveloppait comme les tentacules d'une pieuvre géante, m'étouffant au point que c'en était parfois insupportable.

J'ai ainsi passé plus de deux mois entre déception, angoisse et pitié, jusqu'au jour où j'ai éprouvé le besoin de quitter Kać. En novembre, je me suis arrangée pour aller à Zurich en prétendant avoir une chance de sauver ma thèse avec Weber. Je doutais que mon père me croie – même avec un corset bien serré, le renflement de mon ventre était difficile à cacher et il était inconcevable que je puisse valider ma thèse après avoir raté mes examens –, mais il m'a autorisée à partir et m'a payé le voyage. Bien sûr, je n'avais d'autre but que de retrouver Albert. Il était le réconfort auquel j'aspirais, le baume qui soulagerait mes blessures.

7 novembre 1901
Stein am Rhein, Suisse

Le panneau rouge vif annonçant Schaffhouse a défilé derrière la vitre du train, si vite que j'ai failli le rater. J'ai tendu le cou afin de distinguer la forteresse du seizième siècle qu'Albert m'avait si joliment décrite dans ses lettres, mais je n'ai rien vu de la ville, de ses rues pavées et de sa tour surmontée d'une horloge astronomique, rien hormis l'épaisse forêt qui l'entourait. Je me suis demandé si c'étaient là les faubourgs boisés de Schaffhouse où Albert vivait et travaillait comme professeur particulier pour un jeune Anglais qui préparait son *Matura*. C'était un poste temporaire, le seul qu'il ait réussi à trouver quand le remplacement qu'il effectuait à Winterthur avait pris fin, au mois d'août.

Impossible de descendre pour le vérifier. Pas dans mon état. Il suffisait qu'une seule de ses connaissances nous aperçoive ensemble pour que sa réputation soit ternie et qu'il perde son travail. Nous ne pouvions pas nous le permettre.

Non, je resterais dans le train jusqu'à l'arrêt suivant. J'avais décidé de loger à Stein am Rhein, la ville la plus proche à l'est de Schaffhouse, et une fois sur place d'écrire à Albert pour lui annoncer ma visite surprise. Puisqu'il n'était pas venu à Kać expliquer notre situation à mes parents, comme je le voulais – son salaire n'était que de cent cinquante francs suisses par mois, et il prétendait ne pas pouvoir demander à sa famille de lui payer le voyage –, c'était moi qui avais fait le déplacement.

Après m'être installée dans ma chambre à l'hôtel Steinerhof, je lui ai fait livrer des fleurs et un message l'informant de mon arrivée. Puis, dans un silence bienheureux, le ventre libéré du corset qui le comprimait, j'ai lu sans être interrompue ni critiquée par mes parents. Et j'ai attendu.

Une journée entière s'est écoulée sans qu'Albert donne signe de vie. Je ne tenais plus en place. Pourquoi ce silence ? Était-il absent ? Ou malade ? La poste était-elle fautive ? Je me suis hasardée à lui écrire à nouveau.

Cette fois, sa réponse n'a pas tardé. Sans mentionner mon premier courrier, il m'a fait part de son étonnement et de sa joie, tout en affirmant ne pas être en mesure de venir me voir. Il a avancé deux raisons à cela : d'abord, son cousin Robert Koch était chez lui, et parce qu'il avait perdu le billet de son retour et qu'il fallait que sa mère lui envoie de l'argent pour en acheter un autre, la date de son départ n'était pas fixée. Ensuite, lui-même avait presque épuisé les cent cinquante francs de son salaire mensuel et ne pouvait pas se payer le train jusqu'à Stein am Rhein.

Il terminait par d'innombrables « chérie » et autres « douce enchanteresse », mais aucun de ces surnoms ne m'a apaisée. Pensait-il me calmer si facilement ? Comment osait-il ne pas accourir sur-le-champ ? Sa mère avait-elle réussi à le faire changer d'avis ?

Je comprenais le problème posé par son cousin – je ne souhaitais pas moi non plus que l'une ou l'autre de nos familles apprenne ma présence ici –, mais l'argent ? Sa bien-aimée avait voyagé pendant presque deux journées entières tout en étant enceinte, et il n'arrivait même pas à réunir trente francs pour un court trajet en train ?! Cent cinquante francs par mois, ce n'était pas beaucoup, certes, mais s'il avait fait attention à ses dépenses il aurait dû avoir déjà mis assez de côté pour s'installer en couple avec moi à Zurich. Un billet de train ne pouvait pas être un problème.

Son message s'accompagnait de quelques livres de sa collection, sans doute histoire de m'occuper. J'ai tenté de me concentrer sur un ouvrage de psychologie d'Auguste Forel, le directeur de la célèbre clinique psychiatrique du Burghölzli, à Zurich, mais c'était peine perdue. Surtout lorsqu'une autre lettre d'Albert est arrivée, le jour prévu pour sa visite, afin de me supplier de patienter encore. Il blâmait son travail, son cousin, ses finances – tout et tout le monde, sauf lui-même.

J'ai cessé de contenir ma colère. S'il n'était pas capable de trouver le temps et l'argent nécessaires pour se déplacer jusqu'à moi alors que je logeais à une gare seulement de chez lui et que j'avais traversé plusieurs pays dans le seul but de le voir, quel genre d'engagement pouvais-je espérer de sa part ? Je lui ai envoyé une autre lettre dans laquelle je lui accordais encore trois jours – les trois qui me restaient avant d'être moi-même à sec.

Il n'est jamais venu. J'ai attendu en vain jusqu'à ce que je ne puisse plus me permettre de garder ma chambre à l'hôtel Steinerhof, et dix jours après mon arrivée je suis rentrée à Kać. Seule.

Loin de panser mes blessures, ce voyage les avait avivées. J'allais apparemment devoir affronter cette grossesse sans Albert, exactement comme mes parents l'avaient redouté.

20

27 janvier 1902
Kać, Voïvodine

J'ai hurlé. Tandis que ma mère m'épongeait le front, j'ai perçu un son guttural, comme un grognement. Une créature se trouvait-elle avec nous dans la pièce ? Ce ne pouvait pas être moi. Les plaintes, oui, mais pas ces gémissements bestiaux et désespérés...

— C'était quoi, ce bruit, maman ? ai-je demandé, tout enrouée à force de crier.

Elle m'a regardée d'un air bizarre.

— Mitza, les seuls bruits qu'on entende viennent de toi.

Comment était-ce possible ? Comment croire qu'il s'agissait de ma voix, de mon corps ?

Une énième vague de douleur m'a submergée. Pendant que la sage-femme, Mme Konaćek, m'examinait, j'ai serré la main de ma mère et soufflé en essayant de me calmer, ainsi qu'on me l'avait conseillé, jusqu'à ce que j'aie de nouveau l'impression d'être transpercée par une lame et que je sois prise de convulsions.

— Ce sera bientôt terminé, a dit Mme Konaćek.

Bientôt ?! Cela faisait déjà deux jours que mes contractions avaient débuté. Je ne pourrais plus les supporter très longtemps. Mme Konaćek m'avait prévenue que mon problème de hanche risquait de rendre l'accouchement anormalement long, et malgré ma fatigue la douleur m'empêchait de dormir.

Je l'ai dévisagée. Elle avait assisté à la naissance de tous mes frères et sœurs, les vivants comme les morts.

— Pensez à quelque chose de plaisant pendant que votre mère et moi allons au puits chercher un peu d'eau fraîche, a-t-elle dit en me tapotant la main.

Quelque chose de plaisant ? Autrefois, cela aurait été Albert, mais l'épisode de Schaffhouse m'avait trop échaudée. Comment faire confiance à un homme qui reculait devant un court trajet en train alors que j'avais parcouru plus de mille kilomètres pour lui ? Et tant pis si ses lettres depuis ce moment-là – des lettres restées des semaines sans réponse – faisaient allusion à un poste quasi assuré au Bureau de la propriété intellectuelle de Berne, celui-là même que M. Grossmann avait évoqué au café Sprüngli et que j'avais un jour tant espéré. Devinant mon humeur, Albert s'était efforcé de m'amadouer en me jurant son amour et en se demandant si la poste n'avait pas égaré mon courrier, mais ses paroles vides de sens ne me rassuraient plus. Il avait été un temps où elles auraient suffi. Désormais, je voulais des actes.

J'aurais continué à lui opposer mon silence et à crier intérieurement ma déception et ma rage s'il n'y avait eu ma mère. À l'automne, une fois tout le monde reparti à Novi Sad, elle était restée avec moi à la Flèche pour y attendre la naissance. C'était la solution la plus sûre étant donné que nous n'avions pas encore décidé de l'avenir de mon enfant. Avec une aide de confiance pour toute compagnie de façon à éviter les commérages, elle et moi nous étions retrouvées seules ensemble pour la première fois de ma vie.

J'avais été surprise de constater que les corvées domestiques me détendaient, et nous n'avions pas tardé à instaurer une routine quotidienne. Je la suivais partout pendant qu'elle changeait le linge de maison, lavait les sols, étendait les lessives et préparait les repas. À vingt-six ans, je découvrais toutes ces tâches que papa m'avait épargnées pour m'encourager à exercer un métier, à mener la vie d'une intellectuelle plutôt que celle d'une femme au foyer. À vingt-six ans, enceinte et non mariée par-dessus le marché. Ma mère ne me rabaissait pourtant jamais. Au contraire, c'est avec respect et bienveillance qu'elle me guidait dans ce domaine traditionnellement dévolu aux femmes.

Durant l'un de ces paisibles après-midi, alors que nous étions assises devant le feu après avoir cuisiné un bon ragoût pour le dîner, elle avait remarqué la pile de lettres envoyées par Albert et le fait que je n'en avais posté aucune en retour.

« Tu ne comptes pas lui répondre, Mitza ? »

J'avais levé les yeux, étonnée. Elle ne me parlait jamais d'Albert ni de l'avenir en général. Nous vivions dans une bulle, au jour le jour, à l'abri dans une maison qui n'avait jamais eu vocation à être habitée en hiver.

« Non, maman.

— Je comprends ta colère, Mitza. C'est Albert qui t'a entraînée vers le péché, et tu dois en assumer seule les conséquences. Mais je t'en prie, ne fais pas porter ce fardeau à ton enfant si tu as la moindre chance de lui donner une famille convenable, c'est-à-dire une mère et un père. »

J'étais stupéfaite. Son conseil allait à l'encontre de celui de mon père, qui voulait que je rompe avec Albert.

« Je ne sais pas si j'en suis capable, maman. Pas après qu'il a laissé passer des mois sans venir me voir. »

Papa s'était mis en fureur devant le comportement d'Albert, et je supposais que maman partageait son sentiment, même si elle n'y faisait jamais allusion. Je n'osais pas lui raconter l'offense qu'il m'avait faite en refusant de se rendre à Stein am Rhein – j'aurais eu peur de provoquer chez elle un accès de colère jusque-là soigneusement réprimé.

« Pardonne à Albert tout comme Dieu nous pardonne, et s'il t'offre une occasion de légitimer ton enfant, saisis-la, surtout. »

Elle avait raison. Punir Albert par mon silence revenait à punir notre enfant. Toute à mon dépit, j'avais oublié cette évidence. Je lui avais donc écrit et, aidée et encouragée par ma mère, je lui avais même envoyé un colis de Noël quelques jours seulement avant le début de mes contractions.

À présent, l'heure n'était plus aux civilités. Il ne restait que moi, ma souffrance et mes cris.

— Maman !

La sage-femme et elle mettaient une éternité à rapporter leurs seaux d'eau. J'entendais une tempête faire rage au-dehors. Le vent fouettait les carreaux, et un coup de tonnerre a résonné au loin. S'étaient-elles blessées en allant au puits ? J'ai prié Dieu pour qu'il ne leur soit rien arrivé. Les contractions se succédaient de plus en plus vite, et je doutais de m'en sortir seule. La douleur fusait en moi. Pas seulement dans mon bas-ventre, mais dans mon dos et mes hanches aussi, comme si mon corps avait été sur le point de se briser en deux.

Elles ont enfin surgi au pas de course et se sont figées en me voyant. Leur mine m'a terrifiée. Quelque chose n'allait pas du tout. Maman a marmonné des prières en posant ses seaux par terre, puis s'est agenouillée à côté de moi pendant que la sage-femme se postait à mes pieds.

— Oh, madame Konaćek, tout ce sang !
— Qu'y a-t-il ? ai-je demandé, paniquée.
— Priez la Vierge Marie, a dit la sage-femme à ma mère, avant de s'adresser à moi : Mademoiselle Marić, votre bébé ne se présente pas par la tête, mais par le siège. Je vais devoir faire entrer ma main pour essayer de le retourner...

Maman a laissé échapper un cri. J'avais eu vent de telles naissances. Il n'était pas rare que la mère et l'enfant finissent blessés, quand ils ne mouraient pas tout simplement, mais je ne pouvais pas imaginer que mon bébé et moi subissions un tel sort.

La douleur a été atroce, pire que tout ce que j'avais connu auparavant.

— C'est bon, mademoiselle Marić, a annoncé Mme Konaćek, juste au moment où je ne pensais plus pouvoir tenir une seconde de plus. Il se présente par la tête, maintenant. Si vous voulez bien pousser une dernière fois, je crois qu'il sortira.

— Vous êtes sûre qu'elle a intérêt à pousser ? s'est inquiétée ma mère. Elle ne risque pas de saigner encore ?

— Il n'y a qu'une seule façon d'en finir, a répliqué la sage-femme en posant ses mains sur mes cuisses. Quelle que soit l'issue. Allez-y, poussez.

J'ai tenté de me réfugier mentalement dans un endroit calme au plus profond de moi, puis j'ai pris une inspiration et obéi. Soudain, la douleur a cessé.

Je n'ai pas entendu le bébé pleurer, comme je m'y étais préparée, mais le bruit de l'eau qui coulait. Qui coulait à flots, même. Mais quelle eau pouvait bien se déverser dans cette pièce ? Il n'y avait pas de puits, pas d'évier. La tempête avait-elle provoqué une fuite quelque part ? Baissant les yeux, j'ai vu la sage-femme tenir une jatte, pas un bébé. Même dans mon délire, je l'entendais se remplir de sang. C'était mon sang qui faisait ce bruit.

Que se passe-t-il ? voulais-je demander. Où est mon bébé ? J'avais envie de crier, mais je n'arrivais pas à produire le moindre son. J'ai agité les bras dans le vide. Après ça, tout est devenu noir autour de moi...

Je ne me rappelle pas la première fois où j'ai découvert son beau visage. Mes yeux ont peut-être papilloté quelques instants avant que je sombre dans l'inconscience. Ou peut-être était-ce bien plus tard. J'ai perdu tant d'heures et même de jours dans les semaines qui ont suivi. Je l'ai parfois tenue dans mes bras, m'a-t-il semblé. Je me rappelle vaguement l'avoir même allaitée un peu tout en écoutant mon père me lire une lettre qu'il avait écrite à Albert au sujet du bébé. Mais je me souviens en revanche très bien du moment où elle a ouvert ses yeux bleus et où elle m'a regardée. J'avais beau savoir que c'était impossible, que les nouveau-nés sont incapables d'une telle chose, j'aurais juré qu'elle me souriait.

J'avais une fille, exactement comme je l'avais désiré en secret. Une petite Lieserl.

Izgubio sam se. Je me perdais dans mon amour pour elle.

21

4 juin 1902
Kać, Voïvodine

Lieserl m'a souri depuis son berceau. J'adorais la manière dont son sourire édenté soulignait la douceur et la rondeur de ses joues. Caressant sa peau si incroyablement douce, j'ai songé qu'elle méritait tous les sacrifices du monde. La physique n'était rien, comparée à elle. D'ailleurs, les secrets de Dieu ne m'apparaissaient-ils pas sur son visage ?

Ses yeux bleu myosotis sont restés ouverts au lieu de se fermer peu à peu pour sa sieste, comme je l'avais espéré, et j'ai failli me pencher sur le berceau en chêne sculpté – celui-là même dans lequel ma mère me faisait dormir quand j'étais petite – pour la reprendre dans mes bras. Après qu'elle s'était endormie contre moi sur le rocking-chair, j'avais tenté de la déposer aussi délicatement que possible sur son lit, mais, dès l'instant où sa tête blonde avait effleuré la couverture chinée grise que j'avais tricotée pour elle, elle s'était réveillée et ses jolies petites lèvres en forme de bouton de rose s'étaient étirées en un large sourire.

J'ai entendu les pas de ma mère résonner dans le couloir, puis s'interrompre sur le seuil de la chambre. Je n'avais pas besoin de me tourner vers la porte pour savoir qu'elle nous regardait avec tendresse, appuyée contre le chambranle. Elle adorait Lieserl presque autant que moi, et peu lui importait que sa petite-fille soit une enfant légitime ou non.

— Il y a une lettre au courrier pour toi, Mitza, a-t-elle dit.

À sa voix, j'ai compris que ce devait être Albert qui m'avait écrit.

— Tu veux bien rester avec Lieserl jusqu'à ce qu'elle s'endorme, maman ? ai-je demandé en prenant la lettre.

— Bien sûr.

Au lieu d'aller dans le confortable salon dont les fenêtres ouvertes laissaient entrer une brise annonciatrice d'un été précoce, je suis montée dans le clocher de la maison. Je voulais être seule au moment de lire ce message. Une fois là-haut, dans ce qui avait été un jour mon refuge d'enfant – un jour si lointain, me semblait-il –, j'ai fendu l'enveloppe avec une paire de ciseaux.

J'ai ensuite fermé les yeux et murmuré une petite prière à la Vierge Marie. Les habitudes de ma mère étaient contagieuses, et ce soutien spirituel m'était d'autant plus nécessaire que je ne retrouvais plus en moi la religiosité qui m'habitait autrefois dans mon travail. Je souhaitais si fort qu'Albert vienne voir notre petite fille. Je l'avais supplié, mais il n'avait cessé d'inventer des prétextes pour se défiler. Il m'avait expliqué qu'il devait rester à Berne en attendant que le gouvernement approuve définitivement sa nomination au Bureau de la propriété intellectuelle et qu'il ne pouvait rien faire qui soit susceptible de nuire à sa réputation. Je savais que les Suisses étaient connus pour leur attachement aux convenances et qu'Albert avait effectivement intérêt à être prudent, mais de là à penser qu'un voyage à Kać mettrait en danger sa nomination... Personne à Berne n'avait besoin de savoir à qui il rendait visite.

J'ai baissé les yeux sur son écriture familière. Il commençait sa lettre en m'appelant par mes surnoms aimants habituels, me faisait part de ses interrogations concernant le bébé – de quoi avait-elle l'air, à qui ressemblait-elle, de quoi était-elle capable à ce stade de sa vie ? Amusée, je l'ai imaginé essayant de se représenter Lieserl.

Ne pourrais-tu la faire photographier ? me demandait-il ensuite. C'était une excellente idée. Il n'y avait pas de photographe à Kać, mais il me suffisait d'emmener Lieserl à Beočin, une plus grosse ville à proximité, pour faire réaliser son portrait. À la vue des boucles blondes, des sourires et des plis de chérubin de sa jolie fille, Albert ne pourrait sûrement pas résister à l'envie de la rencontrer.

J'ai repris sa lettre.

Dollie, je ne peux pas me rendre à Kać maintenant. Pas parce que je ne veux pas faire la connaissance de notre Lieserl, mais pour une très bonne raison. Une que tu comprendras, je l'espère. J'ai obtenu le poste d'examinateur de brevets, comme Grossmann me l'avait promis, et je dois prendre mes fonctions d'ici quelques jours seulement. Voyager est donc hors de question pour le moment. Mais nous avons été séparés trop longtemps. Je te supplie de venir en Suisse. Peut-être pas à Berne, où les gens risquent de jaser, mais pourquoi pas à Zurich, afin que nous puissions nous voir plus facilement. Et viens seule. Viens sans la petite. Au moins pour quelques mois, jusqu'à ce que nous puissions organiser notre mariage à Berne. J'ai conscience que cela peut paraître très étrange, mais laisse-moi t'expliquer pourquoi. Tu connais le côté collet monté des Suisses. Lorsque j'ai rempli mon dossier de candidature, il y a tout juste six mois, je me suis déclaré non marié. Si j'arrivais à Berne avec une femme et un enfant, les autorités soupçonneraient tout de suite celui-ci d'être illégitime, chose qui ne manquerait pas de compromettre mon embauche. Tu le comprends, n'est-ce pas ? Peut-être trouverons-nous un moyen de faire venir Lieserl plus tard. Peut-être aussi que ton père, dans sa grande sagesse, aura une idée à nous proposer...

J'ai jeté la lettre par terre. Comment pouvait-il ne pas venir à Kać rencontrer sa fille ? Plus perturbant encore, comment osait-il me demander de laisser tomber Lieserl juste pour le voir, lui, quand cela l'arrangerait ? Pourquoi notre mariage avait-il été subordonné à un emploi, et pourquoi cet emploi nous imposait-il de sacrifier Lieserl ? Ses parents étaient-ils derrière tout ça ? Je savais qu'ils s'opposaient toujours farouchement à notre union, et la naissance de notre fille n'y changeait rien. Je m'étais résignée à dire adieu à ma carrière et à mon honneur, mais Lieserl était ma consolation. Je ne supportais pas l'idée d'être séparée d'elle pour une durée indéterminée.

Je me suis roulée en boule sur le vieux canapé, comme si j'avais moi-même été une enfant, et j'ai donné libre cours aux larmes qui montaient en moi.

Les marches de la tourelle ont grincé sous les pas lents et lourds de ma mère. Je l'ai sentie qui s'asseyait à côté de moi pour me serrer dans ses bras.

— Que dit-il, Mitza ?

Je lui ai tout expliqué entre deux sanglots. Prononcer ces mots à voix haute les faisait paraître encore plus insultants. Albert espérait-il vraiment que j'accepterais de renoncer à ma jolie petite fille ? Pour plusieurs mois au moins, et très vraisemblablement pour plus longtemps encore ? Il ne l'avait jamais vue. Il ignorait ce que ce serait de ne plus sentir son doux parfum, de ne plus l'entendre gazouiller, de ne plus voir ses yeux clairs, et surtout ses sourires. Il avait fait erreur dans l'une de ses précédentes lettres en supposant qu'elle n'était pas capable de rire. Non seulement elle l'était, mais ses gloussements m'évoquaient le tintement des cloches les plus pures.

— Albert ne parle pas du tout de mariage et ne propose rien pour Lieserl. Il veut juste que je déménage seule dans un lieu plus commode à ses yeux afin de pouvoir me convoquer à sa guise !

Au bout d'un moment, mes pleurs et ma respiration se sont apaisés. Un autre chemin venait de s'illuminer devant moi, une autre vie possible, que je mènerais avec Lieserl, mais sans la physique que je chérissais tant, et sans Albert. Il fallait que je sois forte pour assumer ce choix.

— Nous allons rester à Kać, maman. Cette maison sera la nôtre, à Lieserl et à moi.

— Écoute-moi, Mitza, a-t-elle dit en essuyant mes dernières larmes. Tu te souviens de notre conversation sur la nécessité d'offrir une famille convenable à Lieserl ?

J'ai acquiescé. Cet échange n'avait cessé d'influencer mon comportement vis-à-vis d'Albert. Il avait même ravivé en partie mes sentiments pour lui. Mais je n'étais plus si certaine de vouloir continuer ainsi. Plus maintenant.

— Tu dois aller à Zurich. C'est la seule façon pour toi de sauver ce projet de mariage. Je sais que tu n'aimes pas cette facette d'Albert que tu découvres – sa réticence à voir Lieserl, l'égoïsme dont il fait preuve en te réclamant près de lui et en refusant de fixer une date pour votre mariage, sans parler de son manque de courage face à sa famille –, mais tu ne le feras pas pour toi. Tu iras à Zurich pour Lieserl.

Même si je n'avais aucune envie de l'écouter ni d'accepter son conseil, elle avait raison, bien sûr. Seulement je connaissais le tempérament lunatique d'Albert.

— Mais, maman, supposons que je fasse ce sacrifice et que j'aille à Zurich, comme il le veut. Que se passera-t-il s'il refuse toujours de laisser Lieserl nous rejoindre ? N'oublie pas qu'il s'est montré d'accord avec papa sur la question de l'adoption dans plusieurs de ses lettres. Le mariage ne justifie pas ça pour moi. Je n'abandonnerai jamais ma fille.

Maman a plissé les yeux, et ses narines ont frémi. Elle avait soudain l'air d'un taureau dans une arène.

— Je ne le permettrai jamais, Mitza. Ne me suis-je pas dressée contre ton père quand il a voulu l'envoyer chez un membre éloigné de notre famille pour la faire adopter en secret ? N'ai-je pas insisté pour qu'elle reste avec nous à Kać ?

De fait, elle s'était élevée contre le souhait de mon père avec une férocité dont je ne l'aurais jamais crue capable. Le silence qu'elle observait d'ordinaire n'était pas le signe d'une quelconque faiblesse, mais plutôt d'une extrême vigilance, et il pouvait céder la place à un rugissement lorsque cela s'imposait. Elle avait défié mon père pour m'obtenir le droit de garder Lieserl avec moi, sans autre compagnie que la sienne et celle d'une unique servante.

— Si, maman.

— Me crois-tu alors si je te dis que j'aimerai et que je protégerai ta fille jusqu'à ce que tu reviennes ici avec le statut de femme mariée ? Et si je te promets que nous trouverons un moyen pour que Lieserl parte vivre avec vous à ce moment-là ?

— Oui, maman.

— Bien. Tu iras donc à Zurich, comme Albert te le demande. Le reste finira par s'arranger. J'y veillerai.

22

6 janvier 1903
Berne, Suisse

Main dans la main, Albert et moi nous tenions devant l'officier d'état civil, M. Gauchat. Je serrais un bouquet de fleurs des Alpes choisies avec soin pour l'occasion par Albert en souvenir de notre escapade au bord du lac de Côme. Quelques-uns des boutons étaient même assortis au bleu soutenu de ma robe. Ce jour, le jour de notre mariage, était celui que j'appelais de mes vœux depuis des années, mais alors qu'avant je le voulais pour moi, j'en avais désormais désespérément besoin pour quelqu'un d'autre. Pour ma Lieserl.

L'officier arborait d'épaisses lunettes et une grosse moustache qui avaient failli nous faire éclater de rire lorsque nous étions entrés dans la salle. Nous nous étions vite ressaisis cependant devant son regard si empreint de cette respectabilité intransigeante propre aux Suisses. L'homme avait pris tout son temps pour se positionner sur l'estrade de façon à ce que les Alpes lui offrent un arrière-plan imposant, puis il s'était lancé dans un discours destiné à traduire toute la solennité de cet événement.

Nos témoins étaient Maurice Solovine, un étudiant de l'université de Berne qui, après avoir contacté Albert afin qu'il lui donne des cours particuliers, était devenu pour lui un ami, et Conrad Habicht, un de ses anciens camarades à Schaffhouse, installé depuis peu à Berne. Tous deux se sont avancés sur un signe de l'officier. Nous n'avions pas osé inviter nos familles. La mère d'Albert s'opposait avec encore trop de véhémence à notre union, et mes parents devaient quant à eux s'occuper de Lieserl.

— Tous vos documents semblent bien conformes, monsieur Einstein et mademoiselle Marić.

— Merci, monsieur, a dit Albert.

— Êtes-vous prêts pour l'échange des vœux ?

— Oui, monsieur, avons-nous répondu ensemble.

J'ai senti M. Solovine et M. Habicht se rapprocher de nous.

— Nous allons commencer, a déclaré l'officier, avant de se racler la gorge et de poursuivre d'une voix tonitruante : Albert Einstein, voulez-vous prendre cette femme, Mileva Marić, pour épouse ?

— Oui, a dit Albert en cherchant au fond de sa poche l'alliance en argent toute simple qu'il était censé me donner.

Les mains tremblantes, il l'a glissée à mon annulaire.

— Mileva Marić, a continué M. Gauchat, voulez-vous prendre cet homme, Albert Einstein, pour époux ?

Le temps a ralenti, et j'ai plongé mon regard dans les yeux d'Albert. Moi qui lui faisais autrefois aveuglément confiance, je n'avais à présent pas d'autre choix que de continuer. J'avais attendu cet instant avec une impatience presque douloureuse, mais bien que ma mère et Helene m'aient assuré que je prenais la bonne décision, la seule possible dans l'intérêt de Lieserl, je me demandais ce que l'avenir me réservait. Depuis la fin de nos études, les dissensions s'accumulaient dans notre couple, et Albert m'avait énormément déçue par ses sautes d'humeur, ses atermoiements interminables et sa réticence à voir Lieserl.

— Mileva ? Tout va bien ?

Il avait perçu mon hésitation.

— Très bien. Je suis juste émue par l'importance de cette journée.

L'officier d'état civil a salué d'un hochement de tête le sérieux avec lequel je considérais mon engagement.

— Bien sûr que je veux t'épouser, Albert Einstein.

Celui-ci m'a souri, et ses yeux se sont plissés de cette façon que j'aimais tant avant. Une partie de moi tenait toujours à lui malgré tout ce que j'avais enduré. D'une main sûre, j'ai glissé un anneau identique au mien à son doigt.

L'officier nous a remis notre certificat de mariage, qui nous présentait comme M. et Mme Albert Einstein. Sans enfant. Cela m'a fait mal de ne pas voir le nom de Lieserl à côté du nôtre, mais j'ai accroché un sourire à mes lèvres et, serrant fort la main d'Albert, je me suis tournée avec lui vers nos témoins pour recevoir leurs félicitations.

Sous la direction de M. Gauchat, nous avons ensuite marqué une pause le temps de signer le certificat et de finaliser la cérémonie. MM. Solovine et Habicht ont donné à Albert des tapes amicales sur l'épaule. Je savais que j'aurais dû être heureuse, mais je n'éprouvais que de la tristesse. À quel prix avais-je obtenu ce mariage ?

Nos alliances ont brillé sous le faible soleil hivernal lorsque nous avons quitté le bureau de l'état civil et descendu les marches de l'imposant édifice fédéral. Berne avait quelque chose de pittoresque, même en cette saison. Encerclée par la rivière Aar et les montagnes, construite sur un promontoire spectaculaire, la ville offrait un joli panorama avec ses toits de tuiles rouges, ses bâtiments médiévaux, ses rues pavées et ses fontaines gargouillantes. Mais si elle était peut-être plus charmante que Zurich, il lui manquait l'énergie intellectuelle de cette dernière et, pour reprendre une expression chère à Albert, un esprit bohème. Ici, le seul mot d'ordre était la respectabilité.

Albert m'a prise par la main alors que nous déambulions le long des rues pavées irrégulières, et j'ai tenté de ne pas penser au moment où j'avais confié Lieserl à ma mère en partant pour Zurich. Je voulais rayer de ma mémoire les quatre mois que j'avais passés seule à la pension Engelbrecht, à errer sans but le jour et à pleurer tous les soirs jusqu'à ce que le sommeil m'emporte en attendant qu'Albert me rende visite ou me fasse venir à lui – pour rien, parce qu'il était toujours trop occupé à randonner et à naviguer avec ses nouveaux amis durant les heures de loisir que lui laissait son nouveau poste. J'ai remisé le souvenir douloureux de mon emménagement à Berne un mois plus tôt, d'abord dans la pension Herbst, sur la Thunstrasse, puis dans la pension Suter, sur la Falkenplatz, et pour finir dans la pension Schneider, sur la Bubenbergstrasse, où mes bras m'avaient fait mal tant ils étaient emplis du désir de serrer ma petite fille potelée. Et j'ai essayé aussi d'enfouir la colère que j'avais éprouvée en constatant qu'il avait fallu la permission donnée en octobre par M. Einstein père sur son lit de mort pour qu'Albert se décide enfin à organiser notre mariage. À la place, je me suis forcée à penser à l'union que nous venions de conclure et à la promesse qu'elle portait en elle : celle de nous rassembler en une famille complète avec Lieserl. Je me suis détendue à cette idée.

— Allons trinquer aux jeunes mariés au café Kornhauskeller ! a lancé M. Habicht.

Albert et moi n'avions rien prévu de particulier après la cérémonie. Nous n'avions pas de famille avec qui fêter cet événement, et je ne connaissais pas très bien M. Solovine et M. Habicht. Bruns, moustachus et mats de peau, tous deux se ressemblaient beaucoup à première vue, la seule différence notable entre eux étant les lunettes du second. C'étaient eux qui avaient si bien distrait Albert à Berne pendant que je me morfondais à Zurich. Malgré ça, j'étais déterminée à faire de cette journée un nouveau départ pour nous.

— Excellente idée, monsieur Habicht, ai-je donc répondu.

M. Solovine m'a tenu la porte à notre arrivée dans le célèbre café de Berne. L'endroit était étonnamment joyeux et bondé en ce milieu d'après-midi, mais nous avons réussi à récupérer la table de quelques vieux messieurs sur le point de partir. Pendant que ses amis s'excusaient pour aller acheter une bouteille de vin, Albert s'est assis avec moi.

— Félicitations, madame Einstein, m'a-t-il murmuré à l'oreille. Nous sommes maintenant *Ein Stein*, une seule et même pierre. J'ai hâte de franchir le seuil de notre appartement en te portant dans mes bras.

J'ai rougi devant ce tendre usage de mon nouveau nom de femme mariée, même si, en vérité, il me rappelait toujours sa mère, à mes yeux la première Mme Einstein. Songer à elle m'a fait frissonner. Elle s'était obstinée à refuser notre union tout en sachant pourtant que son mari l'avait approuvée sur son lit de mort, et elle nous avait encore envoyé un message pas plus tard que ce matin-là pour nous honnir.

J'ai décidé de chasser l'image de cette femme de mon esprit lorsque MM. Solovine et Habicht sont revenus avec une bouteille.

— Merci d'avoir si bien tenu compagnie à Albert pour moi, ai-je dit avant de prendre l'un des verres qu'ils avaient également rapportés et de le tendre à M. Habicht avec un grand sourire.

Alors qu'il le remplissait d'un vin d'un rouge profond et chatoyant, quelques gouttes sont tombées sur la nappe blanche. Elles m'évoquaient tant la vue du sang que je suis restée pétrifiée durant quelques secondes.

— Merci de nous l'avoir prêté, a répondu M. Habicht en reposant la bouteille. Sans lui, l'Académie Olympia n'existerait pas.

— C'est bien vrai !

Les trois hommes ont trinqué à leur « académie ». Ils partageaient un besoin insatiable de comprendre le monde et avaient fondé un cercle dans ce but. Ensemble, ils débattaient fiévreusement des ouvrages de mathématiciens, de scientifiques, de philosophes, et même de romanciers comme Charles Dickens. Le dernier en date était *La Grammaire de la science*, de Karl Pearson.

— Aux mariés ! a ajouté M. Solovine.

Devant son insistance et celle de M. Habicht, Albert et moi avons bu une gorgée de vin et échangé un petit baiser. Puis M. Solovine s'est levé et a brandi son verre. Cette fois, c'est à moi seule qu'il a porté un toast :

— À madame Einstein, une femme aussi belle qu'intelligente. Nous ne voyons pas ce qu'Albert a pu faire pour vous mériter, mais nous aimerions vous proposer de devenir membre honoraire de l'Académie Olympia.

J'ai éclaté de rire. Je pensais que les discussions animées sur la science et la nature de notre monde, telles que j'avais pu en connaître au café Metropol, n'étaient plus à ma portée, mais j'étais ravie de cette proposition. L'espace d'un instant, je me suis sentie de nouveau dans la peau d'une étudiante de l'Institut polytechnique, pleine d'espoir et émerveillée devant les mystères de l'univers. Pas du tout dans celle d'une femme adulte qui avait raté ses examens de physique et s'était vidée de son sang en donnant naissance à son enfant.

— J'en serais très honorée, ai-je dit. Je discuterais volontiers avec vous de votre dernière lecture, *La Grammaire de la science*, de Pearson. Je serais curieuse de savoir si vous êtes tous d'accord avec lui lorsqu'il dit qu'il est impossible de séparer la science et la philosophie.

MM. Solovine et Habicht m'ont dévisagée, surpris et impressionnés. Quel soulagement ! Je ne m'étais pas beaucoup exprimée devant eux jusque-là. J'étais comme rouillée, ayant perdu l'habitude de réfléchir et de converser après tous ces mois durant lesquels je m'étais d'abord consacrée exclusivement à Lieserl et à ses petits besoins quotidiens, avant d'essayer de m'occuper seule la majeure partie du temps à Berne et à Zurich en attendant Albert.

— Une brillante idée, a approuvé ce dernier. Je regrette de ne pas en être l'auteur.

Et moi donc, ai-je songé tristement, avant de me ressaisir.

— J'insiste pour que l'Académie Olympia se réunisse désormais chez nous, ai-je dit d'un ton joyeux. Nous dînerons, boirons et discuterons ensemble.

Le visage d'Albert s'est illuminé à ces mots. Il était fier de la femme intelligente et bohème assise à côté de lui. La femme qu'il avait toujours voulu que je sois. Je lui ai souri et j'ai continué à afficher cette humeur enjouée jusqu'à la fin de la journée. Puis nous avons pris congé de MM. Solovine et Habicht, et c'est le cœur léger que j'ai suivi Albert le long des rues pavées de Berne jusqu'à notre nouvel appartement de la Tillierstrasse. Parce que chacun de nos pas nous rapprochait de Lieserl.

23

26 août 1903
Berne, Suisse

La cloche du rez-de-chaussée a tinté. Occupée à frotter le sol de l'appartement, j'ai levé les yeux vers l'horloge. Presque 16 heures. Ce devait être le facteur. Je l'avais supplié de m'avertir chaque fois qu'il aurait quelque chose pour nous, et il avait accepté à contre-cœur. Je ne voulais pas attendre un seul instant pour lire les lettres de ma mère sur Lieserl.

Reposant mon balai-brosse dans son seau, je me suis essuyé les mains sur le tablier que je portais par-dessus ma robe d'intérieur à fleurs et j'ai dévalé l'escalier aussi vite que je le pouvais. J'avais perdu en mobilité et en rapidité depuis la naissance de ma fille. Je subirais probablement toute ma vie les conséquences de cet accouchement difficile sur mes hanches, m'avait prévenue la sage-femme, mais j'avais appris à m'adapter. Après tout, je n'avais jamais marché d'un très bon pas. La tête m'a pourtant tourné alors que je descendais les marches. Peut-être m'étais-je redressée trop rapidement au vu de la chaleur de cette journée.

Les huit mois écoulés depuis mon mariage m'avaient fait mettre à profit tout ce que m'avait enseigné ma mère pendant mon séjour à Kać. Je passais mes journées à repriser des vêtements, à faire la cuisine, le ménage et les courses – toutes ces corvées desquelles mon père m'avait protégée en m'encourageant à mener une vie intellectuelle. J'étais devenue l'incarnation de cette vieille expression serbe, *Kuća ne leži na zemlji, nego na ženi* – « Une maison ne repose pas sur la terre, mais sur la femme ». J'essayais de me persuader que j'aimais prendre soin d'Albert tout comme ma mère prenait soin de mon père. J'ai même écrit à Helene que nous étions plus heureux en tant que couple marié qu'en tant qu'étudiants. Mais n'était-ce pas moi que je m'efforçais de convaincre en disant cela ? Car, pour être honnête, il y avait des moments où je trouvais abrutissant de m'occuper d'Albert et de notre foyer.

Heureusement, les soirées maintenaient mon cerveau en éveil. Conrad et Maurice nous rejoignaient après le dîner – voire pendant –, et leur arrivée marquait toujours le début d'une nouvelle réunion de l'Académie Olympia. En tant que membre honoraire, je demeurais assise en retrait avec un tricot, et si j'étais attentive à ce qu'ils disaient, je n'intervenais dans la conversation que de temps à autre, lorsque je parvenais à surmonter ma réserve naturelle. Mais ce n'était qu'une fois nos amis partis que je reprenais vraiment vie. Retournant à notre première passion commune et à ma quête secrète – découvrir les secrets de Dieu dans le langage des mathématiques et de la science –, Albert et moi étudiions la nature de la lumière, l'existence des atomes et, plus que tout, l'idée de la relativité. Dans ces instants où, tard le soir, nous travaillions sur la table de la cuisine, une tasse de café à la main, je m'autorisais à retomber amoureuse de lui malgré mes doutes et ma douleur. Il m'avait promis qu'il ne me laisserait pas m'éloigner de la science, et il avait tenu parole. Ensemble, disait-il, « nous allions décrypter les secrets de l'univers ». Je le croyais.

Lieserl n'étant jamais très loin de mes pensées, je la mentionnais parfois devant lui. Jamais il n'initiait une conversation à son sujet. Il m'écoutait en silence lui communiquer les informations transmises par ma mère, mais il changeait toujours de sujet quand je lui parlais de faire venir Lieserl à Berne, marmonnait « Plus tard » lorsque j'osais lui réclamer une date et secouait la tête devant toutes les solutions que j'imaginais pour expliquer son existence – par exemple la présenter comme la fille d'un cousin ou comme une enfant adoptée.

Je n'avais pourtant pas abandonné tout espoir. Dans ma dernière lettre, j'avais prié ma mère de faire réaliser un portrait de Lieserl et de nous l'envoyer. J'étais certaine qu'en voyant sa fille Albert ne pourrait résister plus longtemps à mes supplications. Il trouverait bien un prétexte qui apaiserait les autorités suisses et la curiosité de ses amis. Ce jour-là, je priais pour que la poste m'apporte cette photo.

Il n'y avait qu'une enveloppe dans la boîte aux lettres. Je l'ai examinée. À en juger par l'écriture, elle émanait de ma mère, mais elle était trop fine pour contenir le portrait que j'avais espéré. Je suis remontée à l'étage, dans notre minuscule salon. De la poussière a volé dans l'air lorsque je me suis assise sur les coussins du canapé ocre. Malgré mes efforts, je n'arrivais pas à débarrasser l'appartement de toute la saleté laissée par les précédents locataires.

Chère Mitza,
Je suis désolée d'avoir à t'annoncer une terrible nouvelle. La scarlatine frappe encore les campagnes autour de chez nous. Bien que nous ayons pris toutes les précautions pour protéger Lieserl, elle a contracté la maladie. Des rougeurs sont déjà apparues sur son thorax, et elles commencent à se propager sur son visage et sur son cou. Elle a par ailleurs une forte fièvre que les bains froids ne suffisent pas à faire retomber. C'est bien sûr ce dernier point qui nous inquiète le plus. D'après le médecin qui l'a auscultée, cependant, il n'y a rien à faire à part laisser la nature suivre son cours. Et prier.
Nous la soignons du mieux que nous pouvons, mais elle ne va pas bien et tu lui manques. Peut-être serait-il souhaitable que tu viennes.
Je t'embrasse bien tendrement,
Maman

La scarlatine ? Non, non, non, pas ma Lieserl !

Des enfants mouraient tout le temps de la scarlatine. Même dans le cas contraire, ils souffraient terriblement durant la maladie, et la surdité, l'insuffisance rénale et cardiaque, l'encéphalite et la cécité n'étaient que quelques-unes des nombreuses séquelles à long terme gardées par les survivants.

Je devais partir.

Essuyant mes larmes, j'ai couru dans notre chambre. Je descendais ma malle du haut de l'armoire lorsque j'ai entendu claquer la porte de l'appartement. Albert rentrait tôt. Tant pis, j'ai continué à faire ma valise. Il y avait un train à destination de l'Arlberg dans la soirée qui me permettrait d'entamer le long voyage vers Novi Sad, puis jusqu'à Kać, où Lieserl résidait avec mes parents depuis que mon père était revenu passer l'été sur place. Je n'avais pas une minute à perdre avec Albert.

— Dollie ? a-t-il lancé d'un ton perplexe, surpris que je ne me précipite pas pour l'accueillir.

— Je suis dans la chambre !

La fumée de sa pipe l'a précédé.

— Dollie, qu'est-ce que tu fabriques ?

Je lui ai tendu la lettre de ma mère sans cesser de m'affairer.

— Tu comptes aller à Kać ?

— Évidemment, ai-je répondu, désarçonnée par sa question.

— Combien de temps ?

— Jusqu'à ce que Lieserl soit rétablie.

— Ta mère ne peut pas gérer ça ? Tu risques d'être absente pendant une éternité. Une femme digne de ce nom ne devrait pas laisser son mari seul si longtemps. Comment je vais faire, moi ?

Je l'ai regardé fixement. Avait-il vraiment osé dire ça ? Tout à ses préoccupations égoïstes, il n'avait pas posé une seule question sur la scarlatine ni sur l'état de santé de Lieserl. Sa fille ne lui inspirait-elle aucune compassion, aucune inquiétude ? Rien ne comptait-il pour lui, hormis les désagréments que lui causerait mon absence ? J'avais envie de crier contre lui, de le secouer brutalement.

— Non, Albert, ai-je dit à la place. Je suis sa mère. C'est moi qui vais m'occuper d'elle.

— Mais je suis ton mari...

Je n'en croyais pas mes oreilles.

— Dois-je comprendre que je ne peux pas partir ? ai-je tonné, les mains sur les hanches.

Il a eu l'air choqué. Je n'avais jamais haussé la voix devant lui.

Il n'a pas répondu. Son silence était-il censé me faire céder ? Mais je me moquais bien des pensées ridicules qui pouvaient lui traverser la tête à cet instant.

J'ai refermé sèchement le couvercle de ma malle, pris mon passeport, mon manteau de voyage gris et mon bonnet, et j'ai ensuite traîné ma malle cabossée en fer-blanc et en cuir jusqu'au bas de notre immeuble – ce qui n'était pas un mince exploit avec ma hanche. Alors que je sortais dans la rue, prête à héler un fiacre afin qu'il m'emmène à la gare, je me suis retournée.

Planté en haut de l'escalier, Albert me regardait partir. Sans dire un mot.

24

27 août 1903
Salzbourg, Empire austro-hongrois

Une pensée n'avait cessé de me torturer pendant la première partie de mon long voyage. Étais-je allée trop loin avec Albert ?
Je détestais qu'une telle idée puisse me venir à l'esprit, mais plier bagage avec colère, au mépris de tous ses désirs, si scandaleux et injustes soient-ils, risquait d'anéantir mes efforts pour lui faire accepter Lieserl dans notre vie. Enfin, à supposer qu'elle survive à la scarlatine. Devais-je essayer d'apaiser Albert ? Il m'en coûtait beaucoup, mais son soutien m'était indispensable, et plus encore à présent que je me soupçonnais d'être de nouveau enceinte.
À 15 h 20, le train est entré en gare de Salzbourg. J'avais très exactement dix minutes devant moi – la durée de l'arrêt. Était-ce assez pour envoyer un message à Albert ? J'ai décidé de tenter ma chance.
J'ai louvoyé parmi la foule des passagers qui montaient dans mon wagon et me suis dirigée en boitant vers le kiosque à journaux le plus proche. Là, j'ai pris une carte postale couleur sépia du palais

Leopoldskron, près de Salzbourg, et deux timbres à cinq Heller. Plus que quatre minutes avant le départ du train. Que devais-je écrire ? J'ai envisagé plusieurs solutions, sans réussir à trancher.

J'avais enfin opté pour une formule de salutation – un surnom familier qui indiquait que je n'étais plus en colère contre lui, mais que je n'irais pas jusqu'à m'excuser – lorsque le sifflet du chef de gare a retenti. Levant les yeux, j'ai constaté qu'il ne me restait plus qu'une minute. J'avais trop traîné. Avec ma claudication, la distance jusqu'au train m'a soudain paru trop grande, et j'ai paniqué. Arriverais-je à temps ? J'ai voulu courir vers mon wagon – vers ma fille –, mais un afflux de passagers qui venaient de descendre à leur tour à Salzbourg m'a bloqué le passage. Je me suis frayé tant bien que mal un chemin au milieu d'eux, jusqu'à ce que mon pied se prenne dans l'ourlet de mes jupons et que je tombe par terre. Un couple âgé s'est gentiment baissé pour m'aider à me redresser, mais il était trop tard. Mon train quittait le quai.

J'ai repoussé les mains tendues vers moi en pleurant comme une hystérique et me suis précipitée vers le guichet de la gare. Quand partirait le prochain train à destination de Novi Sad, où mon père était censé venir me chercher pour me ramener à Kać en calèche ? Le premier était attendu dans quinze minutes, m'a-t-on répondu, et il m'obligerait à effectuer deux correspondances supplémentaires si je voulais me rapprocher au plus près de mon heure d'arrivée initiale.

J'ai aussitôt acheté un billet, avant de courir envoyer un télégramme à mon père pour l'avertir de ce changement et le charger de récupérer mes bagages. Puis je suis vite retournée sur le quai. Même si elle avait joué un rôle dans mon retard, j'avais décidé de garder la carte destinée à Albert et de l'expédier depuis mon prochain arrêt, Budapest. Mais je n'irais pas la poster moi-même. Je chargerais un employé de la gare de le faire à ma place. Il n'était pas question que je me risque encore à quitter mon wagon.

Un peu plus tard, alors que le train avançait en bringuebalant – et mon estomac avec lui –, j'ai griffonné un message à « Johnnie » dans lequel je lui demandais de ses nouvelles et le tenais informé des étapes de mon voyage. J'avais besoin de savoir que lui et moi étions réconciliés avant d'aller essayer d'arracher Lieserl des griffes de la mort.

28 août 1903
Novi Sad puis Kać, Voïvodine

J'ai atteint Novi Sad dans l'après-midi, avec une demi-journée de retard. Papa avait déjà récupéré ma malle dans le train précédent et m'attendait pour effectuer les vingt kilomètres qui nous séparaient de Kać. Il m'a accueillie avec un sourire grave et une étreinte chaleureuse, puis m'a appris qu'à sa connaissance Lieserl était dans un état stable – même si cela pouvait avoir changé dans la mesure où il était là depuis le matin. Nous avons observé un silence gêné après ça. Le sujet épineux de mon couple et de mon incapacité à venir voir ma fille depuis que j'avais épousé Albert jetait un sérieux froid entre nous.

Lorsque la calèche est entrée dans Kać, j'ai remarqué des croix rouges au contour souligné en noir sur presque toutes les portes. Le symbole de la scarlatine était présent partout. Je n'en avais jamais vu autant. Pas étonnant que Lieserl soit tombée malade. Cette pensée m'a donné la nausée, et j'ai d'instinct posé une main sur mon ventre. Comment pourrais-je protéger mon bébé de l'infection si je devais l'attraper à mon tour ?

— La situation est si terrible que ça ? ai-je demandé.
— C'est la pire épidémie que j'aie jamais connue. Celle avec les symptômes les plus alarmants.

Les tours de notre maison se sont rapprochées, mais au lieu d'anticiper avec joie mes retrouvailles avec ma fille j'étais de plus en plus anxieuse. Comment allait ma pauvre Lieserl ? Et si j'étais arrivée trop tard ?

Avant que papa puisse arrêter complètement les chevaux, j'ai sauté à terre et couru vers la maison. La calèche du médecin local patientait devant. L'état de Lieserl avait-il empiré ?

— Maman ! ai-je crié en laissant tomber mon sac de voyage au pied de l'escalier pour gravir celui-ci aussi vite que possible.

— Je suis dans la nurserie, Mitza !

J'ai poussé la porte et suis restée bouche bée à la vue de ma fille. Des plaques rouges recouvraient son visage et sa gorge, sans doute son thorax aussi, et ses yeux à moitié révulsés trahissaient l'intensité de sa fièvre. Sous le regard du médecin assis à côté d'elle, ma mère passait sur son corps un linge qu'elle avait trempé dans un bol d'eau glacée. Une odeur d'eau de rose et de gaulthérie flottait dans l'air, et j'ai repéré une rangée de pots sur la commode. Maman utilisait son arsenal de remèdes artisanaux : de la quinine, une préparation à base d'eau de rose, de glycérine et de crème grasse pour la peau, de la gaulthérie contre la fièvre, de la menthe contre les démangeaisons, de l'aconit, de la belladone et du chèvrefeuille mélangés à du jasmin pour calmer l'organisme. L'un d'entre eux aiderait-il Lieserl à guérir ?

Ma mère et le médecin ont levé vers moi des yeux emplis d'inquiétude.

— Son état a empiré ce matin, Mitza. La fièvre ne la lâche pas.

Je me suis agenouillée près du lit de Lieserl. J'arrivais bel et bien trop tard.

— Maman est là, Lieserl. Maman t'aime, ai-je murmuré en caressant ses cheveux blonds rendus moites par la transpiration – ou étaient-ce les onguents ?

J'ai passé les jours suivants comme dans un brouillard, sans quitter le chevet de ma fille. Le médecin avait raison : nous ne pouvions guère que prendre soin d'elle et prier – ce que maman et moi faisions constamment. J'ai cessé de me soucier de ma propre santé et des effets possibles de la scarlatine sur le bébé dans mon ventre pour me concentrer sur l'enfant malade mais encore vivante qui gisait devant moi. Lieserl n'avait pas ouvert les yeux depuis mon retour – sa fièvre n'était pas retombée un seul instant –, et j'ignorais si elle avait conscience de ma présence, ou même si elle se rappelait qui j'étais. Elle avait tant grandi depuis mon départ. J'avais laissé derrière moi un bébé de six mois, et je contemplais à présent une petite fille d'un an et demi.

Quel genre de mère étais-je ? Comment avais-je pu abandonner si longtemps ce joli petit être ?

J'ai attendu presque trois semaines et tout autant de lettres conciliantes de sa part pour écrire à Albert et lui expliquer comment allait Lieserl. Je n'ai pas lésiné sur les détails concernant les symptômes de sa maladie et son issue possible, mais je ne l'ai pas supplié de nouveau d'accepter qu'elle vienne vivre avec nous à Berne. À ce stade, sa survie était la seule chose qui m'importait.

Le 19 septembre, il a répondu en m'interrogeant sur notre fille et l'évolution de sa scarlatine. Puis, après s'être enquis du nom sous lequel elle avait été déclarée aux autorités – une curieuse question au vu des circonstances –, il m'a implorée de rentrer à Berne. Trois semaines, c'était trop long. Une bonne épouse ne devait pas rester séparée de son mari, affirmait-il, il fallait que je regagne notre domicile.

J'étais furieuse de voir qu'il osait me faire la leçon sur mes devoirs d'épouse. Ne se souciait-il pas de Lieserl ? Mais non, il semblait plus attaché à son confort personnel et s'intéresser davantage à l'état civil de notre fille qu'à sa santé. Pourquoi me demandait-il cela ? S'il songeait enfin à l'accueillir chez nous quand elle serait guérie – en admettant qu'elle guérisse, bien sûr –, il savait que la loi en Suisse légitimait automatiquement un enfant né en dehors des liens du mariage dès lors que ses parents officialisaient leur union. Il n'aurait qu'à faire inscrire le nom de Lieserl sur son passeport et être présent à la frontière pour l'escorter en Suisse. Sa question n'avait donc aucun sens, sauf s'il envisageait encore la solution de l'adoption – et ça, je ne pouvais pas croire qu'il en soit capable alors que l'heure était aussi grave.

Je ne comptais pas repartir pour Berne sur-le-champ afin de répondre à tous ses besoins et faire le ménage, en tout cas. Pas tant que ma fille ne serait pas rétablie. Elle était ma priorité et ma vie. Albert n'imaginait tout de même pas que j'allais l'abandonner une seconde fois, si ?

25

12 octobre 1903
Novi Sad, Voïvodine

Une main pressée sur mon ventre, j'essayais de ne pas pleurer. Lors de mon dernier passage dans cette gare, presque deux mois plus tôt, je m'étais promis de ne pas retourner à Berne sans ma Lieserl, mais voilà que je me retrouvais sur ce quai seule, les mains vides.

La scarlatine avait eu raison de ma promesse. Elle avait ravagé ma pauvre enfant, fait tomber en lambeaux sa peau cloquée, rendu ses yeux aveugles, brûlé son corps d'une fièvre implacable et affaibli tant et si bien son petit cœur qu'il n'avait plus eu la force de continuer à battre. Après que la vie s'était lentement échappée d'elle, je l'avais serrée contre moi en oscillant d'avant en arrière, jusqu'à ce que ma mère me l'enlève doucement. Je n'avais pas arrêté de pleurer entre ce moment et celui où son cercueil avait été descendu dans la terre consacrée d'un cimetière près de Kać. Ce soir-là, une fois la nuit tombée, mes parents avaient dû me ramener à la maison en me soutenant. Notre douleur commune nous avait rapprochés.

Je n'ai pas laissé Lieserl. C'est elle qui m'a laissée.

Comment allais-je réussir à avancer sans elle ?

En attendant l'annonce qui inviterait les passagers à monter dans le train pour Berne, je me suis assise sur un banc, m'abandonnant à la douleur que je tenais à distance depuis que j'avais embrassé mes parents à l'entrée de la gare. Si je n'avais pas été enceinte, j'aurais opté pour un autre avenir. Je n'aurais pas quitté ce lieu où reposait désormais Lieserl. Comme ma mère, j'aurais gardé le deuil à jamais et je me serais rendue tous les jours sur la tombe de ma chère disparue. Albert et la physique seraient devenus de lointains souvenirs, de vagues éléments d'un passé renié. Telle aurait été ma pénitence pour expier le péché que j'avais commis en tournant le dos à Lieserl, plus d'un an auparavant.

Les questions et les regrets m'assaillaient. Aurais-je pu contrer la scarlatine si j'étais restée à Kać au lieu de rejoindre Albert ? Aurais-je pu empêcher la fièvre de planter ses griffes dans ma fille si j'étais arrivée ne serait-ce qu'un peu plus tôt ? Si je n'étais pas descendue de ce fichu train à Salzbourg pour écrire à Albert ?

Mais *j'étais* enceinte. J'ai massé le renflement de plus en plus prononcé de mon ventre, qui n'était pas cette fois emprisonné dans un corset, et je me suis efforcée de refouler mes larmes, ne serait-ce qu'un instant. J'allais devoir prendre soin de cet enfant et lui assurer un cocon familial, quels que soient ma douleur et les sentiments que m'inspirait son père. La réaction d'Albert à l'annonce de ma grossesse me plongeait encore dans une rage folle lorsque j'y pensais. *Je suis content d'apprendre cette nouvelle. Je me disais depuis quelque temps que tu avais besoin d'une nouvelle petite fille...*

« Une nouvelle petite fille » ?! J'avais envie de hurler. S'imaginait-il que ce bébé remplacerait Lieserl ? C'était une âme unique que j'avais vue mourir – et aussi une enfant qu'il ne s'était jamais donné la peine de rencontrer.

Une enfant que je voulais reprendre à Dieu.

Si le Seigneur m'avait accordé la possibilité de revenir en arrière, je n'aurais pas refait les mêmes erreurs. Je n'aurais jamais abandonné Lieserl. L'amour féroce d'une mère était sûrement capable d'éloigner le fléau de la scarlatine. Que ne pouvais-je arrêter le temps ni en inverser le cours, au lieu d'être ainsi bloquée par les lois rigides de Newton sur l'univers...

Bloquée, vraiment ?

Une idée a vu le jour en moi. J'avais passé la majeure partie de ma vie à chercher dans le domaine de la physique les règles secrètes que Dieu avait établies pour tout l'univers. Qui oserait prétendre qu'il n'y en avait pas encore une à découvrir ? Une qui m'aiderait à surmonter ma douleur d'avoir perdu Lieserl ?

Peut-être Dieu voulait-il que je la trouve. Peut-être mon désespoir n'était-il pas vain. Après tout, l'Épître aux Romains, VIII, 18, disait : « J'estime que les souffrances du temps présent ne sauraient être comparées à la gloire qui nous sera révélée. »

Où était la gloire au milieu de ma souffrance à moi ?

J'ai fixé l'horloge de la gare et le train qui attendait patiemment juste au-dessous. J'ai senti – non, j'ai su, sans pouvoir m'expliquer comment – que la réponse gisait là, devant moi. Quelle était-elle ?

L'horloge.

Le train.

Lieserl.

En un éclair, tout m'est apparu limpide. Que se passerait-il si le train quittait la gare non pas à soixante kilomètres-heure, mais à une vitesse proche de celle de la lumière ? Que deviendrait le temps ? J'ai effectué les calculs dans ma tête pour ébaucher une solution.

Tout d'abord, les aiguilles de l'horloge continueraient à se déplacer, mais le train avancerait si vite que la lumière ne pourrait pas le rattraper. Et plus il accélérerait, plus les aiguilles bougeraient lentement, jusqu'à ce qu'elles se figent complètement. Le temps s'arrêterait. Et si le train dépassait la vitesse de la lumière – chose impossible, mais dans l'intérêt de cette démonstration il fallait simplement supposer qu'il le fasse –, alors le temps commencerait peut-être à suivre un cours inversé.

Et voilà. C'était une évidence. Les lois de Newton sur l'univers physique ne s'appliquaient qu'à des objets inertes. Personne n'avait plus besoin d'être entravé par ces vieilles règles. Le temps dépendait de l'espace. Il n'était pas absolu. Pas lorsqu'il y avait un mouvement.

Cette nouvelle loi était si simple, si naturelle. Et élégante, même si elle défiait les théories de Newton en vigueur depuis deux siècles et celles de Maxwell sur les ondes lumineuses. C'était le genre de loi divine que j'avais cherché toute ma vie. Pourquoi Dieu ne m'avait-il laissée l'entrevoir qu'après tant de souffrances ?

Mais je n'avais pas de train capable d'avancer à la vitesse de la lumière, ou plus vite encore. Je n'avais aucun moyen d'arrêter le temps ni de le remonter. Ma découverte ne me ramènerait pas Lieserl.

26

13 octobre 1903
Berne, Suisse

Ce jour-là, Albert est venu m'attendre à la gare.
— Dollie ! s'est-il écrié joyeusement en me soulevant de la dernière marche de mon wagon. Comme tu as pris du ventre, en même pas deux mois !

En réalité, j'étais juste un peu enrobée, mais cet éternel distrait ne l'aurait jamais remarqué en temps normal.

J'ai tenté de sourire lorsque nous sommes sortis de la gare et que nous avons sauté dans un cabriolet pour regagner notre appartement. Je voulais laisser ma tristesse derrière moi et respirer cette odeur de propreté qui m'était devenue si familière à Berne – l'air frais de la Suisse, fait d'un léger parfum de feuillage, de linge fraîchement lavé et mis à sécher à l'extérieur, et de feu de bois tout juste allumé dans les cheminées. Il fallait que je me concentre sur l'accueil chaleureux d'Albert et sur notre nouvelle petite fille, ainsi qu'il ne cessait d'appeler notre futur enfant. J'ai même fait l'effort de l'écouter déblatérer sur son patron, Friedrich Haller, et je l'ai encouragé d'un signe de tête lorsqu'il m'a dit qu'il comptait bien monter en grade afin qu'on n'ait pas à mourir de faim.

À l'évidence, il entendait chasser mon humeur morose en m'incitant à envisager un avenir plein d'espoir. Mais j'étais incapable de jouer cette comédie bien longtemps. Comment aurais-je pu faire comme si notre jolie petite fille n'avait jamais existé ? Comment aurais-je pu oublier sa mort atroce et si douloureuse ?

Mes larmes ont commencé à couler sitôt franchi le seuil de notre appartement. La prochaine fois que je passerai cette porte, avais-je pensé en partant, je porterai Lieserl dans mes bras. À la place, ils pendaient mollement le long de mon corps, tels des membres superflus.

— Oh ! Dollie, ce n'est pas si catastrophique ! a dit Albert devant le salon poussiéreux et jonché de papiers. J'ai fait un peu de ménage, mais ton Johnnie n'est pas doué pour ça. De toute façon, je trouve qu'une maison encombrée et animée témoigne d'un esprit qui l'est tout autant… et que, eh bien… je te laisse deviner ce dont témoigne une maison toute propre et vide.

Il m'a souri, et ses petites pattes-d'oie sont réapparues au coin de ses yeux. Je lui ai caressé la joue en souhaitant désespérément ranimer en moi l'affection dépourvue de tristesse ou de colère que j'éprouvais pour lui autrefois. Mais j'étais désemparée, et mes larmes ont coulé de plus belle.

J'ai laissé retomber ma main et ignoré son regard implorant pour aller me rouler en boule sur le lit de notre chambre. Je n'avais même pas la force d'ôter mon manteau et mes bottes. J'étais si fatiguée, si abattue. Albert m'a dévisagée un long moment avant de s'allonger à côté de moi.

— Qu'y a-t-il, Dollie ?

Il avait l'air tout à fait perplexe, comme s'il s'était attendu à me voir toute joyeuse et prête à lui préparer en un tour de main un dîner de quatre plats – avec le sourire, s'il vous plaît.

— Comment peux-tu me poser la question ? ai-je rétorqué, sans cacher combien son ignorance m'agaçait.

Il n'a pas répondu.

— Tu es un génie dans bien des domaines, mais pas en ce qui concerne le cœur humain.

Lui qui était toujours si loquace en est resté muet de surprise. Enfin, si incroyable que cela puisse paraître, il a compris.

— C'est Lieserl, n'est-ce pas ?

Cette fois, c'est moi qui n'ai pas répondu. Ce n'était pas la peine. Mon silence entrecoupé de sanglots s'en est chargé à ma place. Albert me regardait toujours, sans savoir quoi faire.

— Je l'imaginais ici avec nous, ai-je essayé de lui expliquer. Je n'ai pas passé une seule journée dans cet appartement sans attendre qu'elle nous rejoigne. Dès que je traversais un parc ou que j'allais au marché, je pensais : Bientôt, j'amènerai ma Lieserl ici. Mais cela n'arrivera jamais, maintenant.

Un silence absolu s'est abattu sur notre chambre, et un long moment s'est écoulé sans que l'on entende rien d'autre que le tic-tac du réveil sur la table de chevet.

— Je suis vraiment désolé pour Lieserl, a enfin dit Albert.

Sa bouche prononçait les bons mots de consolation, mais je ne percevais aucune émotion derrière eux.

Ils sonnaient creux et faux, comme émanant d'un automate.

J'étais à la croisée des chemins. Je pouvais m'accrocher à ma colère devant la mort injuste de Lieserl et l'incompréhension teintée d'égoïsme d'Albert. Ou je pouvais l'abandonner et nourrir l'espoir d'une nouvelle vie de famille avec ce bébé. Ce que j'avais souhaité pour Lieserl, en somme.

Quelle voie allais-je suivre ?

J'ai inspiré profondément, je me suis calmée et j'ai essuyé mes larmes. Puis j'ai choisi la vie. Et pour que cette vie avec Albert soit heureuse, cela supposait de choisir la science. C'était la langue dans laquelle nous avions communiqué au début de notre relation, et la seule qu'il maîtrisât parfaitement.

— J'ai eu une épiphanie scientifique, Johnnie, ai-je dit en me redressant.

— Ah oui ?

Ses yeux éteints ont soudain brillé dans la lueur des réverbères qui se déversait par la fenêtre.

— Oui, à la gare de Novi Sad. Tu te souviens de nos efforts pour concilier les lois physiques de Newton avec les nouvelles théories de Maxwell sur l'électromagnétisme et les ondes lumineuses ? Pour combler le fossé entre les deux ?

— Oui, oui ! Ce problème est déconcertant. Pas seulement pour nous, mais pour tous les physiciens. Qu'as-tu découvert, Dollie ?

— Je pense que la réponse se trouve dans la notion de relativité – celle dont parlent Mach et Poincaré. Elle pourrait combler ce fameux fossé entre les théories de Newton et de Maxwell. Mais seulement si nous modifions notre compréhension de l'espace et du temps.

Je lui ai expliqué la réflexion que j'avais menée dans la gare de Novi Sad.

— Le résultat logique est que la mesure de certaines quantités, comme le temps par exemple, dépend de la vitesse à laquelle se déplace l'observateur, surtout si on part du principe que celle de la lumière est la même pour tous. L'espace et le temps doivent être considérés ensemble, et l'un par rapport à l'autre. Ainsi, les lois classiques de Newton sur la mécanique restent valables, mais seulement dans le cas d'un mouvement uniforme...

— Ton idée relève du génie, Dollie. Du plus pur génie.

M'avait-il bien qualifiée de génie ? C'était un mot qu'il réservait aux grands maîtres de la physique – Galilée, Newton, et deux ou trois penseurs modernes. Et maintenant moi ?

Il s'est levé et a commencé à aller et venir dans la chambre.

— On dirait que tu as pleuré Lieserl en méditant sagement, assez en tout cas pour qu'il en ressorte quelque chose de très important.

La fierté se lisait dans ses yeux, et je n'ai pu réprimer une pointe d'autosatisfaction, malgré tout le dégoût que j'avais de moi-même depuis la mort de Lieserl.

— Si on rédigeait un article sur ta théorie ? a-t-il proposé, le regard pétillant. Ensemble, nous pourrions changer le monde, Dollie. Tu veux bien faire ça avec moi ?

Un frisson d'excitation m'a parcourue, aussitôt douché par la culpabilité. Comment pouvais-je me réjouir de la réaction d'Albert ? Comment pouvais-je souhaiter démontrer et publier cette théorie ? C'était la mort de ma fille qui l'avait inspirée en me permettant de discerner les desseins de Dieu dans la science. D'un autre côté, plaidait une voix en moi, pourquoi ne pas le faire en mémoire d'elle, afin que sa mort ne soit pas vaine ? Peut-être était-ce cela, la « gloire » que j'étais appelée à connaître…

Était-ce le bon choix ?

J'ai laissé mes lèvres former les mots que mon cœur aspirait à prononcer :

— Oui, Albert.

27

26 mai 1905
Berne, Suisse

Les papiers et les livres s'entassaient sur la grande table rectangulaire de notre salon. Autrefois polie, astiquée et dressée pour les repas, cette dernière était devenue le centre bien malmené de nos recherches, l'endroit d'où jaillissait notre étincelle créative – laquelle, plaisantions-nous parfois, n'était pas très différente de l'étincelle de vie qu'Adam recevait de Dieu dans la fresque réalisée par Michel-Ange pour la chapelle Sixtine. Ces feuillets seraient notre miracle à nous.

Mon regard a croisé celui d'Albert entre les piles.

— Johnnie, dis-moi ce que tu penses de ça, ai-je chuchoté pour ne pas réveiller Hans Albert, notre fils d'un an.

Approchant une feuille de la lampe à huile, j'ai lu ce passage de mon article sur la relativité :

— « Deux événements qui semblent simultanés lorsqu'on les observe depuis un point donné ne peuvent plus être considérés comme tels lorsqu'on les observe depuis un autre point en déplacement par rapport au premier. »

Albert a tiré sur sa pipe et plissé les yeux à travers la fumée. Un long silence a suivi avant qu'il me réponde :

— C'est très bien, Dollie.

J'ai contemplé mon papier, ravie de son approbation et de la manière dont sonnaient ces mots prononcés à voix haute.

— Cela résume correctement la notion de relativité, n'est-ce pas ? Je voulais qu'il y ait au moins une phrase claire et nette, distincte de la partie théorique et des calculs, et compréhensible du grand public.

— Sage idée. Cette notion aura un grand retentissement, à mon avis.

— Tu crois vraiment ? Tu es certain que je ne fais pas d'erreur dans la formulation, Johnnie ?

Bien que mes théories sur la relativité soient assez simples dans le fond, la notion elle-même était difficile à saisir tant elle contredisait tout ce qu'on nous avait appris jusque-là, et les calculs qui la démontraient n'étaient pas accessibles au commun des mortels. J'avais besoin d'être sûre d'en avoir exprimé toute l'essence.

— On devra peut-être revoir le choix de certains mots, mais on commet forcément des erreurs quand on teste quelque chose de nouveau, a marmonné Albert d'un air distrait.

Il répétait ça assez souvent depuis quelques jours. Entre mon article et les deux autres sur lesquels nous travaillions ensemble, nous générions à nous deux *beaucoup* de nouvelles théories. Nous nous en amusions en disant que si cela relevait d'un miracle, il en faudrait un de plus pour que les gens acceptent ces notions révolutionnaires.

— C'est vrai. S'il te plaît, tu veux bien jeter un dernier coup d'œil à mes calculs sur la vitesse de la lumière dans le vide ?

— Dollie, on les a déjà passés en revue je ne sais combien de fois. Ils sont éblouissants. De toute façon, c'est toi la mathématicienne de la famille, pas moi. C'est sur toi que je compte pour corriger mes propres calculs ! s'est-il écrié, faussement exaspéré.

— Chut, ai-je dit en riant. Tu vas réveiller le bébé.

Albert n'exagérait pas. Cela faisait dix-huit mois que nous nous consacrions à nos trois articles, même si celui sur la relativité était essentiellement le mien. Les autres – un premier sur les quanta de lumière et l'effet photoélectrique, et un second sur le mouvement brownien et la théorie de l'atome – étaient au départ l'œuvre d'Albert, qui en avait posé les bases théoriques, mais je m'étais occupée de toute la partie mathématique et je maîtrisais chaque idée développée dans ces essais, si bien que nous les avions cosignés.

— Il ne nous reste plus que quelques jours avant de soumettre notre article aux *Annalen der Physik*. Je veux que tout soit parfait.

— Je sais, ma petite sorcière.

J'ai souri. Cela faisait longtemps qu'il ne m'avait pas appelée ainsi. Les deux années qui venaient de s'écouler avaient été assez heureuses, mais la passion et l'insouciance enfantines des débuts s'étaient effacées devant les réalités du quotidien.

— De toute façon, nous l'avons montré à Besso aussi. D'accord, ce n'est pas un physicien certifié, mais il est au moins aussi intelligent que tous les clowns avec qui nous avons fait nos études, et il estime que notre raisonnement est solide.

J'ai hoché la tête. Albert soumettait nos travaux à Michele Besso, qui s'était révélé pour nous un excellent critique. Étant donné que lui aussi travaillait au Bureau fédéral de la propriété intellectuelle en tant qu'expert technique à l'échelon au-dessus d'Albert et qu'ils en repartaient ensemble à pied tous les soirs, il avait eu amplement le temps de soupeser nos théories. Albert avait raison, bien sûr, mais c'était plus fort que moi, je ne pouvais m'empêcher de m'inquiéter et de pinailler.

Il a bâillé.

— Si on arrêtait là pour ce soir, Dollie ? Je suis épuisé.

Curieusement, je ne l'étais pas du tout. J'aurais dû, pourtant. Je me levais la première afin que le petit déjeuner soit prêt lorsque Hans Albert et lui se réveillaient. Mes journées étaient tout entières dévolues au ménage, à la cuisine et à notre fils, un petit garçon mignon comme tout mais qui m'épuisait. Quand Albert rentrait, je me hâtais de servir le dîner pendant qu'il passait quelques précieuses minutes à jouer avec lui. Puis, après que j'avais débarrassé la table et couché le petit, il n'était pas rare que les membres de l'Académie Olympia arrivent et poursuivent leur discussion de la veille, que ce soit sur l'*Antigone* de Sophocle, le *Traité de la nature humaine* de David Hume ou *La Science et l'Hypothèse*, d'Henri Poincaré. C'était seulement une fois nos amis partis, Hans Albert endormi et la maison toute propre qu'Albert et moi attaquions notre vrai travail.

À ce moment-là, je reprenais vie.

Non pas que le reste de ma journée ne comportât aucun plaisir. La naissance de mon bébé aux yeux noisette m'avait comblée de bonheur. M'occuper de lui et entreprendre toutes les activités que j'avais rêvé de faire avec Lieserl – les promenades sur le marché, dans le parc, et même le rituel du bain le soir – avait été comme un baume apaisant sur les cicatrices laissées par la mort de ma fille. À mesure que grandissait mon amour pour Hans Albert, ou Hanzerl, ma colère contre Albert s'estompait. Notre famille et notre petit appartement du 49, Kramgasse, l'une des plus belles rues de Berne, me procuraient une profonde satisfaction. J'adorais marcher avec Hans Albert le long de cette artère située dans le centre médiéval, en attirant son attention sur la Zytglogge, la célèbre tour de l'Horloge de la ville, la Kreuzgassbrunnen, la fontaine à l'obélisque, la Simsonbrunnen, celle avec une sculpture représentant Samson et le lion, ou encore la Zähringerbrunnen, qui figurait un ours en armure. J'avais décrit ma joie à Helene, laquelle m'avait répondu en m'avouant son soulagement après avoir eu droit plusieurs années durant à des lettres empreintes de tristesse.

— Va te coucher, Johnnie. Je reprends juste ça une dernière fois et je te rejoins.

Rapprochant la lampe à huile, j'ai commencé à relire les mots que je connaissais si bien. Puis j'ai senti la main d'Albert sur mon épaule. Ses yeux brillaient dans la faible lumière, et j'ai perçu sa fierté à mon égard. C'était une expression que je ne lui avais pas vue depuis longtemps. L'espace d'un bref instant, nous nous sommes dévisagés en souriant.

— Notre vie correspond à ce qu'on voulait qu'elle soit autrefois, n'est-ce pas ? ai-je fait. Tu disais qu'on travaillerait à jamais comme des étudiants pour ne surtout pas finir bornés et vulgaires. Cette prédiction s'est réalisée.

Il est resté silencieux pendant ce qui m'a paru une éternité.

— Tout à fait, ma petite polissonne, a-t-il enfin répondu.

Encore un surnom devenu rare.

— Cette année est pour nous véritablement miraculeuse, a-t-il ajouté après m'avoir caressé les cheveux.

J'ai souri en le regardant longer le couloir vers notre chambre. J'avais eu raison de ramener notre relation sur le terrain de la science. Avec Albert, l'amour marchait dans les pas de la physique.

Les yeux brouillés à force de fixer mes calculs, j'ai lissé la couverture de notre article. « Sur l'électrodynamique des corps en mouvement ». Nos noms – Albert Einstein et Mileva Marić – se détachaient sous le titre. Ce travail était avant tout le mien, mais parce que je n'avais ni diplôme ni doctorat, j'acceptais qu'il soit nécessaire de mentionner aussi le nom d'Albert.

Ma théorie sur la relativité révélait que le temps n'avait peut-être pas les caractéristiques immuables que Newton et presque tous les physiciens et mathématiciens à sa suite lui avaient attribuées. Mais un philosophe encore plus ancien, Sénèque, avait bien compris l'un de ses aspects : « Le temps guérit souvent des maux contre lesquels la raison ne peut rien. » De fait, le temps et le travail que j'avais effectué avec Albert en mémoire de Lieserl avaient guéri bien des blessures.

28

22 août 1905
Novi Sad, Voïvodine

Helene m'a pressé le bras, enchantée. Nos enfants couraient les uns après les autres dans le square en face du café de la Reine Élisabeth, où nous buvions un café trop léger. Surexcitée, Julka menait la danse, suivie par Zora et Hans Albert, qui fermait la marche d'un pas mal assuré. Ils ne cessaient d'aller et venir entre les passants, et j'avais le plus grand mal à réprimer mon envie de me précipiter vers mon fils avant qu'il ne tombe.

Je me suis tournée vers mon amie, qui plissait les yeux face au soleil éclatant de cette journée d'été. De profondes rides verticales s'étaient creusées entre ses épais sourcils bruns, ce qui la faisait paraître plus âgée qu'elle ne l'était. Mais malgré l'inquiétude qui se lisait en elle, son regard gris-bleu était toujours aussi doux et bienveillant.

— Ce séjour auprès de toi a été une bénédiction, Helene, ai-je dit.

— Je suis bien d'accord, ma chère. Je suis si heureuse que tu nous aies persuadés de t'accompagner à Novi Sad.

Deux jours plus tôt seulement, nous avions pleuré sur les rives du lac artificiel près du petit village touristique de Kijevo. Nous voir dans cet état alors que nous avions passé une merveilleuse semaine tous ensemble avait laissé nos maris et nos enfants profondément perplexes.

« Pourquoi tu pleures ? » avait demandé la petite Julka.

Helene et moi lui avions expliqué combien nous étions tristes à l'idée de devoir nous séparer. Mais nous ne lui avions pas dit que ces journées languides au bord du lac, avec le clapotis de l'eau à nos pieds, les petites collines rouges et les champs verts parsemés de pervenches tout autour, sans compter bien sûr le plaisir que chacune puisait dans la compagnie de l'autre, avaient été presque trop parfaites. En comparaison, nos vies respectives dans nos appartements de la Kramgasse, à Berne, et de la rue Katanićeva, à Belgrade, nous semblaient si ternes, emplies qu'elles étaient de tâches ménagères effectuées sous l'œil impavide des autres femmes au foyer alentour, qui nous trouvaient bizarres et trop instruites pour comprendre leurs préoccupations domestiques.

J'avais proposé à Helene de prolonger ces vacances, et je n'avais pas eu besoin de la supplier pour qu'elle nous suive à Novi Sad – ce dont je me réjouissais à présent. L'avoir auprès de nous avec son mari Milivoje et leurs enfants avait facilité les présentations empruntées entre Albert et mes parents. Ces derniers avaient fini par l'accepter de loin, mais il leur en coûtait de serrer la main de l'homme qui avait mis leur fille enceinte et qui n'était jamais venu voir leur pauvre petite-fille défunte. Leur ravissement devant

Hans Albert et la présence de Helene et de sa famille avaient adouci cette rencontre délicate.

— Quand je pense à l'époque où on se promenait tous les jours le long de la Plattenstrasse, à Zurich, sans l'ombre d'un souci en tête ! Je ne mesurais pas alors quelle chance on avait, a dit Helene, le regard perdu dans le lointain.

— Je sais. Je me revois souvent en train d'étudier dans ma petite chambre de la pension Engelbrecht. C'est normal, à ton avis, d'aimer autant se rappeler ces années-là ?

— Oui, a-t-elle répondu avec un sourire triste. Tu ne regrettes pas parfois qu'on ne soit pas restées fidèles à notre pacte ?

— Quel pacte ?

Mais à peine avais-je posé la question que tout m'est revenu en mémoire. Il n'y avait jamais eu qu'un seul pacte entre nous. Simplement, il m'était sorti de l'esprit.

— Celui par lequel nous nous étions promis de nous consacrer à nos études et de ne jamais nous marier.

J'avais l'impression que cela remontait à très loin et que c'était une tout autre personne qui avait fait ce serment. Une fille dont le corps n'avait pas été déchiré par les douleurs de l'accouchement, puis par la souffrance que lui avait causée la perte de son enfant. Une fille innocente, devant qui s'ouvrait un champ infini de possibilités et qui, Dieu merci, ignorait qu'elle allait devoir changer profondément et sacrifier ses ambitions pour continuer à avancer.

— Je mentirais si je te disais qu'il n'y a pas eu des jours où je l'ai regretté, en effet. J'ai connu des moments difficiles pendant ma première grossesse. J'étais terrifiée.

Des larmes ont perlé à mes yeux. Helene était la seule personne au monde avec qui je pouvais discuter ouvertement de Lieserl.

— Mais je ne regretterai jamais d'avoir donné naissance à ma jolie Lieserl, quelles que soient la peur et la douleur qu'il m'a fallu surmonter, et quelle qu'ait été la durée de son existence.

Nous nous sommes tenu la main en observant un silence empreint de compréhension mutuelle. Puis j'ai montré nos enfants qui riaient sous nos yeux.

— Et si nous avions tenu parole, ces trois-là ne seraient pas avec nous aujourd'hui.

— En effet, a reconnu Helene, avec un large sourire cette fois.

Juste à cet instant, Hans Albert, dont la démarche à quinze mois m'évoquait beaucoup celle d'un jeune moussaillon sur un bateau ballotté par les vagues, est tombé par terre en poussant un cri. Je me suis aussitôt levée, mais je n'ai pas été assez rapide. Installé à une table voisine, où il discutait physique avec des étudiants du cru, Albert s'est précipité vers lui afin de le hisser sur ses épaules.

— Ce sont deux enfants qu'il devrait porter aujourd'hui, ai-je dit en le regardant parader autour du square avec notre fils hilare. Lieserl aurait eu trois ans et demi si elle avait vécu.

Helene m'a serré la main avec force.

— Je ne sais pas comment tu arrives à endurer ça.

— Je n'y arrive pas. Il suffit parfois que je partage un moment joyeux avec Hans Albert pour que l'absence de Lieserl emplisse la pièce comme un trou noir. J'essaie juste de canaliser cette énergie dans mon travail.

J'avais parlé à Helene du projet dans lequel je m'étais lancée avec Albert, des articles que nous rédigions et de la théorie que la mort de Lieserl avait engendrée. Je lui avais décrit aussi notre partenariat scientifique et la manière dont il comblait le vide laissé par mes échecs professionnels. J'allais exprimer mon enthousiasme à l'idée d'être publiée dans cette revue de référence qu'étaient les *Annalen der Physik* – plus que quelques petites semaines, j'avais presque du mal à y croire –, mais je me suis tue à temps. Je ne voulais pas qu'elle se sente dévalorisée, elle qui n'avait aucun moyen comparable d'exploiter son diplôme d'histoire.

J'ai avalé une gorgée de café et changé de sujet de conversation :

— Et toi, Helene ? Tu regrettes qu'on n'ait pas respecté notre pacte ?

Elle s'extasiait toujours tellement devant ses enfants que je m'attendais à un non franc et massif. Sa réponse m'a donc surprise.

— Ces derniers temps, oui, même si pour rien au monde je ne renoncerais à mes filles. Mais tu sais, mon couple bat de l'aile...

— Non ! me suis-je exclamée en reposant ma tasse si brutalement qu'un peu de café noir s'est renversé sur la table. Tu n'en as rien dit, cette semaine.

— Milivoje était toujours près de nous, Mitza, et les filles aussi. Je dois faire attention.

— Que s'est-il passé ?

— Une certaine distance s'est instaurée entre nous, a-t-elle murmuré d'une voix tremblante.

Avant ses fiançailles à Zurich, Milana, Ružica et moi avions spéculé sur le couple qu'elle formait avec Milivoje en nous demandant si cet homme brusque pourrait satisfaire une fille aussi douce et intellectuelle qu'elle sur le long terme. Au bout du compte, nous avions gardé nos inquiétudes pour nous, mais peut-être avions-nous eu tort de ne pas lui en toucher un mot.

— Oh, Helene, qu'est-ce que tu vas faire ?
— Que puis-je faire ? a-t-elle dit, les larmes aux yeux, en haussant les épaules.

Je suis restée silencieuse. Qu'y avait-il à répondre ? Je savais – et elle aussi – qu'elle dépendait financièrement de Milivoje et qu'elle ne tenterait jamais rien qui puisse nuire au bien-être de ses filles. Outre qu'elle aurait du mal à subvenir seule à ses besoins et aux leurs, la société condamnait fermement les femmes divorcées. Mais tout de même, il devait bien y avoir une échappatoire quelconque, non ?

Toutes sortes de solutions ont défilé dans ma tête, et je m'apprêtais à lui suggérer de venir s'installer quelque temps chez nous avec les filles quand papa s'est approché de notre table. Helene et moi étions si absorbées par notre conversation que je ne l'avais pas vu traverser le square. Il était accompagné de Mme Desana Tapavica Bala, la femme du maire de Novi Sad.

Helene et moi avons vivement reculé nos chaises pour la saluer d'une révérence pendant qu'elle me regardait de la tête aux pieds en me jaugeant aussi froidement que ma mère aurait jaugé une longe de bœuf sur le marché.

— Votre père est très fier de vous, madame Einstein. Un diplôme de physique, un mari à qui tout réussit et une vie agréable en Suisse. On le serait à moins, n'est-ce pas ?

J'ai souri à mon père, qui avait bombé le torse devant le compliment de Mme Bala. De toute évidence, il avait exagéré mon parcours scolaire en Suisse, mais j'étais soulagée de voir qu'après toute la honte qu'avaient fait peser sur eux la naissance de Lieserl et mes examens ratés, mes parents s'enorgueillissaient encore un peu de moi. Leur fille « difforme » et étrangement intelligente avait surpassé les attentes de tout le monde, y compris les leurs. Bien sûr, je devais cela en grande partie au secret qui avait entouré jusqu'au bout l'existence de Lieserl.

— Avez-vous l'occasion de mettre à profit cette belle éducation maintenant que vous avez un mari et un fils ?

Par son ton et par cette question même, Mme Bala donnait l'impression curieuse de chercher la confrontation. Laissait-elle entendre que mon éducation peu commune ne servait à rien au vu des tâches typiquement féminines que j'accomplissais désormais au quotidien ?

Consciente du regard de mon père sur moi, je me suis raidie.

— Il se trouve que oui, madame Bala. Je me consacre à différentes études avec mon mari. D'ailleurs, juste avant de venir à Novi Sad, nous avons terminé un article important qui le rendra célèbre dans le monde entier.

Avais-je l'air de trop fanfaronner ? D'être sur la défensive ? La manière dont Mme Bala me scrutait et ses remarques provocantes m'agaçaient, mais je voulais surtout que mon père me perçoive encore comme une *mudra glava*. Notre séjour chez mes parents avait été si bien rempli que je n'avais pas vraiment eu l'occasion de parler avec lui de mes recherches en cours.

— Eh bien, je ne m'étonne plus de cette réflexion que M. Einstein a eue vous concernant : « Ma femme m'est indispensable pour beaucoup de choses, y compris mon travail. C'est elle la mathématicienne de la famille. »

— Il... a dit ça ? ai-je bafouillé.

Je me le suis tout de suite reproché. Cette image pitoyable n'était pas celle que je voulais renvoyer à cette femme et à mon père.

— Oh, oui, a-t-elle répliqué en se réjouissant manifestement de ma réaction. Il a même ajouté que son jugement sur les Serbes, qu'il tient pour une brillante nation, reposait entièrement sur ce qu'il savait de sa femme.

Je n'ai pas refait l'erreur de m'étonner de ce jugement, mais j'ai rougi malgré moi. Comme j'avais été bien inspirée de ramener notre relation sur la voie de la science ! Albert et moi avions forgé notre couple sur ses braises, et elle continuait depuis d'attiser notre flamme.

29

26 septembre 1905
Berne, Suisse

À notre retour à Berne, mon monde s'est de nouveau réduit aux corvées ménagères, à mes devoirs de mère et à la science. Moi, Hans Albert, Albert. Comme prisonniers d'une orbite gravitationnelle constante, nous tournions les uns autour des autres selon un mouvement perpétuel.

Helene me manquait énormément. À part elle, personne dans ma vie ne me témoignait cette camaraderie, cette compréhension – elle était d'ailleurs mutuelle –, cette empathie et cette acceptation sans réserve. Ni les autres femmes au foyer de mon entourage. Ni ma propre famille. Ni même Albert. J'aspirais à retrouver mon moi le plus pur, le plus vrai – le moi de ma jeunesse –, quand j'étais avec elle.

Faute de mieux, je passais mes journées à jouer anxieusement mon rôle. Même quand je faisais le ménage, m'occupais de Hans Albert, préparais les repas et reprisais les vêtements d'Albert, je pensais à l'article sur la relativité qui serait publié cet automne-là dans les *Annalen der Physik*. J'étais impatiente de voir mon nom figurer dessus en caractères d'imprimerie. Mon esprit ne parvenait à se concentrer sur presque rien hormis cet hommage à Lieserl.

Je me suis remise à guetter le facteur, chose que j'avais arrêté de faire après la mort de ma fille. Jour après jour, je remontais les quatre volées de marches jusqu'à notre appartement sans rien d'autre à porter que Hans Albert. Je n'y croyais presque plus, cet après-midi où un coup de sonnette a retenti. Je ne m'étais fait aucune amie à Berne, si bien que nous n'avions pour ainsi dire jamais de visite en dehors des membres de l'Académie Olympia, qui arrivaient en général après le dîner. Intriguée, j'ai pris Hans Albert dans mes bras et descendu l'escalier. Le facteur m'a fixée de ses grands yeux quand j'ai ouvert la porte.

— Bonjour, madame Einstein. C'est le colis que vous attendiez, je suppose ?

Il m'a donné un paquet enveloppé de papier kraft qui présentait à peu près les bonnes dimensions et le bon poids, ainsi qu'une adresse d'expédition en Allemagne.

— C'est ça ! me suis-je écriée en me jetant à son cou. Je ne pourrai jamais assez vous remercier !

Il m'a saluée respectueusement d'un signe de tête et s'est hâté de filer. Connaissant le stoïcisme suisse, j'ai compris que cette marque d'affection peu courante l'avait déstabilisé. Ma réaction m'étonnait moi-même. J'ignorais jusqu'au nom de famille de cet homme.

Je me suis retenue d'ouvrir le colis sur-le-champ, mais sitôt rentrée dans notre appartement, j'ai déposé Hans Albert au milieu de ses cubes en bois et j'ai déchiré l'emballage. Un coin de la couverture des *Annalen der Physik* m'est apparu. J'ai libéré la revue des ficelles enroulées autour pour en parcourir rapidement la table des matières. « Sur l'électrodynamique des corps en mouvement » y figurait, suivi du nom de son auteur, Albert Einstein. L'omission de mon propre nom m'a laissée indifférente – il n'y avait probablement pas assez de place à cet endroit pour en ajouter un autre, et celui d'Albert était bien le premier mentionné dans notre manuscrit. Il le fallait, puisqu'il était le seul de nous deux à avoir un diplôme.

J'ai ouvert le volume à la page 891. Là, j'ai retrouvé l'article sur lequel j'avais tant travaillé. Il y avait quelque chose de merveilleux à le voir enfin imprimé – c'était mieux encore que ce que j'avais imaginé. Puis j'ai examiné le reste de la page de titre. Où était mon nom ? J'ai lu soigneusement toutes les mentions, mot à mot, mais Mileva Marić Einstein n'était citée nulle part, pas même dans une note. « Sur l'électrodynamique des corps en mouvement » n'était vraiment attribué qu'à un seul auteur : Albert Einstein.

Comment était-ce possible ? Pourquoi le rédacteur en chef de la revue m'avait-il dépossédée de ma contribution sans nous consulter ? Était-ce parce que j'étais une femme ? Mais cela allait à l'encontre de toutes les règles éthiques observées par les publications scientifiques.

Je suis tombée à genoux. Qu'était devenu mon hommage à Lieserl ? Cet article avait été le moyen pour moi de donner un sens à sa triste et courte existence et à nos nombreux mois de séparation. L'idée que tout cela était perdu m'a fait éclater en sanglots.

Hans Albert a délaissé ses cubes pour venir coller son corps chaud et potelé contre moi et me tapoter le dos.

— Maman, a-t-il dit d'un air triste.

Cela m'a fait pleurer encore plus fort.

Des heures plus tard, debout dans sa baignoire en porcelaine, il éclaboussait joyeusement toute la cuisine. J'ai passé un gant de toilette savonneux sur les doux replis de chair de ses bras et de ses jambes. Enchanté, il s'est trémoussé de plus belle, répandant de l'eau sur les serviettes que j'avais posées sur le côté. Mais pour la première fois de ma vie je n'éprouvais aucun plaisir à donner le bain à mon petit garçon, alors que cela faisait partie en temps normal de mes activités préférées.

Je ne parvenais pas à m'ôter de l'esprit la trahison des *Annalen der Physik*.

J'ai couché Hans Albert et terminé de préparer le dîner. Après quoi, j'ai attendu. 19 heures ont sonné, puis 20 heures. Que faisait Albert ? Ses amis de l'Académie Olympia pouvaient débarquer d'une minute à l'autre. Il était parfois tête en l'air et se laissait facilement distraire, mais il n'était encore jamais rentré si tard en ayant omis de me prévenir. Lui était-il arrivé quelque chose ?

J'ai fait les cent pas dans le vestibule de notre petit appartement. Lorsque, enfin, j'ai entendu le bruit rassurant de sa clé dans la serrure, j'ai saisi l'exemplaire des *Annalen der Physik* et, sans même le saluer poliment, ni plaisanter avec lui, ni le questionner sur son retard, j'ai craché les mots qui avaient bouillonné en moi toute la journée :

— Albert, l'article sur la relativité est sorti aujourd'hui, mais tu ne vas jamais croire ce qui s'est passé. Il ne mentionne que toi comme auteur. Je n'en reviens pas que les rédacteurs aient fait ça. Il faut qu'on leur écrive et qu'on exige une rectification.

— Moins fort, Mileva, a-t-il dit en portant un doigt à ses lèvres. Tu vas réveiller Hans Albert.

Son reproche m'a choquée. Il ne se souciait jamais du sommeil de Hans Albert. Il n'y avait qu'une seule explication possible...

— Tu étais au courant, ai-je lancé en reculant.

— Dollie, ce n'est pas ce que tu penses. Ne te fie pas aux apparences.

— C'est pour ça que tu arrives à une heure pareille ? Tu n'avais pas envie de rentrer à la maison. Tu te doutais bien que je serais furieuse.

Il n'a pas répondu, mais l'expression de son visage disait clairement que j'avais raison.

J'ai continué à reculer jusqu'à ce que je heurte un mur dans le salon. Si j'avais pu me frayer un passage dans le plâtre, je l'aurais fait. Tout plutôt que de rester près de lui.

— Qu'est-ce qui t'a pris d'accepter ça ? Et sans m'en parler, en plus ? Tu connaissais l'origine de cette théorie. Tu savais combien il était important pour moi de rendre hommage à Lieserl en signant publiquement cet article.

Il a cillé devant cette allusion à notre fille.

— Écoute-moi, Dollie, a-t-il dit en me prenant par le bras. S'il te plaît. L'un des rédacteurs de la revue m'a écrit en me posant des questions sur toi et tes références. Je lui ai expliqué que tu étais ma femme et une physicienne parfaitement qualifiée, bien que tu n'aies pas obtenu ton diplôme. Mais j'ai senti son hésitation dans sa réponse.

— Il t'a demandé de supprimer mon nom ?

— Non, a reconnu lentement Albert.

— C'est *toi* qui le lui as demandé ?

Je ne pouvais pas le croire. Encore que... Je me suis soudain rappelé une précédente occasion où il avait supprimé mon nom d'un article dont nous étions tous les deux les auteurs. Celui sur la capillarité qu'il avait soumis au Pr Weber.

Il a acquiescé sans me lâcher.

— Pourquoi as-tu fait ça, Albert ? Pour les autres articles, je n'aurais pas été enchantée, mais j'aurais compris. Celui sur la relativité, en revanche, c'est différent. Celui-là était pour Lieserl. Tu aurais dû insister.

— Quelle importance, Dollie ? Ne sommes-nous pas *Ein Stein* ? Une seule et même pierre ?

Dans le passé, il avait souvent utilisé ce jeu de mots sur son nom de famille pour décrire notre « unité ». Innocente que j'étais, j'avais jusqu'alors laissé cette belle image influer sur mes décisions. Mais je refusais de céder devant cet argument plaintif selon lequel nous ne faisions qu'un et que ce qui bénéficiait à l'un bénéficiait aussi à l'autre. Il était question ici de Lieserl. N'avais-je pas déjà consenti à suffisamment de sacrifices pour l'« unité » de notre couple ? Ne méritais-je pas de pouvoir rendre un hommage durable à ma fille ?

Je me suis libérée d'un geste sec.

— Albert, nous sommes peut-être une seule et même pierre, mais il est évident maintenant que ce n'est pas un seul et même cœur qui bat en nous.

30

4 août 1907
Lenk, Suisse

— Grâce à cette machine, nous pourrions mesurer de très petites quantités d'énergie, a déclaré Albert aux frères Habicht devant un café fort.

Paul et Conrad Habicht étaient venus nous rendre visite à l'auberge près de Lenk où Albert et moi passions dix jours de vacances avec notre fils. Nous avions eu l'idée d'un nouvel appareil de mesure, et à présent que Maurice Solovine était parti vivre à Paris, Albert espérait reformer l'Académie Olympia avec ses deux amis afin qu'ils nous aident à concrétiser notre projet.

— Pourquoi ferions-nous ça ? a demandé Paul.

Frère de l'un des membres originels de l'Académie, Paul était un ingénieur de talent doté d'un plus grand sens pratique que son aîné. Cela avait donné lieu à des discussions enflammées durant les quelques séances auxquelles il avait assisté au fil des ans.

— Pour enregistrer d'infimes charges électriques, évidemment, a répondu Albert avec dédain.

Paul ayant toujours l'air perplexe, j'ai tenté de clarifier l'intérêt de notre invention :

— La *Maschinchen* nous permettrait d'amplifier de toutes petites quantités d'énergie et de les mesurer, ce qui aiderait les scientifiques partout dans le monde à évaluer diverses théories moléculaires.

Conrad s'était habitué à mes commentaires durant nos nombreuses soirées ensemble – y compris à mes traductions des formules souvent laconiques d'Albert –, mais je n'étais pas sûre que Paul les accueillerait aussi favorablement. Il m'était toujours impossible de prédire la réaction d'un homme devant une femme qui entendait quelque chose à la science.

— Ah ! a-t-il dit, saisissant cette fois le lien entre notre machine et l'un des grands débats qui agitaient les physiciens à ce moment-là : de quoi au juste était fait notre monde ?

Il ne semblait pas gêné par mon implication dans ce projet, finalement. Peut-être que son frère l'avait prévenu, à moins que mes brèves remarques durant les sessions de l'Académie n'aient suffi à l'y préparer.

— Tous les laboratoires voudront avoir le leur, a commenté Conrad, qui de son côté avait perçu l'intérêt lucratif de cette entreprise.

— Exactement, ai-je répondu en souriant.

J'ai tendu Hans Albert à son père et déroulé les formules et les schémas électriques sous forme de croquis que j'avais préparés. Après avoir étudié les plans avec Paul et Conrad, je leur ai proposé un planning de travail. Albert avait réussi à obtenir une salle dans un lycée de Berne, où nous pourrions fabriquer la machine ensemble.

— Vous êtes d'accord pour vous lancer dans cette entreprise avec nous ? ai-je ensuite demandé.

J'ai adressé une prière silencieuse à la Vierge Marie pendant que les deux frères se consultaient du regard. Je ne l'invoquais pas souvent – sans ma mère à mes côtés, j'avais perdu cette habitude –, mais je repensais à elle lorsque je voulais vraiment quelque chose. Albert et moi étions deux purs théoriciens, et la mise en pratique de nos idées n'était pas notre fort. Nous avions besoin des frères Habicht pour que notre *Maschinchen* devienne réalité.

— Nous partagerons les profits ? s'est enquis Paul.

— Bien sûr. Vingt-cinq pour cent chacun, ai-je dit. Si vous acceptez, je consulterai un avocat afin qu'il rédige un accord. Une fois l'appareil finalisé, Albert se chargera de déposer le brevet. Il a un peu d'expérience dans ce domaine.

Albert m'a souri, visiblement ravi de la finesse dont je faisais preuve avec les Habicht. Il s'était excusé de l'omission blessante de mon nom dans nos quatre articles publiés en 1905 par les *Annalen der Physik*, mais il lui avait fallu plus que de simples mots pour se racheter. Ce n'est qu'après plusieurs mois de silence de ma part que la clé de son absolution lui était apparue : une invitation à travailler avec lui. Ce projet que nous avions conçu ensemble au cours de l'année écoulée et qu'il m'avait laissée libre de diriger avait été la seule forme de pénitence admissible à mes yeux. C'est ainsi que j'avais enfin accepté ses remords. Et, en théorie, je lui avais pardonné.

20 mars 1908
Berne, Suisse

Quelques mois après cette rencontre à Lenk, je me tenais de nouveau devant les frères Habicht, prête à découvrir les fruits de cette conversation. Albert a frotté son menton, qu'une barbe naissante noircissait après un long week-end passé à peaufiner la machine avec Conrad et Paul. Son visage s'était amaigri ces derniers temps, et ses joues désormais creusées lui donnaient un air plus âgé, très différent de l'étudiant que j'avais connu autrefois.

La salle mise à notre disposition était jonchée de fils électriques, de piles, de plaques métalliques et de tout un tas de pièces non identifiables – sans parler de tasses de café sales et de cendres de tabac accumulées là depuis l'été précédent. J'ai posé Hans Albert dans un coin a priori sans danger pour lui et j'ai examiné la machine.

Le cylindre ressemblait à mes croquis. Après avoir travaillé dessus le soir pendant sept mois, Albert, Paul et Conrad avaient finalisé l'appareil. Tous trois m'avaient fait venir pour l'étape capitale des premiers essais.

— On y va ? ai-je lancé.

Albert a acquiescé et attendu que Paul et Conrad aient effectué plusieurs raccordements et enclenché des interrupteurs pour démarrer la machine. Celle-ci a d'abord crachoté, et une légère fumée s'est échappée en continu de l'un des fils électriques lorsqu'elle s'est mise en marche.

— La charge électrique initiale a été transférée sur une série de plaques métalliques, qui l'ont à leur tour transmise et amplifiée jusqu'à ce qu'on puisse la mesurer, ai-je commenté. Ça marche !

Les hommes se sont congratulés et inclinés devant moi, mais juste au moment où Conrad sortait une bouteille de vin poussiéreuse cachée derrière un amas de fils, la *Maschinchen* a fait entendre un horrible bruit discordant et s'est arrêtée net.

Albert et les frères Habicht se sont précipités vers elle et l'ont manipulée pendant ce qui m'a paru une bonne heure.

— J'imagine qu'on s'est félicités un peu trop vite, ai-je dit tout en faisant sautiller Hans Albert sur mes genoux afin de le distraire un peu, lui qui aurait dû être couché depuis longtemps déjà.

— Pourquoi dites-vous ça ? s'est étonné Paul.

J'ai montré la *Maschinchen* encore fumante.

— Ce n'est rien, a-t-il assuré. Juste une isolation défectueuse. On va régler très vite le problème.

— Vraiment ?

— Oui, a répondu Conrad à la place de son frère. Dès qu'on aura réussi à bien la faire fonctionner, on déposera le brevet. Albert a déjà presque bouclé le dossier et y a même inclus les plans. Pas vrai, Albert ?

Il ne m'en avait pas du tout parlé. J'étais surprise de sa diligence, mais voilà à quoi il avait dû s'occuper dans cette salle pendant que les frères Habicht assemblaient la machine. Je savais qu'il n'était pas aussi doué qu'eux sur le plan manuel.

— On peut voir les documents, Albert ?

Les cheveux en bataille et couverts de poussière, Albert a levé les yeux vers Conrad en ayant l'air d'avoir oublié ma présence.

— Bien sûr, a-t-il dit, avant de farfouiller parmi les composants électriques qui recouvraient une table, jusqu'à ce qu'il mette la main sur un tas de papiers en désordre. Tenez. La forme est encore sommaire, mais l'idée générale est là, a-t-il précisé en étalant tout devant les Habicht et moi.

Les croquis reproduisaient fidèlement l'appareil dans sa forme finale, et le texte descriptif nécessaire pour le dépôt du brevet était bien avancé. Paul et

Conrad ont suggéré quelques infimes corrections, mais, ces détails mis à part, ils se sont montrés satisfaits. Je n'ai fait de mon côté aucun commentaire. Je n'étais pas compétente pour juger de ce qui touchait au brevet, et tout me semblait en ordre. Il ne nous restait plus qu'à faire en sorte que la *Maschinchen* marche correctement avant de soumettre ce dossier.

— Pourquoi le nom de Mileva ne figure-t-il pas dessus ? a soudain demandé Paul à Albert avec perplexité.

J'ai repris les papiers. Paul faisait sûrement erreur. Albert n'aurait pas commis une seconde fois une faute aussi grave. Pas après les mois de silence qu'il avait dû supporter. Mon nom se trouvait forcément quelque part. Mais en parcourant la page contenant les informations sur les déposants, force m'a été de constater que Paul avait raison. « Mileva Einstein » n'apparaissait nulle part.

Comment Albert avait-il osé ?

Le silence s'est abattu sur la salle. Paul et Conrad avaient compris l'offense qui m'était faite et, gênés, attendaient la suite. Même Hans Albert, pourtant toujours si agité, a cessé de gigoter. À coup sûr, il percevait la tension autour de lui.

J'avais envie de crier contre Albert tant je lui en voulais de son manque de considération et de sa lâcheté. Il aurait pu prévoir ma réaction s'il avait ne serait-ce que pensé un peu à moi. Avait-il eu trop peur de me le dire en face ? Préférait-il vraiment cette confrontation devant témoins ? S'il avait abordé la question avec moi en tête à tête, en m'expliquant que le brevet aurait plus de chances d'être accepté sans une femme non diplômée parmi les déposants, je n'aurais pas été ravie, mais j'aurais apprécié qu'il se soucie assez de moi et de ma sensibilité pour m'épargner cette scène embarrassante devant Paul et Conrad.

Je n'allais pas le laisser m'humilier, que ce soit en privé ou en public. Pas une seconde fois. Je me suis forcée à sourire, comme si j'étais au courant depuis le début de l'omission de mon nom.

— Pourquoi voulez-vous que je sois mentionnée, Paul ? ai-je dit calmement. Albert et moi sommes *Ein Stein*. Une seule et même pierre.

— Bien sûr, a-t-il dit trop vivement.

Albert a gardé le silence.

Je l'ai fixé avec insistance, et tandis qu'une sensation nouvelle se faisait jour en moi, j'ai articulé les mots suivants :

— N'est-ce pas, Albert ?

31

4 juin 1909
Berne, Suisse

Albert et moi avions peu à peu enflammé le monde de la physique dans les mois qui avaient suivi l'homologation du brevet de la *Maschinchen*, cette invention dont j'espérais qu'elle nous vaudrait des revenus réguliers. Des lettres de physiciens arrivaient de toute l'Europe dans notre appartement de la Kramgasse, à Berne. Mais parmi elles nulle demande de renseignements concernant notre appareil, qui peinait à se faire une place dans les laboratoires. Non, après que le professeur de physique le plus estimé du vieux continent, Max Planck, avait commencé à enseigner la théorie de la relativité à ses étudiants, d'autres s'étaient enquis des quatre articles que nous avions publiés dans les *Annalen der Physik* en 1905, et notamment du mien. Aucun de ces messages ne m'était destiné, cependant, puisque ma contribution à cette théorie avait été effacée. Tous étaient adressés à Albert.

Comme une araignée, ce dernier s'employait à tisser sa toile dans le microcosme des physiciens européens.

On lui proposait de rédiger de nouveaux articles et de commenter d'autres théories pour diverses revues. Des invitations à participer à des conférences s'empilaient dans tout l'appartement. Des inconnus l'arrêtaient dans les rues de Berne en apprenant qui il était. Mais la nouvelle toile d'Albert manquait d'un point d'appui solide pour Hans Albert et moi, et nous étions simplement devenus les branches auxquelles elle était attachée.

Jour après jour, je m'occupais de la maison, d'Albert et de Hans Albert. J'avais même pris en pension des étudiants étrangers – nourris et blanchis eux aussi – en les logeant dans nos deux chambres d'amis. Ce travail supplémentaire mettait à rude épreuve mes jambes et mes hanches déjà douloureuses, qui ne s'étaient jamais complètement remises de la naissance de Lieserl, mais je le faisais sans me plaindre, parce que j'attendais qu'Albert me convie de nouveau dans le monde secret de la physique, dans lequel nous nous ébattions ensemble autrefois. Depuis la dissolution officieuse de l'Académie Olympia, provoquée par les départs successifs de Maurice et de Conrad vers d'autres horizons, lui seul était en mesure de le faire. Je me disais qu'en accueillant des étudiants étrangers et en le libérant ainsi de tout souci financier il pourrait se replonger dans ses études et que le reste suivrait. Cela m'énervait de devoir recourir à de tels stratagèmes, mais je ne voyais pas d'autre moyen de renouer avec une activité scientifique.

Plusieurs mois après la fin de notre travail sur la *Maschinchen*, pourtant, Albert ne m'avait toujours pas vraiment proposé de retravailler avec lui. Malgré tout le temps libre qu'il avait grâce à moi, il n'était plus disponible pour ce genre de collaboration. De temps à autre, quand il répondait à des physiciens qui l'interrogeaient sur les quatre articles de 1905 ou qu'il devait commenter des études pour des revues scientifiques, il me demandait en urgence des précisions sur telle ou telle nuance de la théorie de la relativité ou sur certains calculs mathématiques. Je me tenais prête en lisant les dernières publications et les ouvrages qu'il laissait à la maison, mais nous cessions peu à peu de parler entre nous cette langue des sciences qui nous avait été commune. Mes échanges enfantins avec Hans Albert et mes marmonnements inquiets sur l'état de nos finances prenaient le relais de ces conversations sacrées.

La partie confiante de mon être qui avait commencé à se fossiliser à la suite de l'omission de mon nom sur le brevet de la *Maschinchen* continuait à se solidifier, et mon infime espoir de voir raviver la flamme de nos projets scientifiques se transformait en colère. Helene était la seule personne à qui je confiais mes sentiments, notamment ma crainte que la célébrité n'ait fait perdre à Albert tout intérêt pour moi et que cette quête de notoriété n'étouffe ce qu'il restait d'humanité en lui.

J'étais devenue la femme au foyer que je ne voulais surtout pas être. Le genre de femme qu'Albert avait toujours tourné en dérision. Ce n'était pas la vie de bohème dont j'avais rêvé, mais quel choix m'avait-il laissé ?

Une petite chance pour notre relation, tant conjugale que scientifique, s'était profilée sous la forme d'une offre d'emploi. Les éloges de plus en plus nombreux qu'il recevait de ses pairs avaient permis à Albert d'obtenir enfin ce à quoi il aspirait depuis ses études. Après un long débat parmi le corps enseignant au sujet de ses origines – et une conclusion tortueuse selon laquelle il n'affichait pas les caractéristiques juives les plus « problématiques » –, l'université de Zurich lui avait proposé un poste de professeur de physique. Nous avions décidé de nous installer là-bas quelques mois avant le début du semestre hivernal, prévu en octobre, et j'avais recommencé à prier la Vierge Marie, cette fois pour un nouveau départ dans la ville où nous avions été étudiants. La ville où j'avais été une tout autre Mileva.

Bien sûr, c'est moi qui devais m'occuper du déménagement pendant qu'Albert terminait son contrat au Bureau de la propriété intellectuelle...

Un jour, alors que notre studieux petit garçon de cinq ans travaillait son piano, je me suis penchée sur la masse de papiers qu'Albert avait laissés traîner sur la table de la salle à manger, le plan de travail de la cuisine et le sol de notre chambre – y compris des piles de documents rapportés de son bureau. Il y en avait partout, au point que j'avais l'impression de suivre un chemin à l'aide d'objets disséminés par terre, comme Hansel et Gretel.

Je triais le tout par catégories quand je suis tombée dessus. Une carte postale qui dépassait entre deux pages d'un article soumis à Albert.

Cher professeur Einstein,
J'espère que vous accueillerez avec indulgence ces quelques mots de félicitations de la part d'une vieille amie que vous avez sans doute oubliée au fil des ans. Rappelez-vous, je suis la belle-sœur du propriétaire de l'hôtel Paradise, à Mettmenstetten, et nous avons passé plusieurs semaines en compagnie l'un de l'autre il y a dix ans de cela, en été. J'ai lu un article dans le journal local de

Bâle sur votre nomination en tant que professeur de physique théorique à l'université de Zurich, et je voulais vous souhaiter tout le succès possible à ce nouveau poste. Je pense souvent à vous, et je chéris les instants qu'il nous a été donné de partager dans notre jeunesse à l'hôtel Paradise.
Affectueusement vôtre,

Anna Meyer-Schmid

J'ai failli éclater de rire devant tant de mièvrerie et de sentimentalité. Albert recevait régulièrement du courrier flatteur émanant aussi bien de scientifiques que de profanes – je n'arrêtais pas d'en ramasser dans tout l'appartement. Ce genre de message envoyé par une ancienne petite amie était quelque chose de nouveau, mais peut-être en plaisanterais-je avec lui au cours du dîner.

J'ai continué mon tri, jusqu'à ce que je découvre une autre carte avec la même écriture.

Cher professeur Einstein,
Quelle joie de recevoir si vite une réponse ! Je n'aurais jamais cru qu'un homme aussi célèbre et occupé puisse avoir le temps d'écrire à une simple femme au foyer de Bâle. Je suis surprise et ravie que vous ayez gardé de tendres souvenirs de ces semaines à l'hôtel Paradise, et je m'émerveille de votre invitation à venir vous rencontrer dans vos bureaux de Zurich une fois que vous y serez installé. Je serais très honorée de rencontrer le Pr Einstein et ne manquerai pas de vous proposer quelques dates pour notre rendez-vous.
À vous de tout mon cœur,

Anna Meyer-Schmid

J'ai été prise d'un vertige. Non seulement Albert avait répondu à cette femme, mais dans sa lettre il avait dû l'inviter à lui rendre visite à Zurich. Ce n'était plus un sujet de plaisanterie. C'était le début d'une liaison.

Au fond de moi, je me sentais outragée. J'avais renoncé à mes ambitions personnelles et sacrifié une partie du temps que j'aurais pu passer avec ma fille, tout ça pour lui. Pour satisfaire ses désirs et ses besoins. Il était devenu ma vie, ma voie vers l'amour et le travail – même s'il me la bloquait à présent. Le sang des brigands, comme disait mon père, a soudain bouillonné dans mes veines. Si Albert s'imaginait que j'allais m'effacer sans broncher devant une ménagère bâloise, il faisait erreur.

J'ai pris une plume et une feuille de papier afin d'écrire à M. Georg Meyer, le mari de cette Anna Meyer-Schmid, en utilisant l'adresse qu'elle avait fort opportunément mentionnée sur l'enveloppe. *Votre femme a envoyé une lettre suggestive à mon époux...*

La porte a claqué. Je n'attendais pas Albert de si bonne heure. J'ai d'abord eu le réflexe de cacher les cartes et le message que j'avais commencé, puis je me suis ravisée. Pourquoi me taire ? Je n'avais rien à me reprocher, moi.

— Je suis dans la chambre, ai-je dit quand il m'a appelée.

Et j'ai repris ma lettre.

Le bruit de ses pas s'est rapproché.

— Qu'est-ce que tu fais, Dollie ?

— J'écris au mari d'Anna Meyer-Schmid au sujet du courrier que vous avez échangé, sa femme et toi.

Un long silence a suivi.

— De quoi tu parles ?

Comme s'il l'ignorait.

— En emballant nos affaires, j'ai trouvé deux cartes postales de Mme Meyer-Schmid dans lesquelles vous semblez convenir d'un rendez-vous à Zurich. J'ai estimé que M. Meyer avait le droit d'en être informé.

— Ce... ce n'est pas ce que tu penses, a-t-il bafouillé.

— J'ai déjà entendu cette excuse.

J'ai continué à rédiger mon message, les yeux rivés sur ma feuille. J'avais peur de me laisser attendrir si je le regardais.

— Je t'assure, Dollie. Son courrier m'a paru innocent et je n'y ai rien vu de plus que les félicitations d'une vieille amie. Je ne sais pas ce qui a pu la pousser à poursuivre cette correspondance.

— Dans ta réponse, tu ne l'as pas invitée à venir te voir à Zurich ?

— Seulement de manière très générale, comme je l'aurais fait avec n'importe quel ami.

— Tant mieux, je suis heureuse de l'apprendre.

Mais je ne le croyais pas. Je reconnaissais trop bien la colère dans sa voix.

— Dans ce cas, cela ne t'ennuiera pas que je veuille expliquer la situation à M. Meyer.

— Comment oses-tu mettre ça sur la place publique, Mileva ? s'est-il emporté.

— Comment j'ose faire ça ? Mais toi, comment oses-tu arranger un rendez-vous avec une ancienne petite amie ? Et comment oses-tu t'énerver contre moi ?

Il s'est aussitôt calmé.

— Les apparences sont trompeuses.

— Tu l'as déjà dit. Tu ne devrais donc voir aucune objection à l'envoi de cette lettre.

Le silence a empli la pièce, aussi assourdissant qu'un cri. Je savais qu'Albert me mentait et qu'il cherchait désespérément comment me dissuader d'aller au bout de mon projet. Il fallait que je le mette au pied du mur, que je tue cette relation dans l'œuf. Je l'ai fixé bien en face, sans rien dire. J'ai juste attendu.

— Vas-y, Mileva, envoie cette lettre. Tu me crées toujours des problèmes aux moments les plus importants de ma vie. D'abord en ayant un bébé alors que j'étais sur le point d'entrer au Bureau de la propriété intellectuelle, et aujourd'hui encore, pile quand je m'apprête à prendre mon poste de professeur à l'université. Tu ne penses vraiment qu'à toi.

32

14 août 1909
Engadine, Suisse

— Laisse-moi le porter, Dollie, a offert Albert en soulevant notre fils, qui dormait à moitié dans mes bras.

Je me suis retenue de dire non, tout comme je m'étais retenue de dire non à ce voyage. Depuis notre arrivée dans l'Engadine pour les vacances d'été, je résistais aux marques d'attention ostensibles d'Albert – sa façon à lui de s'excuser pour l'épisode Anna Meyer-Schmid –, mais le terrain en pente et le poids de Hans Albert faisaient souffrir ma jambe et ma hanche, et j'ai donc cédé.

L'ascension devenait de plus en plus difficile à mesure que nous approchions du point culminant de notre randonnée. La dernière portion du chemin était même si escarpée que j'ai failli m'arrêter. À la place, je me suis forcée à avancer en m'appuyant sur ma colère encore vivace contre Anna Meyer-Schmid et les paroles haineuses d'Albert. Fini, les signes de faiblesse devant lui.

Je ne pouvais plus accepter ses démonstrations d'affection pompeuses – comme ces vacances pour se faire pardonner son flirt avec cette femme, ou la *Maschinchen* en compensation de mon nom effacé de l'article sur la relativité. Il savait ce que j'attendais de lui. Que l'on se remette au travail. Je m'étais retranchée dans ma coquille, à l'image du mollusque que j'avais un jour décidé de ne pas devenir. Cette carapace dure et protectrice m'était nécessaire pour survivre dans les eaux tumultueuses de notre couple.

La belle région de l'Engadine m'a momentanément apaisée. La rivière Inn et les sommets enneigés autour de nous composaient un paysage spectaculaire, où l'on apercevait çà et là des villes pittoresques hérissées de flèches d'églises et des sentiers de randonnée qui traversaient les montagnes, comme dessinés à grands coups de pinceau. Je devinais pourquoi Albert m'avait amenée à cet endroit : pour ressusciter d'anciens souvenirs et ranimer en moi la tendre affection qu'il m'inspirait avant. Des sentiments qui me feraient oublier ses défauts. Des sentiments qui me semblaient appartenir à un lointain passé.

Il a posé Hans Albert sur un doux coin d'herbe et de mousse et l'a recouvert de sa veste. Je me suis détournée avant qu'il me surprenne en train de l'observer. Concentrée sur la vue, je l'ai entendu venir vers moi et me suis raidie lorsqu'il a enroulé un bras autour de mes épaules.

— Les sources du Rhin se trouvent derrière cette crête, Dollie, a-t-il dit en me montrant un point au loin.

Je n'ai pas bougé. Espérait-il m'amadouer rien qu'en m'appelant « Dollie » ? Je n'étais plus la fille candide d'autrefois.

— Le col de la Maloja est juste là, a-t-il poursuivi. Il relie la Suisse et l'Italie.

Je n'ai pas répondu.

— Il n'est qu'à quelques kilomètres du col du Splügen. Tu te souviens de notre journée là-bas ?

Il a enroulé son autre bras autour de moi et plongé son regard dans le mien. Je l'ai soutenu, mais toujours sans rien dire.

— Tu te rappelles ? On disait que c'était notre lune de miel bohème.

Il n'aurait pas dû faire cette allusion à notre « lune de miel ». La simple mention de notre séjour au bord du lac de Côme a fait resurgir en moi des images de Lieserl, le souvenir des presque deux années d'attente entre ces vacances et notre mariage, et celui de ma carrière détruite. Comme tentative de séduction, c'était pitoyable.

— À quoi rime ce silence, Dollie ?

J'ai perçu la première pointe de frustration dans sa voix. De quel droit s'énervait-il ? Je m'étais accrochée à mon mutisme, mais je ne pouvais pas laisser passer une question si stupide.

— Je pense que tu le sais très bien, Albert.

— Écoute, Dollie, j'ai commis une erreur. La carte de Mme Meyer-Schmid a réveillé de vieux sentiments que j'avais éprouvés plus jeune pendant mes vacances à Mettmenstetten, et j'en ai trop dit dans la réponse que je lui ai envoyée. Je ne vois pas quoi ajouter, si ce n'est que je le regrette.

Le problème était que ma colère ne découlait pas seulement de sa tentative de badinage avec Anna Meyer-Schmid, même si elle aussi m'avait profondément blessée.

— Tu regrettes également les mots durs que tu as eus contre moi ?

— Les mots durs ?

Était-il possible qu'il ait oublié ?

— Tu n'étais pas sérieux en disant que ma première grossesse était une sorte de crise d'hystérie que j'aurais faite volontairement au moment où tu espérais entrer au Bureau de la propriété intellectuelle, n'est-ce pas ?

Il a laissé retomber ses bras, soudain muet.

— Non, Mileva, a-t-il répondu au bout d'un moment. Si je l'ai dit, je ne le pensais pas.

— Tu mesures combien cette grossesse a été difficile pour moi ? J'étais seule, pas mariée, sans plus aucun avenir professionnel, et enceinte par-dessus le marché. Avoir Lieserl a changé ma vie. En mieux et en pire.

Je ne lui avais jamais parlé si franchement de notre fille. À l'époque des faits, j'avais eu trop peur de le perdre, lui. Ou elle.

— Oui, oui, bien sûr, a-t-il dit trop vite.

J'ai senti qu'il ne comprenait pas vraiment l'impact de cette maternité sur ma vie. Il voulait juste avoir la paix et il était prêt pour ça à me jurer tout ce dont j'avais envie selon lui.

Il a dû avoir conscience de cette dissonance entre nous, parce qu'il m'a reprise dans ses bras.

— Dollie, s'il te plaît, pouvons-nous faire de ce déménagement à Zurich un nouveau départ ? Le début d'un nouvel amour, d'un nouveau poste et d'une nouvelle collaboration ?

Une collaboration ? Albert connaissait mon point faible. Je me suis laissée aller à sonder ses yeux couleur café. Dans leurs profondeurs limpides, je jure que j'ai aperçu un avenir différent. À moins que je n'y aie seulement vu ce que je voulais voir.

Je mourais d'envie d'accepter, de lui faire confiance, mais pas question d'être imprudente pour autant.

— Tu me promets qu'on retravaillera ensemble ? Que tu prendras le temps de te consacrer à des articles semblables à ceux qu'on a rédigés pour les *Annalen der Physik* ? Ceux qui t'ont rendu si célèbre et qui t'ont valu ce poste à Zurich ?

J'avais besoin de lui rappeler sur qui il s'était appuyé pour atteindre de tels sommets.

Il a cillé, mais ne s'est pas défilé :

— Je te le promets.

Le croyais-je vraiment ? Cela avait-il de l'importance ? Je tenais ce serment et je ne pouvais rien attendre de plus.

— Alors oui, Zurich peut être pour nous un nouveau départ.

33

20 octobre 1910
Zurich, Suisse

Dès notre retour à Zurich, à l'automne 1909, les charmes familiers de la ville ont eu sur moi un effet magique. Le parfum du café et des arbres dans l'air, les débats estudiantins sur les théories les plus récentes, les promenades dans les rues anciennes et le long des berges de la Limmat, tout cela m'a rajeunie et égayée. Je suis redevenue la Mitza pleine d'espoir que j'étais des années plus tôt, même quand il m'est apparu qu'Albert ne tiendrait pas sa promesse de se lancer dans un nouveau projet de recherche avec moi.

J'ai en effet découvert un exutoire étonnant à mes aspirations scientifiques. Un heureux hasard a voulu que parmi les habitants de notre immeuble de la Moussonstrasse figure Friedrich Adler, un étudiant de l'Institut polytechnique qui avait intégré la Section VI après notre départ et qui secondait à présent le directeur du département de physique de l'université de Zurich. Il vivait là avec sa femme, Katya Germanischkaya, une Russe d'origine lithuanienne ayant elle aussi étudié la physique à l'Institut.

Nous nous sommes vite liés d'amitié, et nous avons pris l'habitude de nous réunir tous ensemble pour des repas, des sessions musicales et des discussions scientifiques et philosophiques. J'ai été encore plus satisfaite lorsque j'ai appris que j'étais à nouveau enceinte, chose que j'espérais depuis des années. Ainsi, durant quelque temps, nous avons mené la vie de bohème bienheureuse dont Albert et moi avions rêvé autrefois – du moment que je ne songeais pas à ses promesses brisées.

Mais six mois après notre arrivée, alors que j'avais pleinement retrouvé mes marques à Zurich, Prague a commencé à nous appeler. La prestigieuse université allemande de la ville faisait miroiter à Albert une chaire de physique et le statut de directeur de l'Institut de physique théorique. Je savais qu'une telle offre était irrésistible. Un salaire multiplié par deux, un poste de professeur titulaire au lieu de celui de suppléant, et la tête d'un institut ? Comment aurait-il pu refuser ? Pourtant, je l'ai supplié de ne pas nous arracher à cette vie agréable qui était la nôtre à Zurich, et ce d'autant plus quand notre deuxième fils, Eduard, est né, le 28 juillet 1910. Tete, comme nous le surnommions, était un bébé fragile qui enchaînait les maladies infantiles et dormait très peu. Je craignais qu'il ne supporte mal l'air de Prague, notoirement pollué en raison de l'industrialisation croissante de cette vieille cité. Durant presque un an, Albert s'est plié à mes souhaits et a décliné le poste – mais en manifestant un mécontentement grandissant.

J'ai tenté d'atténuer sa contrariété en élargissant notre cercle social au-delà des Adler et en organisant régulièrement des soirées musicales le dimanche avec Adolf Hurwitz, professeur à l'Institut polytechnique, ainsi que sa famille. Je voulais rappeler à Albert les attraits de Zurich et tisser de nouveau des liens avec lui grâce à notre amour partagé de la musique. Mais rien ne semblait pouvoir dissiper sa mauvaise humeur.

Son désir d'aller à Prague lui faisait porter un regard aigri sur Zurich. Et parce que je refusais de partir, sa rancœur contre moi n'a fait qu'empirer.

Par un après-midi froid de cet automne-là, alors que le soleil couchant se reflétait sur la Limmat au loin, une grande enveloppe est arrivée au courrier. Quelqu'un l'avait adressée à Albert d'une écriture formelle, en mentionnant une adresse retour en Suède. Qui dans ce pays pouvait bien vouloir le contacter ? Je ne pensais pas que sa notoriété s'était répandue jusque-là.

J'ai remonté les marches, déposé Tete dans son couffin et donné un livre à Hans Albert. Comme je gérais les finances et, par conséquent, toute la correspondance du ménage, j'ai ouvert la lettre. J'ai alors constaté, parfaitement ahurie, qu'elle émanait du comité du prix Nobel, lequel informait Albert que Wilhelm Ostwald, un précédent lauréat dans la catégorie chimie, l'avait sélectionné pour son article de 1905 sur la relativité restreinte.

Je me suis assise sur le canapé, la main tremblante. Mon article était sélectionné pour le prix Nobel ? Peu importaient les nombreuses félicitations qu'il avait déjà récoltées, cet honneur dépassait tout ce que j'avais pu imaginer. Même si personne n'apprenait jamais le rôle que j'avais joué dans la naissance de cette théorie, j'éprouvais un certain sentiment de paix à l'idée que la mort de Lieserl ait engendré ces nobles lauriers.

Évidemment, une petite partie de moi était vexée de n'avoir droit à aucune reconnaissance, mais lorsque j'ai compris que cette récompense pouvait servir mes intérêts, j'ai remisé ma déception. Grâce à cette nomination, peut-être qu'Albert ressentirait moins durement la perte de ce poste à Prague et qu'il apprécierait davantage de rester à Zurich. Il s'apercevrait qu'il n'avait pas besoin de déménager pour s'élever encore dans le milieu scientifique.

Ce soir-là, je me suis postée près de la porte avec la lettre et deux verres de vin rouge. Et j'ai attendu.

Il est rentré avec presque deux heures de retard. Au lieu de le lui reprocher, j'ai souri et lui ai donné son verre et le courrier.

— Qu'est-ce que c'est ? a-t-il demandé d'un ton bourru.

— Une nouvelle qui te fera plaisir, à mon avis.

Pendant qu'il parcourait la lettre, j'ai levé mon verre, prête à lui porter un toast lorsqu'il aurait terminé. Mais il a vidé son vin d'un trait, sans trinquer avec moi.

— Ces vieux croûtons reconnaissent enfin ma valeur, a-t-il marmonné.

Sa valeur ? Avais-je bien entendu ? Comme s'il avait oublié que c'était moi l'auteur de l'article désormais en lice pour le prix Nobel... Comme s'il avait réécrit l'histoire dans sa tête en se persuadant qu'il avait fait lui-même tout le travail. Je ne savais pas quoi dire. Cette déclaration me stupéfiait. C'était une chose de s'attribuer en public la paternité de la théorie de la relativité restreinte, mais c'en était une autre que de le faire en étant seul devant moi.

— Tu es heureux que le comité salue *ton* article ?
— Oui, Mileva, a-t-il répliqué en me défiant du regard.
J'étais abasourdie.
— Le dîner est prêt ? a-t-il enchaîné brusquement.
J'ai saisi à cet instant que je n'étais plus qu'une ménagère pour lui. La mère de ses enfants. Sa femme de ménage. Sa blanchisseuse. Sa cuisinière. Je ne serais jamais rien d'autre.

Telles étaient les miettes qu'il avait choisi de me laisser, et pourtant il semblait me détester alors même que je les acceptais.

J'avais le choix. Je pouvais le quitter et partir avec les garçons, en détruisant à jamais leur chance de connaître une vie normale et en les exposant à l'opprobre que la société jetait sur les divorcés, tout ça parce que leur père avait renié la promesse qu'il m'avait faite. Ou je pouvais rester et essayer de leur offrir la meilleure vie familiale possible en renonçant à mon rêve d'un partenariat scientifique avec Albert – un partenariat qui, pour être honnête, était totalement illusoire depuis longtemps. Dans tous les cas, je n'avais aucun espoir de collaborer de nouveau avec lui, mais seulement celui d'assurer le bonheur de mes enfants – le leur, pas le mien. Et cela dépendait d'Albert et de son degré de satisfaction.

— Albert ? ai-je dit alors qu'il s'asseyait à table, prêt à se faire servir son dîner.

Il ne s'est même pas tourné vers moi.
— Oui ?
— Je crois qu'on devrait aller à Prague.

5 novembre 1911
Prague, Empire austro-hongrois

Dès notre arrivée à Prague, au printemps 1911, la suie crachée par les usines qui saturait l'air s'est mise à peser sur moi comme une chape de plomb. J'avais l'impression de nager dans la boue lorsque je me frayais un chemin dans le labyrinthe des rues avec les garçons. Pour ne rien arranger, l'atmosphère déplaisante de la ville se reflétait dans le comportement de l'élite germanique, dont le mépris connu pour les peuples slaves et les Juifs s'est confirmé dès le début. L'instabilité politique au sein de l'Empire austro-hongrois, qui allait grandissant à mesure que les relations avec l'Empire ottoman se détérioraient et que les Serbes tentaient de créer une nation rassemblant les Slaves du Sud à l'intérieur des frontières austro-hongroises, ne faisait que renforcer l'attachement de la classe dirigeante à ses racines germaniques. Celle-ci voulait se distancier à tout prix des Slaves. Comment allais-je réussir à créer un cocon familial dans un tel contexte ?

J'ai tout de même essayé. Quand une eau marronnasse a commencé à s'écouler des robinets de notre appartement de Třebízského, dans le quartier de Smíchov, je suis allée péniblement remplir des seaux à une fontaine au bout de notre rue afin de pouvoir cuisiner. Quand des punaises et des puces ont envahi notre literie, j'ai fait un grand feu de joie avec toutes les affaires infestées, puis troqué les matelas et les couvertures austères contre d'autres aux couleurs vives. J'ai détourné l'attention des garçons du manque de lait frais, de fruits et de légumes, en insistant à la place sur tous les concerts proposés par les salles de spectacles et les églises de Prague, ainsi que sur les merveilles architecturales de la ville, en particulier sa célèbre tour de l'Horloge.

J'ai également cessé de harceler Albert pour que l'on travaille ensemble et je me suis coulée autant que possible dans le moule de la femme au foyer. Sauf qu'il n'était pas souvent témoin de mes efforts. Le travail théorique, l'enseignement et les conférences emplissaient ses journées, et il était presque toujours de sortie le soir, si bien que les enfants et moi étions parfois seuls des semaines durant. Les seules preuves de sa présence continue étaient les vêtements qu'il laissait traîner par terre et le son de sa voix lorsqu'il discutait chez nous avec ses collègues, tard dans la nuit, après que le café Louvre les avait mis dehors ou que le salon hebdomadaire de Mme Berta Fanta sur la place de la Vieille-Ville avait pris fin.

Je n'étais pas constamment marginalisée, cependant. Quand il sentait que j'étais à deux doigts de ne plus supporter d'être négligée, Albert venait participer à quelques dîners familiaux. Il faisait sauter les garçons dans ses bras et les chatouillait. Un jour, il est allé jusqu'à évoquer une nouvelle collaboration entre nous.

— Si on reprenait nos travaux sur la relativité, Dollie ? Si on explorait le lien entre elle et la gravitation ?

Le lendemain, c'était comme s'il n'avait jamais rien dit. Je m'efforçais de ne pas me laisser atteindre.

J'avais envie par moments de renoncer, mais il fallait que je tienne bon pour Hans Albert et Tete. Je n'avouais qu'à Helene combien mon estime personnelle en pâtissait. Je lui disais que sa gentillesse et son affection me manquaient, que j'étais bien seule, mais que je m'estimais heureuse de l'avoir dans ma vie. Il n'y avait qu'avec elle que je pouvais être moi-même.

Je pensais supporter la situation avec une certaine grâce, quand je me suis aperçue dans le miroir, un après-midi. Qui est cette femme ? me suis-je demandé en contemplant mon reflet.

Des hanches élargies par les grossesses. Une taille encore fine, mais cachée sous les plis volumineux d'une robe d'intérieur hideuse. Un nez et des lèvres épaissis, un front plus grossier. Un teint et des cheveux qui avaient perdu tout leur éclat. À même pas trente-six ans, j'en paraissais cinquante. Que m'était-il arrivé ? Ce laisser-aller était-il l'une des raisons qui avaient éloigné Albert de moi ?

Juste quand mes yeux s'emplissaient de larmes, une toux rauque a retenti dans la chambre de Tete. J'ai entrouvert sa porte sans bruit pour ne pas le réveiller. Avec ses cheveux bruns et ses yeux marron mélancoliques, il ressemblait à son aîné, mais il n'avait pas du tout la même constitution. Hans Albert avait toujours été un garçon robuste, alors que Tete était délicat et attrapait presque toutes les maladies qui passaient. À cet égard, Prague et sa saleté ne lui avaient pas fait de cadeau.

Parce qu'il avait les joues rouges, j'ai posé une main sur son front. Il était brûlant. La peur est montée en moi. J'ai couru dans le bureau rédiger un message à l'intention du médecin, puis j'ai prié une voisine de veiller sur Tete un instant, le temps que je fonce dans la rue héler un messager. Moins d'une heure plus tard, on frappait à notre porte.

— Merci de vous être déplacé, docteur. Vous avez été plus rapide que je ne l'espérais.

La dernière fois que mon fils avait eu de la fièvre, le médecin avait mis huit heures à venir, aussi m'étais-je préparée à une longue attente angoissante.

— J'étais dans l'immeuble d'à côté. Il y a une épidémie de typhoïde.

Je me suis tout de suite affolée. La typhoïde ? Tete avait réussi à survivre à une foule de rhumes, d'otites et même à un début de pneumonie, mais la typhoïde ? Il était bien trop faible pour espérer s'en remettre.

Le médecin a lu la terreur dans mon regard.

— Laissez-moi d'abord l'examiner, madame Einstein, a-t-il dit en me prenant la main. Ce n'est peut-être qu'un cas de grippe. J'en vois beaucoup à Prague en ce moment.

Je l'ai conduit dans la chambre de Tete, soulagée que Hans Albert soit encore à l'école, et je me suis récité des « Je vous salue, Marie » à la chaîne pendant qu'il auscultait mon fils apathique. Je priais pour qu'il ne s'agisse que d'un simple rhume, voire de l'une de ces otites dont Tete était coutumier.

— Je ne crois pas que ce soit la typhoïde, madame Einstein. Mais votre petit garçon a tout de même une infection. Il lui faut des bains froids pour faire chuter sa température et une surveillance attentive. Vous pourrez vous en charger ?

J'ai acquiescé avec reconnaissance, avant de me signer et de me pencher pour lisser les cheveux de Tete. L'espace d'un instant, j'ai revu le visage rouge et fiévreux de Lieserl enfoui au milieu des draps, et mon cœur a marqué un temps d'arrêt. Ce n'est pas Lieserl, me suis-je rappelé. C'est Tete, et il survivra. Ce n'est pas la scarlatine ni la typhoïde, mais un rhume tout ce qu'il y a de plus banal. Malgré tout, je savais que je ne pouvais pas continuer à exposer les enfants à l'eau, à l'air et à la nourriture contaminés de Prague. Nous devions quitter cette ville.

Trois jours après la frayeur que m'avait causée Tete, Albert est rentré du prestigieux congrès Solvay, qui avait réuni à Bruxelles du 31 octobre au 3 novembre, vingt-quatre des plus grands esprits scientifiques européens. J'ai pris particulièrement soin de mon apparence ce soir-là. Puis, sans mentionner la maladie de notre fils et sans exercer la moindre pression sur lui, j'ai servi le dîner et l'ai laissé se détendre, fumer sa pipe et nous raconter, à Hans Albert et à moi, des anecdotes sur cette conférence. Il avait été si distant depuis notre arrivée à Prague que c'était un soulagement de le voir s'animer et parler ainsi. Tous les grands noms de la physique avaient été présents, notamment ceux dont nous lisions et commentions les articles depuis des années – Walther Nernst, Max Planck, Ernest Rutherford, Henri Poincaré, d'autres encore. Mais ce n'étaient pas ces scientifiques de la vieille école qui impressionnaient le plus Albert. Il était davantage attiré par la nouvelle vague de physiciens parisiens, Paul Langevin, Jean Perrin et la célèbre Marie Curie, qui avait obtenu le prix Nobel en 1903.

J'avais un tas de questions à lui poser sur elle. Elle était depuis longtemps une héroïne à mes yeux, et j'admirais le partenariat scientifique qu'elle avait noué avec son défunt mari – le genre même de partenariat que j'avais espéré un jour avoir avec Albert. Mais tandis que les anecdotes et les heures se succédaient – des heures durant lesquelles la toux perturbante de Tete avait bien dû attirer l'attention d'Albert, si oublieux soit-il des autres –, mon impatience grandissait. J'ai fini par coucher Hans Albert et, après avoir vérifié comment allait Tete, je me suis risquée à poser la question fatidique :

— Albert, penses-tu qu'il nous serait possible de quitter Prague ? De retourner à Zurich ou dans n'importe quelle autre ville un peu plus salubre en Europe ?

Une ride profonde s'est creusée entre ses sourcils.

— C'est horriblement bourgeois de ta part, a-t-il dit. Certes, la vie à Prague n'est pas aussi confortable ni sophistiquée qu'à Zurich, ou même qu'à Berne, mais le poste qu'on m'a offert est une belle opportunité pour moi. Ta demande est très égoïste, Mileva.

Mileva ? Il n'avait pas dû m'appeler ainsi depuis que nous avions abandonné les formels « Mlle Marić et M. Einstein », tant d'années plus tôt, mais j'ai préféré laisser de côté pour le moment mon inquiétude devant cet emploi de mon prénom et l'étiquette cruelle de bourgeoise égoïste qu'il venait de me mettre.

— Je ne le fais pas pour moi, Albert. C'est dans l'intérêt des enfants. J'ai peur pour leur santé ici, celle de Tete en particulier. Nous avons eu une belle frayeur pendant que tu étais à Bruxelles.

— Comment ça ?

— Il a été très malade la semaine dernière. Nous avons craint que l'eau contaminée de Prague ne lui ait transmis la typhoïde.

— Je croyais que tu allais chercher l'eau à la fontaine et que tu la faisais bouillir...

— Cela n'a pas suffi, malheureusement.

Il n'a rien dit d'autre. Il ne se souciait même pas de savoir comment se portait Tete à présent.

Je me suis agenouillée devant lui.

— Je t'en prie, Albert. Pour les enfants.

Il m'a fixée sans un mot, et je me suis demandé ce qu'il voyait. Ne remarquait-il que mes traits hagards et mes hanches épaisses ? Ou se rappelait-il aussi mon intelligence et la profonde affection que j'avais eue pour lui ? Avait-il oublié la Dollie qu'il avait aimée autrefois ?

Son visage n'exprimait aucune compassion, aucune inquiétude. Rien que du dégoût.

— Prague me réussit, m'inspire même, Mileva. Tu voudrais que je renonce à tout ça ?

Il s'est levé si brusquement que j'ai perdu l'équilibre et que je suis retombée assise sur mes talons. Sans même tendre la main pour m'aider, il m'a enjambée et s'est dirigé vers la cuisine.

— Tu ne penses vraiment qu'à toi.

34

8 août 1912
Zurich, Suisse

Mes suppliques étaient restées ignorées, mais, par chance, notre retour en Suisse ne dépendait pas que d'elles. Comme en réponse à mes prières de plus en plus banales, Zurich avait commencé à faire du pied à Albert. Notre *alma mater*, l'Institut polytechnique, devenu l'année précédente l'École polytechnique fédérale de Zurich, lui proposait un poste qu'il ne pouvait pas refuser : professeur de physique théorique et directeur du département associé. Je ne me berçais pas d'illusions, mais tout de même, j'espérais que ce changement d'air ferait renaître une certaine courtoisie entre nous.

Les mois que nous avions passés à Prague avaient été durs. Durs pour mon corps et pour mon âme, ainsi que pour ceux de Hans Albert et Tete. Durs pour mon couple et pour les rapports que mes fils entretenaient avec leur père. J'avais dit un jour à Albert que si nous étions une seule et même pierre, ce n'était pas un seul et même cœur qui battait en nous. Cette accusation s'était révélée une prédiction troublante d'exactitude, surtout sous le ciel inhospitalier de Prague. Mais à coup sûr l'atmosphère bohème de Zurich allait l'adoucir, et il cesserait de souffler le chaud et le froid en permanence. Nous pourrions retrouver enfin un peu de stabilité et de bienséance. J'avais cessé d'attendre plus de mon mariage.

Les bras chargés de produits du marché, j'ai poussé la porte de notre nouvel immeuble zurichois et marqué une pause sur le perron afin d'admirer le grand bâtiment couleur moutarde avec ses larges fenêtres, son toit de tuiles rouges, sa grille en fer et sa vue sur le lac, la ville et les Alpes. Quel chemin parcouru depuis nos études...

— Hou ! hou ! il y a quelqu'un ? ai-je appelé en entrant dans la cuisine après avoir monté les marches jusqu'à notre étage.

J'avais laissé Hans Albert et Tete une demi-heure avec leur père, le temps d'aller faire des courses pour le dîner, et l'appartement était étrangement silencieux. Les garçons ne passaient pas souvent du temps seuls en compagnie d'Albert, raison pour laquelle j'étais surprise qu'ils ne sollicitent pas bruyamment son attention.

J'ai massé mes articulations tout en déballant mes produits. Mes jambes et mes hanches me faisaient beaucoup plus souffrir depuis quelques mois, et monter l'escalier vraiment raide qui menait chez nous menaçait de devenir une épreuve, mais Albert ne m'entendrait jamais me plaindre. J'étais trop heureuse d'être de retour à Zurich.

Alors que je rangeais la dernière boîte dans le placard de la cuisine, des voix masculines ont résonné dans le salon. Pas les jeunes voix de nos garçons, mais des voix adultes. Celles d'Albert et de quelqu'un d'autre. Qui cela pouvait-il être ? Nous venions juste d'emménager au 116, Hofstrasse, non loin de l'École polytechnique, et bien que nous ayons de nombreuses connaissances en ville, nous n'avions encore communiqué notre adresse à personne. Du moins le pensais-je.

Un rire curieusement familier a retenti jusque dans l'entrée. Étaient-ce nos vieux amis, les Hurwitz ? Ou les Adler ? Je savais que nous reprendrions bientôt nos soirées musicales, mais eux non plus n'étaient pas censés avoir nos coordonnées. J'ai posé mes poivrons et mes oignons et me suis dirigée vers le salon.

Notre visiteur n'était autre que Marcel Grossmann, notre ancien condisciple. En dehors de ses tempes grisonnantes et des pattes-d'oie au coin de ses yeux, il n'avait pas changé. Lui donnais-je l'impression d'avoir beaucoup vieilli, de mon côté ? J'ai songé à mes cheveux striés de mèches grises et à ma peau ridée, mais cela ne m'a pas empêchée d'éprouver une bouffée de joie. Je trouvais merveilleux que M. Grossmann réapparaisse dans nos vies – lui, l'ami qui m'avait côtoyée lorsque j'étais étudiante, le compagnon mathématicien et physicien qui, par le passé, avait fait appel à moi pour résoudre des problèmes compliqués. Cet homme connaissait mon intelligence et n'avait pas seulement de moi l'image d'une mère et d'une maîtresse de maison.

— Monsieur Grossmann ! ai-je dit en l'étreignant. Quel plaisir de vous voir !

— Un plaisir partagé, madame Einstein. Nous avons été ravis d'apprendre qu'Albert et vous étiez de retour sur votre ancien terrain de jeu !

— Je vous en prie, après toutes ces années, ne pensez-vous pas qu'il serait temps de m'appeler Mileva ?

— Et ne pensez-vous pas qu'il serait temps de m'appeler Marcel ? a-t-il répliqué avec un grand sourire.

— Très bien, Marcel. Albert m'a dit que vous dirigiez désormais le département de mathématiques de l'École polytechnique ?

— Oui, j'ai parfois du mal à y croire.

— Félicitations. Malgré votre jeune âge, je ne doute pas que vous soyez à la hauteur de la tâche.

— Merci. Et vous, Mileva ? Les garçons ne vous laissent pas une minute de libre, j'imagine ?

J'ai jeté un coup d'œil à Albert. Une idée venait de me traverser l'esprit. Marcel n'était-il pas la personne idéale à qui laisser entendre que nous avions travaillé ensemble ? Il avait le pouvoir de m'aider à suivre ma propre voie s'il savait que j'avais continué à étudier les maths et la physique ces dernières années. Rien de très académique, bien sûr, puisque je n'avais pas de diplôme, mais pourquoi pas un peu de tutorat ou de recherche ? Je n'aurais plus à dépendre d'Albert pour satisfaire mes aspirations scientifiques, et peut-être que cela atténuerait en partie la tension entre nous.

— Ils me prennent du temps, oui, mais il nous est arrivé de collaborer sur certains projets, Albert et moi...

— J'en étais sûr ! s'est exclamé Marcel en abattant sa main sur sa cuisse. J'ai lu certains de ses articles et je me disais bien qu'il ne s'était pas sorti seul de tous ces calculs. Vous avez toujours été plus douée en maths que lui – et que la plupart d'entre nous, d'ailleurs.

— Venant du directeur du département de mathématiques de l'École polytechnique, c'est un énorme compliment, ai-je répondu en rougissant. Mais je ne suis plus qu'une femme au foyer aujourd'hui.

— La chaire de mathématiques aurait pu devenir la vôtre si cet homme-là ne vous avait pas arrachée à la science, a-t-il dit en donnant un coup de coude à Albert, étrangement muet jusque-là.

J'ai éclaté de rire. Cela faisait si longtemps que quelqu'un ne m'avait pas seulement considérée comme l'épouse d'Albert. Une femme timide, bizarre et boiteuse, affirmaient les commérages partout où nous étions allés. Il y avait toujours eu quelqu'un pour me glisser à l'oreille ces jugements portés sur moi, sous prétexte de m'« aider » à endosser un peu mieux le rôle de la femme du professeur. On voulait que je fasse la paire avec lui, que je sois extravertie et charismatique. C'était la seule facette de sa personnalité que voyaient les gens, bien sûr. Celle qu'il donnait en public.

— En parlant de mathématiques, Marcel, tu es l'une des principales raisons de mon retour à Zurich, est intervenu Albert en me foudroyant du regard.

Qu'avais-je fait pour mériter ça ? Était-ce parce que je discutais avec Marcel ? Depuis un moment déjà, le moindre signe d'exubérance de ma part l'exaspérait. Rien ne justifiait cette mauvaise humeur, pourtant. Je n'avais pas mentionné les passages de ses articles dont j'étais l'auteur, mais seulement fait allusion devant Marcel à notre collaboration sur ceux de 1905 – chose que tous ceux qui nous connaissaient lorsque nous étions étudiants avaient forcément devinée.

Était-ce si mal de vouloir mener une activité scientifique ? Ce travail était l'essence même de mon être, mon lien avec ma spiritualité et mon intellect depuis trop longtemps désœuvré. Sans lui, je me sentais vide.

Si je pouvais étudier de mon côté, la science cesserait peut-être d'être un tel terrain d'affrontement entre Albert et moi. Elle ne serait plus le symbole de mon sacrifice et de mon abandon, et elle retrouverait sa place sacrée originelle dans ma vie.

— Moi ? a dit Marcel, visiblement surpris. Que puis-je bien avoir à offrir d'assez intéressant pour t'attirer à Zurich ? Je pensais qu'occuper la chaire de physique de ton ancienne école était en soi une offre suffisamment alléchante...

— Je cherche le lien entre la relativité et la gravitation, c'est-à-dire l'impact qu'elles ont l'une sur l'autre, afin d'étendre la théorie de la relativité restreinte qui m'a valu une nomination pour le prix Nobel en 1910, et de nouveau cette année. Ton génie des maths m'aidera à avancer.

Avais-je bien entendu ? Il proposait à Marcel de travailler avec lui sur une extension de *ma* théorie ?

— Il faudrait que j'intervienne sur la partie physique ?

— Non, c'est moi qui m'en chargerai. Toi, tu t'occuperais de la partie mathématique.

Marcel l'a dévisagé d'un air sceptique, comme s'il tentait d'accorder l'étudiant irresponsable d'autrefois avec le physicien connu et reconnu qui se trouvait devant lui.

— S'il te plaît, j'ai besoin de toi, Grossmann, l'a supplié Albert, avant de se tourner vers moi. Comparé à ce problème, la théorie originelle de la relativité est d'une simplicité enfantine.

Marcel ne répondant toujours pas, il a insisté :

— Tu veux bien ?

Le physicien connu et reconnu a dû l'emporter sur tout le reste, parce que notre ami a fini par accepter.

Albert allait donc faire de lui son nouveau collaborateur. Il allait me priver de ce travail qui m'était destiné. Mon espoir d'être de nouveau associée à ses projets de recherche s'était évanoui depuis longtemps, mais être ainsi témoin de ce passage de relais était insupportable. Comment pouvait-il me toiser de la sorte au moment même où il me privait de l'alliance bohème qu'il m'avait promise ? Qui plus est, une alliance dont le but serait de repenser ma théorie. Il savait combien cela devait me blesser. Depuis son voyage à Berlin à Pâques, quatre mois plus tôt, pour revoir sa famille, son insensibilité à mon égard avait franchi un palier. Pour autant, je n'aurais jamais imaginé qu'il puisse se montrer si cruel.

35

14 mars 1913
Zurich, Suisse

— Bon anniversaire, papa ! ont braillé Hans Albert et Tete en déboulant dans le salon.

Albert a posé sa pipe pour prendre le gâteau que lui portaient nos fils. Nous lui avions préparé une fête d'anniversaire surprise avant que je ne parte avec lui chez les Hurwitz participer comme tous les dimanches à une soirée musicale.

— Mmm, ça a l'air délicieux. Je peux le manger en entier ? C'est mon anniversaire, après tout, a plaisanté Albert, le regard pétillant de malice.

Dans ces brefs – et très rares – instants de bonheur familial où il se montrait sous un jour enjoué, je me rappelais pourquoi je m'obstinais à rester, malgré sa trahison et tant d'autres déceptions.

— Non, papa ! a protesté Hans Albert. Il faut le partager.

— Oui, papa. Partager, a renchéri Tete d'une voix aiguë en faisant écho à son grand frère.

Après avoir découpé de grosses parts de gâteau et attendu que chacun ait terminé la sienne, j'ai débarrassé les assiettes et regagné la cuisine au son des cris de ravissement de Tete, que son père faisait sauter en l'air. Je m'en suis réjouie. Tete était un enfant délicat, qui avait souffert jusque très récemment de céphalées et d'otites chroniques, et pour cette raison Albert avait toujours évité de jouer avec lui. Sa relation avec notre aîné, plus robuste et plus sérieux, avait toujours été meilleure en comparaison. Peu importaient mes désillusions, et même ma colère contre lui, je voulais que les garçons aient de bons rapports avec leur père, à l'image de ceux que j'avais entretenus avec le mien.

— Attention, papa ! a lancé la voix de Hans Albert.

Il avait toujours été très mûr pour son âge et prenait au sérieux le rôle paternel qui lui incombait si souvent en l'absence d'Albert.

Les sept mois écoulés depuis notre retour à Zurich ne m'avaient pas apporté la nouvelle vie que j'espérais, même si cet environnement familier et le réseau de nos anciens amis contribuaient à maintenir une certaine courtoisie entre Albert et moi, en particulier le dimanche soir, chez les Hurwitz. Mais Albert passait avec Marcel tout le temps libre que lui laissait son poste d'enseignant. Je faisais la vaisselle, je surveillais les devoirs des enfants, je leur lisais des livres et les mettais au lit, pendant qu'eux travaillaient jusque tard dans la nuit. Leur collaboration avait connu des débuts exaltants en les conduisant à développer l'idée selon laquelle la gravitation entraînait une distorsion de l'espace-temps, et même une courbure de ce dernier. Mais à mesure que les journées rallongeaient et que la partie mathématique de leur projet devenait plus complexe, le découragement les avait gagnés. Le désespoir, aussi. Ils planchaient sur une version de la géométrie de l'espace-temps inventée par Bernhard Riemann et jouaient avec différents vecteurs et tenseurs. Ils se débattaient avec le but que je m'étais fixé depuis la mort de Lieserl – une théorie généralisée de la relativité qui aurait étendu celle-ci à tous les observateurs, quelle que soit la manière dont ils se déplaçaient les uns par rapport aux autres, et qui aurait établi la nature relative du temps.

À ce stade, ils bloquaient complètement. Ils ne parvenaient pas à atteindre le graal qu'Albert s'était persuadé d'avoir créé, lui, et non pas moi. Marcel et lui préparaient un article intitulé « Esquisse d'une théorie de la relativité généralisée, et une théorie de la gravitation », ou « Entwurf », dans lequel ils exposaient les prémices de leur théorie, tout en admettant leur incapacité à trouver une méthode mathématique susceptible de la prouver.

J'aurais pu les guider vers la réponse. Même si cela faisait des années qu'Albert ne partageait plus avec moi ses réflexions théoriques, en tout cas pas régulièrement depuis la *Maschinchen*, mes journées ne s'étaient pas toutes résumées à un enchaînement brumeux et soporifique de vaisselles à faire et de langes à changer. J'avais lu, réfléchi et écrit tranquillement sur les limites de ma théorie. Je savais qu'il fallait renoncer à définir une loi physique valable pour tous les référentiels dans l'univers et se concentrer à la place sur la gravitation et la relativité telles qu'elles s'appliquaient à des observateurs en rotation d'une part, et à ceux qui effectuaient un mouvement rectiligne uniforme d'autre part, en utilisant un tenseur différent. Mais j'attendais qu'on m'invite à entrer dans la danse avant de divulguer mon savoir. Si Albert refusait de le faire, je n'entendais pas lever le petit doigt pour lui.

Je le laissais donc se débrouiller. Cela a été mon seul véritable acte de rébellion contre son agacement croissant à mon égard.

Plus sa morosité s'accentuait, plus je me renfermais sur moi-même et plus ma propre humeur s'assombrissait. Je n'ai avoué qu'à Helene le brouillard noir qui m'enveloppait, en lui expliquant que la renommée grandissante d'Albert et son statut de membre éminent de la communauté scientifique nous avaient relégués au second plan, les garçons et moi.

Une fois les assiettes débarrassées, la cuisine nettoyée, les instruments et les partitions musicales rassemblés, il m'est resté environ une heure pour ranger la salle à manger, où Albert avait encore laissé traîner les vestiges de son travail avec Marcel sur la table. J'avais beau faire croire que j'assumais volontairement mon rôle de femme au foyer, il m'en coûtait de devoir être sa bonne à tout faire. Comment ma vie avait-elle pu se réduire à ça ?

Au-dessus de quelques papiers abandonnés par Marcel se trouvaient plusieurs lettres qui souhaitaient à Albert un joyeux anniversaire. Des lettres envoyées par des collègues, tel Otto Stern, par de vieux amis comme Michele Besso, par sa sœur, Maja, sa mère, Pauline, et même par sa cousine Elsa. Tous se rappelaient la date d'anniversaire du célèbre professeur. Jamais la mienne. Même lui l'oubliait.

Intriguée, je me suis penchée sur le message de sa cousine Elsa, chez qui il avait séjourné à Berlin pendant ses vacances à Pâques, l'année précédente, au lieu de fêter ses trente-trois ans avec nous.

Mon très cher Albert,

Je t'en prie, ne m'en veux pas de te souhaiter un bon anniversaire et de rompre ainsi le silence dont nous étions convenus. Je songe chaque jour à notre excursion à Wannsee au moment de Pâques, l'année dernière, en me remémorant tes mots d'amour. Puisque tu ne peux être mien, puisque tu es un homme marié, veux-tu bien au moins me laisser partager tes connaissances ? Peux-tu me recommander un ouvrage sur la relativité qui convienne à une profane en la matière ? Et aussi m'envoyer une photo de toi afin de nourrir mes pensées secrètes ?

Je reste ta dévouée,

Elsa

Titubant légèrement, je me suis assise sur une chaise. J'éprouvais la même impression de me noyer que lorsque j'avais découvert les lettres suggestives d'Anna Meyer-Schmid – la terreur en plus. Il s'agissait cette fois d'une liaison consommée, et non pas simplement envisagée. Je n'étais pas en mesure de la tuer dans l'œuf.

J'ai relu ces mots ignobles en priant pour les avoir mal interprétés. Pour avoir eu une réaction excessive. Mais il n'y avait pas d'erreur possible. Albert et Elsa s'étaient avoué leur amour.

Je me suis mise à pleurer. Ma dernière lueur d'espoir, celle qui me faisait croire qu'Albert demeurait au moins mon mari à défaut d'être mon partenaire scientifique, venait de s'éteindre sous mes yeux. Il en aimait une autre.

— Qu'y a-t-il, Mileva ? a-t-il demandé.

C'était ainsi qu'il m'appelait invariablement, désormais. Jamais Dollie. Ni même Mitza.

Je me suis levée, incapable de parler. J'avais désespérément envie de quitter cet appartement, et tant pis si les rues étaient verglacées et dangereuses, surtout pour moi qui boitais, ou si je ne portais pas de manteau par un tel froid. Je voulais juste fuir cet endroit.

Pour ça, il fallait que je passe devant lui, mais il m'a attrapée par le bras lorsque j'ai effleuré sa manche.

— Je t'ai posé une question, Mileva. Qu'y a-t-il ?

Je lui ai tendu la lettre en continuant à m'éloigner de lui – vers les rues, vers un café quelconque, n'importe où hors de cet appartement.

— Où espères-tu aller comme ça ? a-t-il dit en me retenant.

— Dehors. Loin de toi.

— Pourquoi ?

J'ai lorgné la lettre dans sa main pour l'inviter à la lire.

Sans me lâcher, il l'a rapidement parcourue.

— Tu es au courant, alors ? a-t-il proféré avec ce qui ressemblait beaucoup à un soupir de soulagement.

Il osait se montrer soulagé...

Quelque chose a cédé en moi :

— Comment as-tu pu ? Après Anna, après toutes tes promesses dans l'Engadine, comment as-tu pu encore me tromper ? Et avec ta cousine, en plus !

— C'est toi qui m'y as poussé, Mileva, avec tes airs déçus et ta mauvaise humeur. Comment voulais-tu que je ne sois pas attiré par la gaieté d'Elsa quand je suis allé à Berlin, l'année dernière ?

Berlin. Pâques. Elsa. Sa dureté accrue après ça. Tout s'éclairait.

J'ai commencé à crier et à me débattre pour lui échapper.

— Je t'interdis de faire une scène devant les garçons, a-t-il dit en me saisissant par les épaules.

J'ai tenté de foncer vers la porte, mais il me tenait toujours fermement. Enfin, j'ai réussi à me libérer et à le pousser en arrière. Il m'a aussitôt rattrapée. J'ai frappé ses mains pour m'en défaire, et les coups ont volé jusqu'à ce que je sente l'un d'eux s'abattre sur mon visage. Comme une gifle – accidentelle ou pas, je l'ignore. Je ne parvenais à penser qu'à la douleur qui m'envahissait.

Je suis tombée à genoux. J'avais presque aussi mal que lors de l'accouchement qui avait dévasté mon corps, tellement même que je n'arrivais plus à respirer, encore moins à pleurer. Quelque chose de chaud a coulé le long de mes joues. J'ai porté mes mains à mon visage, puis contemplé mes paumes. Elles étaient rougies par mon sang.

Deux séries de petits pas ont retenti dans le couloir.

— Qu'est-ce qu'il y a, maman ? s'est écrié Hans Albert, la voix emplie d'inquiétude.

— Ce n'est rien, les enfants. Maman s'en remettra, ai-je répondu en masquant vivement mes joues.

Hans Albert et Tete risquaient de devenir hystériques à la vue de mon sang.

— Maman a bobo, a gémi Tete en s'avançant vers moi.

Je ne voulais pas qu'ils comprennent ce que leur père avait fait, aussi me suis-je redressée.

— Non, non, maman va très bien. C'est juste… juste une rage de dents. Je vais aller m'allonger dans ma chambre le temps que ça passe, d'accord ?

J'avais longé la moitié du couloir lorsque j'ai entendu Albert s'adresser aux garçons :

— Nous allons écrire un petit message aux Hurwitz pour leur expliquer que nous ne pourrons pas nous rendre chez eux ce soir parce que maman a mal aux dents. Ensuite, on reprendra un peu de gâteau. Ça vous va ?

Alors que je me réfugiais dans ma chambre, l'une des lois fondamentales de Newton sur le mouvement m'est inopportunément revenue à l'esprit : un objet suit une trajectoire donnée jusqu'à ce qu'une force lui soit appliquée. Des années durant, je n'avais pas dévié de mon chemin en restant la femme d'Albert, mais j'étais à présent soumise à trois forces distinctes qu'il m'était difficile d'ignorer – Marcel, Elsa, et la main d'Albert sur mon visage. Ma trajectoire allait forcément s'en trouver altérée.

Izgubio sam se. J'étais perdue. Le problème était que je ne pouvais plus me le permettre.

TROISIÈME PARTIE

L'action est toujours égale à la réaction, c'est-à-dire que les actions de deux corps l'un sur l'autre sont toujours égales et de sens contraires.

Sir Isaac NEWTON

36

15 mars 1913
Zurich, Suisse

Les coups frappés à la porte ont résonné dans tout l'appartement. Ma main s'est figée en l'air, et j'ai cessé de récurer mes casseroles, le ventre soudain noué. Qui était-ce ? Je n'attendais aucune visite. J'ai envisagé de ne pas répondre, mais les garçons jouaient bruyamment et la personne sur le palier ne pouvait manquer de les entendre.

J'ai entrouvert la porte et jeté un coup d'œil dans l'entrebâillement. C'étaient Mme Hurwitz et sa fille Lisbeth, les femmes qui s'apparentaient le plus à des amies pour moi dans cette ville. Bon sang, qu'allais-je leur dire ?

— Bonjour, madame Einstein. Vous nous avez beaucoup manqué hier soir et nous voulions savoir comment vous vous sentiez. Votre rage de dents vous fait-elle toujours souffrir ?

— Merci infiniment de vous êtes déplacées, leur ai-je répondu sans ouvrir davantage la porte. J'ai toujours mal, mais j'arrive à m'occuper des enfants.

— Pouvons-nous vous aider ?

— Non, vous êtes très aimable, mais tout va bien.
— Madame Einstein, s'il vous plaît...

Comment aurais-je pu les laisser dehors ? Quel était le pire récit qui pourrait circuler dans les cercles universitaires zurichois : celui de la manière dont Mileva Einstein – déjà considérée comme une femme bizarre au caractère difficile – avait refusé de recevoir chez elle des personnes venues s'enquérir de sa santé, ou la description de son visage enflé et contusionné ? Dans le premier cas, c'était moi que l'on blâmerait. Dans le second, ce serait Albert.

J'ai choisi Albert.

— Bien sûr. Pardonnez-moi mon impolitesse. Je ne pensais pas recevoir de la visite et je ne suis guère présentable avec cette vieille robe. Je vous prie de m'excuser...

Les deux femmes ont poussé un cri d'effroi en s'avançant dans le vestibule.

— Oh, madame Einstein, votre visage !

D'instinct, j'ai masqué mes hématomes derrière ma main.

— Oui, ce n'est pas joli à voir. Les rages de dents sont parfois éprouvantes. Vous comprenez pourquoi je ne suis pas venue hier soir.

Elles m'ont regardée fixement sans rien dire. Elles savaient parfaitement qu'une simple rage de dents ne laissait pas de telles traces. Mon père aurait étranglé Albert s'il m'avait vue à cet instant.

— Puis-je vous servir du... du thé et une part de gâteau ? J'ai... sorti un strudel du four... ai-je bafouillé.

— Non, merci, madame Einstein, a dit Mme Hurwitz en se ressaisissant. Nous n'allons pas vous déranger, surtout dans l'état où vous êtes. Nous voulions juste prendre de vos nouvelles.

— Ma foi, je vais aussi bien que possible. Et j'apprécie beaucoup votre visite.

Je les ai saluées d'une révérence qu'elles m'ont retournée avant de partir.

La viande braisée mijotait au four en répandant un parfum chaud et réconfortant dans l'appartement. Hans Albert et Tete s'amusaient à bâtir une forteresse dans le salon, le premier dirigeant les opérations et le second lui servant d'assistant. Les livres que je venais de leur lire à voix haute s'empilaient par terre à côté du canapé. La scène dégageait une impression de contentement et de sérénité, mais c'était tout autre chose qui bouillonnait derrière cette façade.

Albert est rentré en claquant la porte. Il a d'abord dit bonjour aux garçons en les chatouillant et en les questionnant sur leur journée.

— Comment va maman aujourd'hui ? l'ai-je entendu murmurer.

Je ne voulais pas épier leur conversation, aussi ai-je reporté mon attention sur la table de la salle à manger, que j'avais commencé à dresser.

Après avoir terminé, j'ai regagné la cuisine, où j'ai failli heurter Albert. Des cernes noirs dessinaient des ombres sur ses joues, et il m'attendait avec un bouquet de roses des Alpes et de primevères – des fleurs livrées à Zurich en charrette depuis les vallées alpines. Exception faite du jour de notre mariage, il ne m'en avait jamais offert.

— Je suis désolé, Dollie, a-t-il dit en montrant mon visage.

Sans un mot, j'ai pris le bouquet et cherché un vase. Ce n'était pas une façon pour moi d'accepter ses excuses, mais plutôt de rendre hommage à la beauté et à la fragilité de ces plantes.

— Je m'en veux beaucoup, a-t-il ajouté. Pour ça, et aussi pour Elsa.

Toujours muette, j'ai coupé le pied des tiges et disposé les fleurs dans un vase en porcelaine bleu et blanc. C'était un cadeau d'un scientifique qui l'admirait, m'avait-il expliqué un jour. Je me demandais à présent qui le lui avait vraiment donné. Combien d'autres mensonges m'avait-il racontés ? Combien d'autres femmes y avait-il eu ? Restait-il un seul pan de ma vie qui ne fût pas illusoire ?

— J'ai rompu avec Elsa quelques semaines seulement après le début de notre liaison à Pâques, l'année dernière. Je te le jure, Mileva. Même ses lettres mentionnent notre séparation.

J'ai hoché la tête sans répondre en continuant à préparer le dîner. J'ai tranché le pain, servi la viande braisée dans les assiettes et coupé en quatre les betteraves prévues en accompagnement. N'était-ce pas tout ce qu'Albert attendait de moi dorénavant ? J'aurais tout aussi bien pu être une gouvernante rémunérée pour ses services. Il voulait me faire croire que je n'étais plus bonne à rien d'autre. Il m'avait totalement dévalorisée.

— Mileva, je t'en prie, dis quelque chose.

Qu'espérait-il que je lui dise ? Que je lui pardonnais ? Ce n'était pas le cas. Je ne lui pardonnais pas de m'avoir frappée au visage, que son geste ait été intentionnel ou non. Je ne lui pardonnais pas davantage sa trahison avec Elsa. Ni celle avec Marcel. Plus que tout, je ne lui pardonnais pas son attitude vis-à-vis de Lieserl. Sans compter sa promesse rompue d'un mariage assorti d'une collaboration scientifique.

— Mileva, je veux arranger la situation entre nous. J'ai été invité à donner une conférence sur la photochimie et la thermodynamique à la Société française de physique, et Marie Curie nous invite à loger chez elle à Paris le temps de notre séjour. Je sais que tu as envie de la rencontrer. Et puis, nous ne sommes encore jamais allés à Paris. Tu veux bien venir avec moi ?

Je l'ai dévisagé, mais ce n'était pas lui que je voyais. Des images de Paris et des photos de Marie Curie flottaient dans ma tête. Cela faisait longtemps que j'admirais la célèbre scientifique, détentrice à présent de deux prix Nobel – celui de physique, qui lui avait été décerné en 1903, et celui de chimie, en 1911.

Je ne savais pas quoi faire, mais j'allais accepter ce voyage. Seulement j'irais afin de servir mes intérêts, cette fois. Pas ceux d'Albert.

37

1er avril 1913
Paris, France

J'avais toujours pris Zurich pour le centre du monde universitaire et raffiné. Par rapport à Novi Sad, Kać, Prague, et même Berne, oui, c'était vrai. Mais en longeant les rues scintillantes de Paris au bras d'Albert, avec à mes côtés Mme Curie, ses filles et plusieurs hommes de sa famille qui nous accompagnaient au restaurant ce soir-là, j'ai compris combien notre ville était provinciale, comparée à la capitale française.

Après une promenade indolente dans le bois de Vincennes, Albert s'est étonné de n'avoir croisé presque personne.

— Il paraît que le seul moment convenable pour y flâner est entre 15 et 17 heures, a expliqué Mme Curie. Là, il est trop tard. Je suis désolée si vous espériez entrevoir les dernières tenues à la mode à Paris...

— Nous ne nous sommes jamais souciés d'être à la mode, n'est-ce pas, Mileva ? Qu'en est-il de vous, madame Curie ?

La très austère Mme Curie a laissé échapper un petit rire inattendu.

— Moi ? Oh, Albert, personne ne m'a jamais accusée de l'être. Bien au contraire. Et combien de fois vous ai-je demandé de m'appeler Marie ?

Son rire m'a surprise, mais pas sa réponse. La mode était visiblement le cadet de ses soucis. Sa robe noire toute simple et ses cheveux gris frisottants et mal peignés lui conféraient un air sévère, une froideur qui me mettait curieusement à l'aise. Ce côté slave m'était plus familier que toutes les dernières tendances vestimentaires parisiennes.

Nous nous sommes engagés sur l'un des boulevards élégants qui faisaient à juste titre la notoriété de la ville. Nous avancions le long d'un trottoir bordé de grands arbres bien taillés lorsque j'ai senti le sol trembler sous mes pieds. Je me suis tournée vers Albert, alarmée, mais Mme Curie a devancé ma question sur la cause de ces vibrations :

— Ce sont les trains électriques souterrains de notre chemin de fer métropolitain, ou « métro », comme on l'appelle ici. Ils transportent les voyageurs d'un bout à l'autre de Paris et les ramènent à leur point de départ s'ils le souhaitent en décrivant une boucle de près de treize kilomètres.

Son allusion à l'électricité a initié une discussion entre Albert et elle sur le caractère insaisissable de cette dernière. Il lui a notamment raconté les difficultés que sa propre famille avait rencontrées en voulant créer une entreprise dans ce domaine, et elle a ri devant le récit des échecs de son père. À l'évidence, elle appréciait Albert non seulement pour son intelligence, mais aussi pour sa décontraction envers elle. Ce comportement détendu et charmant devait lui offrir un répit bienvenu comparé à la cérémonie et au sérieux avec lesquels les gens traitaient sûrement en temps normal cette récipiendaire du prix Nobel. Albert exsudait ce charisme qu'il savait déployer à volonté, et cela m'a rappelé l'homme que j'avais connu des années plus tôt. Un homme qui m'échappait désormais lorsque nous étions seuls tous les deux.

Le visage de Mme Curie s'était éclairé dès le début de cet échange scientifique animé, me donnant à voir la jeune Maria Sklodowska qu'elle avait été autrefois, cette étudiante polonaise désireuse d'exceller dans les disciplines réservées aux garçons. Le genre de jeune fille que j'avais été, moi aussi.

Je les ai laissés discuter ensemble, consciente qu'Albert ne m'inviterait pas à participer à la conversation. C'était devenu une habitude chez lui, aussi ai-je observé un silence respectueux tout en m'émerveillant devant les omnibus et les tramways qui filaient devant nous sur le boulevard. Tout ce mouvement rendait si désuets les chevaux et les fiacres qui écumaient encore les rues de Zurich. J'éprouvais la même chose devant les cafés qui se succédaient sur notre chemin. Les établissements de Zurich me paraissaient étouffants et bien peu nombreux à côté de tous ces bistros bondés où les clients bavardaient avec animation.

— Que pensez-vous de la structure des atomes proposée par M. Ernest Rutherford durant le congrès Solvay, madame Einstein ? m'a soudain demandé Mme Curie.

La grande physicienne souhaitait-elle vraiment connaître mon avis ? J'ai paniqué. Je n'avais pas suivi attentivement sa conversation avec Albert.

— Pardon ?

— En s'appuyant sur ses expériences menées avec une forme de radioactivité que l'on appelle les rayons alpha, M. Rutherford a émis l'hypothèse que les atomes sont presque entièrement constitués de vide avec au centre de tout petits noyaux autour desquels gravitent des électrons. Quelles réflexions cela vous inspire-t-il ?

Il avait été un temps où Albert et moi aurions décortiqué l'idée de Rutherford afin de parvenir à nos propres conclusions. Mais plus maintenant. Absolument pas préparée à cette question, je me suis mise à bafouiller :

— Je... je n'ai pas eu l'honneur de pouvoir écouter en personne son exposé pendant le congrès...

— Je comprends. Mais je suis sûre que votre mari vous a parlé de ses théories, et elles ont été publiées depuis dans des articles que vous avez probablement lus. Beaucoup de gens ont pris ses idées de haut. Pour ma part, je réserve mon jugement. Et vous ?

J'ai désespérément tenté de me remémorer les quelques informations sur les théories de Rutherford que j'avais glanées auprès d'Albert et grâce à mes lectures sommaires.

— Je me demande si l'idée selon laquelle la lumière se compose de quanta, comme Albert l'a avancé, ne pourrait pas aussi s'appliquer à la structure de la matière, et si cela n'étaierait pas la théorie de M. Rutherford sur la structure des atomes...

Mme Curie est d'abord restée silencieuse. Albert m'a décoché un regard horrifié. Avais-je dit une énormité ? Aurais-je mieux fait de me taire ? Je me moquais de son opinion, mais pas de celle de cette femme.

— Bien dit, madame Einstein, a-t-elle enfin déclaré. Je n'avais pas vu les choses sous cet angle. Votre hypothèse est révolutionnaire, et j'y souscris totalement. Qu'en pensez-vous, Albert ? Elle constituerait certainement un lien intéressant avec vos propres théories, tout en les étendant.

L'embarras manifesté par Albert a fait place à la fierté, mais il était trop tard pour que je me soucie des sentiments que lui inspirait mon intelligence. J'avais réussi à discuter avec Mme Curie d'égale à égale. C'était ma victoire.

Le lendemain matin, elle et moi avons pris un thé sous un marronnier dans le jardin situé juste devant son appartement de la rue de la Glacière. Albert était parti donner sa conférence, et nous étions seules toutes les deux pour la première fois. Malgré ma participation à la conversation la veille au soir, j'avais les paumes tellement moites à la perspective de m'entretenir en privé avec cette figure légendaire du monde scientifique que j'avais du mal à ne pas laisser échapper ma tasse. De quoi allais-je bien pouvoir parler avec cette femme admirable ? J'avais lu ses derniers articles sur le polonium, mais mes connaissances étaient si dépassées que j'avais peur d'aborder le sujet. Quant à la chimie, domaine dans lequel elle avait récemment été honorée, cela n'avait jamais été mon fort. De fait, en dehors de notre échange positif sur les théories de M. Rutherford pendant que nous nous rendions à la Tour d'Argent, le plus vieux restaurant de Paris – et l'un des meilleurs aussi –, elle et moi ne nous étions pas beaucoup parlé jusque-là.

J'ai coulé un regard dans sa direction. Bien qu'elle m'ait demandé de l'appeler Marie, il m'était difficile de penser à elle autrement que comme « Mme Curie ».

— J'ai... étudié la physique à l'université, moi aussi, ai-je bredouillé pour rompre le silence qui s'était installé entre nous.

Elle a hoché la tête sans répondre. Avais-je proféré une ânerie ?

— Non pas que j'ose me comparer à vous, bien sûr, ai-je tout de suite ajouté afin de ne pas paraître présomptueuse.

— Madame Einstein, a-t-elle dit après avoir fixé le fond de sa tasse, j'ai eu vent de l'enseignement poussé que vous avez suivi, et je sais que vous êtes allée au bout du cursus de mathématiques et de physique de l'Institut polytechnique de Zurich. Mais je ne comprends pas pourquoi vous ne vous êtes jamais remise au travail. Votre esprit doit bouillonner et déborder de connaissances scientifiques. Comment pouvez-vous en faire un si mauvais usage en ne vous occupant que de votre foyer ?

J'en suis restée muette. Étaient-ce bien des compliments qu'elle m'adressait ? Et comment justifier devant elle mon incapacité à reprendre une activité scientifique ? Oserais-je faire allusion à ma qualité de coauteur des célèbres articles de 1905 ? Non, impossible. Albert me tuerait.

J'ai vite improvisé une explication qui ne le mettait pas en cause :

— Avec les enfants, c'était très compliqué. Mais je vous en prie, appelez-moi Mileva.

Elle a siroté son thé en réfléchissant.

— Mileva, je suis souvent interrogée – surtout par les femmes – sur la manière dont j'arrive à concilier ma vie de famille et ma carrière scientifique. Eh bien, ça n'a pas été simple. Mais rien ne l'est jamais pour des êtres comme vous et moi. Nous sommes des Européennes de l'Est installées dans des pays qui méprisent nos origines. Des femmes dont on attend qu'elles restent à la maison, pas qu'elles dirigent des laboratoires ni qu'elles enseignent à l'université. Les mathématiques et la physique sont nos domaines de compétence, mais elles étaient jusqu'alors exclusivement réservées aux hommes. Et par-dessus le marché, nous sommes timides dans un milieu scientifique qui exige que nous nous exprimions en public. À certains égards, tenir une maison a été le plus facile à mes yeux.

Comment réagir à cet aveu ? Par chance, elle ne m'y a pas obligée.

— Nous ne sommes pas si différentes, toutes les deux, sauf en ce qui concerne nos choix.

Puis elle s'est mise à rire.

— Et nos maris, bien sûr.

J'ai failli recracher la gorgée de thé que je venais d'avaler. Cette remarque inattendue et quelque peu inconvenante me stupéfiait. Il était de notoriété publique que son défunt mari l'avait soutenue dans son travail. Insinuait-elle que, de ce point de vue-là, Albert ne lui ressemblait pas ? J'avais souvent envié le couple qu'elle avait formé avec Pierre Curie. J'espérais suivre son exemple, autrefois.

— Je n'ai pas eu l'honneur de connaître votre époux, mais chacun sait qu'il vous a encouragée. Ce devait être un homme extraordinaire.

J'avais opté pour le premier commentaire diplomatique venu, et le seul qui ne comparait pas directement Albert à M. Curie. Il aurait trop pâti de ce parallèle.

— J'ignore comment vous vous répartissez les tâches, Albert et vous, mais mon mari a toujours appuyé ma carrière. Quand il a appris que mon nom ne figurait pas auprès du sien sur la liste des personnes sélectionnées en 1903 pour le prix Nobel, Pierre a ouvertement mené campagne pour moi. Il a fait valoir à des personnes influentes auprès des membres du comité que j'étais l'instigatrice de nos recherches, que j'avais conçu les expériences et élaboré les théories sur la nature de la radioactivité – ce qui était le cas. Mais beaucoup d'hommes de moindre valeur n'auraient pas pris cette peine.

Sans le formuler explicitement, elle me demandait si Albert en aurait fait autant à la place de son mari.

J'ai tenté de lui répondre aussi vaguement que possible sans lui manquer de respect :

— Notre situation m'a empêchée dès le début de me consacrer à autre chose qu'à mon foyer. Et pourtant, ce n'était pas l'envie qui me manquait.

Elle a gardé le silence un long moment. Puis :

— Il faut à la science des hommes à l'esprit pratique, mais aussi des rêveurs. J'ai l'impression que votre mari appartient à cette dernière catégorie. Et les rêveurs ont souvent besoin qu'on prenne soin d'eux, n'est-ce pas ?

J'ai éclaté de rire. Étais-je vraiment en train d'avoir cette conversation franche et éclairée sur l'état de mon couple et de ma carrière avec Marie Curie ?

— En effet.

— Qu'Albert ait favorisé votre activité scientifique ou pas, il a défendu la mienne en tout cas. Saviez-vous qu'il m'avait apporté son soutien fin 1911, quand mon prix Nobel a donné lieu à cette polémique déplaisante ?

Elle a marqué une pause ; il n'était pas nécessaire de s'étendre sur le sujet. Des scientifiques du monde entier l'avaient jugée indigne du prix Nobel lorsque sa liaison avec son confrère Paul Langevin, un homme marié, avait été rendue publique.

J'ai secoué la tête. Albert ne m'en avait pas parlé. Il était intéressant qu'il soit plus enclin à défendre une femme adultère célèbre, si brillante et louable soit-elle, plutôt que sa propre épouse, tout aussi travailleuse et méritante. Dans ces conditions, comment interpréter les opinions moralisatrices qu'il professait depuis quelque temps ?

— Quand votre situation le permettra, peut-être qu'il vous encouragera à mener des recherches scientifiques, a poursuivi Mme Curie.

— Peut-être, oui, ai-je dit posément, tout en ayant parfaitement conscience du désintérêt d'Albert pour mon travail.

— Rappelez-vous mes paroles quand vous replongerez dans le cycle abrutissant des corvées ménagères, Mileva. Vous et moi ne sommes pas si différentes, sauf en ce qui concerne nos choix. Et dites-vous bien qu'il est toujours possible d'opter pour une autre voie.

38

14 juillet 1913
Zurich, Suisse

Juste quand je commençais à croire timidement aux propos de Mme Curie, Berlin a réclamé Albert.

On lui offrait la direction du futur Institut de physique Kaiser-Wilhelm. Une chaire à l'université de Berlin, sans aucune charge d'enseignement. Le statut de membre de l'Académie des sciences de Prusse, le plus grand honneur scientifique après le prix Nobel. Les avantages, le prestige et l'argent – le tout sans avoir rien d'autre à faire que *réfléchir* – étaient si considérables qu'il en oubliait combien il détestait l'Allemagne de Guillaume II. Son dégoût pour ce pays et ses habitants était pourtant tel qu'il avait renoncé à la citoyenneté allemande afin de devenir suisse lorsqu'il avait une vingtaine d'années.

Ou peut-être était-ce autre chose qui avait balayé toutes ses convictions.

De mon côté, Berlin ne m'inspirait que de la peur. C'était là que vivait à présent la famille d'Albert, qui me méprisait. La ville était aussi notoirement hostile aux Slaves de l'Est, et je n'avais absolument pas le profil d'une Aryenne. Mais surtout, Berlin était pour moi synonyme d'Elsa, que je soupçonnais d'être d'une façon ou d'une autre à l'origine de cette offre. Albert avait beau me jurer qu'ils avaient rompu, je craignais qu'elle ne soit toujours dans mes pattes et que la capitale allemande ne sonne le glas de mon mariage.

Sauf qu'Albert ne m'a pas laissé le choix. Dans le passé, nous avions toujours discuté des propositions qui lui étaient faites et des déménagements que cela supposait, mais pas cette fois. Après que Max Planck et Walther Nernst sont venus le persuader d'accepter en lui soutenant avec des mines dramatiques que ce poste revêtait une importance fondamentale pour l'avenir de la science, il m'a tout simplement annoncé que nous partions. Je l'ai d'abord supplié de reconsidérer sa position – en vain. Devant son entêtement, je n'ai presque plus rien dit au cours des semaines suivantes, même lorsqu'il me provoquait. C'était comme s'il avait espéré que je refuse de le suivre afin de pouvoir me laisser derrière lui.

Il voguait vers la gloire. Et vers Elsa, à n'en pas douter.

Je me suis pourtant accrochée. Parfois, je me demandais pourquoi. Était-ce parce que j'avais fait tant de sacrifices que l'idée de le perdre, lui, équivalait pour moi à tout perdre ? M'inquiétais-je vraiment à ce point du sort qui guettait nos enfants avec des parents divorcés ? Avais-je intégré les reproches ignobles d'Albert envers moi ? Plus je me montrais passive, plus il devenait haineux. J'avais l'impression qu'il cherchait à faire éclater une dispute entre nous qui justifierait mon abandon.

— Tu nous gâches toujours tout notre plaisir ! a-t-il crié un soir devant les enfants.

Une autre fois, chez les Hurwitz, il m'a traitée de « grincheuse acariâtre ». Mais les yeux tristes de mes gentils garçons me faisaient craindre qu'ils ne surmontent pas la honte d'un divorce et la séparation de leurs parents, et je restais.

Chose étonnante, Albert a consenti à un répit estival au mois d'août, avant notre déménagement. Je n'aurais jamais cru qu'il accepterait de retourner à Kać. Il s'y refusait depuis que Hans Albert était petit, si bien que mes parents n'avaient vu Tete que juste après sa naissance, trois ans plus tôt. Mais là, il se disait tout à fait disposé à aller les voir, tellement même que j'ai fini par trouver ça louche. Et en effet, à peine étions-nous arrivés qu'il a provoqué plusieurs disputes entre nous au sujet de Berlin. J'ai alors compris la raison de sa complaisance initiale. Une fois à Kać, avait-il espéré, il réussirait à me mettre suffisamment en colère pour que je décide de ne pas repartir avec lui. Il aurait pu ainsi m'abandonner en ayant la conscience tranquille. Ayant vu comment il me traitait, mon père et ma mère nous auraient volontiers accueillis, les garçons et moi.

Mais rien de ce qu'il pouvait dire ou faire n'était en mesure de m'ébranler. Car après Kać il était prévu que je l'accompagne à une conférence à Vienne le 23 septembre. Et Helene m'y attendait.

23 septembre 1913
Vienne, Empire austro-hongrois

Nous nous sommes agrippées l'une à l'autre comme un naufragé à un esquif au milieu d'une mer agitée.

— Mesdames, mesdames, ces retrouvailles sont fort sympathiques, mais nous avons des rendez-vous à honorer, a dit Albert d'un ton humoristique en tirant sur sa pipe.

Cela me surprenait toujours de voir avec quelle aisance il endossait une personnalité charmante en public, lui qui venait juste de me crier de marcher derrière lui. Ma présence le gênait apparemment beaucoup, ces temps-ci.

Helene et moi ne l'avons pas écouté.

— Tu m'as tellement manqué, Mitza !

— Toi aussi, Helene.

Ses boucles châtaines étaient à présent striées de gris, et les rides entre ses yeux s'étaient encore creusées. Rien d'étonnant à cela. Sa famille et elle venaient de pâtir pendant presque un an des guerres balkaniques, qui avaient rendu difficile l'obtention de biens de première nécessité, et impossibles les voyages.

J'étais si heureuse d'être avec elle et de me dire que nous allions avoir trois jours rien que pour nous. Pendant qu'Albert prononcerait des discours, dirigerait des réunions et fréquenterait ses pairs, Helene et moi serions libres de faire ce que bon nous semblait – exception faite des conférences, auxquelles elle avait sûrement demandé à assister par pure politesse. Et nous serions seules toutes les deux puisque j'avais laissé les garçons à mes parents à Kać.

— Ça fait des années qu'on ne s'est pas vues, Helene, mais je te parle tous les jours. Je suis sans cesse en train de discuter avec toi dans ma tête.

— Moi aussi, Mitza, a-t-elle dit en éclatant d'un rire qui m'a rappelé la jeune étudiante d'autrefois.

Albert a mis fin à nos effusions :

— Mesdames, il faut vraiment y aller. Le 85ᵉ Congrès des sciences naturelles nous attend, et je dois prendre la parole dans moins d'une heure.

Quittant la gare où nous nous étions donné rendez-vous, nous avons sauté dans un joli fiacre. Helene et moi avons discuté de nos enfants respectifs, souvent interrompues par les commentaires incessants d'Albert sur l'intelligence prometteuse et les talents musicaux de nos garçons. Le temps a filé comme dans un rêve jusqu'à ce que nous nous retrouvions toutes les deux installées sur des sièges devant l'estrade où il devait s'exprimer.

Helene a contemplé avec stupéfaction le monde qui se pressait dans la salle de conférences. Mes lettres avaient jusqu'alors été sa principale source d'information sur la popularité grandissante d'Albert, et c'était la première fois qu'elle la constatait en personne. J'ai cherché des visages familiers parmi la foule, mais aucun des professeurs bienveillants que j'avais connus à Zurich, Prague ou Berne au fil des ans n'était visible. J'étais entourée d'une marée anonyme de moustaches et de barbes sévères. Il n'y avait aucune femme en dehors de nous.

— Tous ces gens sont là pour écouter Albert ? s'est étonnée Helene.

— Oui, ai-je dit en m'efforçant de sourire. C'est une célébrité, maintenant.

Dès l'instant où il a monté les marches de l'estrade, un tonnerre d'applaudissements a éclaté dans toute la salle. Il a souri, rayonnant de joie, et les lumières ont fait ressortir les mèches grises de sa tignasse toujours hirsute. Il jouait à l'étudiant quelque peu espiègle et excentrique – une image qu'il cultivait de plus en plus. Consciente de la transformation qui s'était opérée en lui, Helene m'a pressé la main.

Les mots n'étaient pas nécessaires entre nous. Même après toutes ces années.

Albert s'est raclé la gorge et adressé d'une voix forte à ses admirateurs :

— Bonjour à vous, mes chers collègues. Merci de m'avoir invité à m'exprimer durant ce 85e Congrès des sciences naturelles. À votre demande, mon intervention portera aujourd'hui sur la nouvelle théorie de la gravitation, qui étend celle de la relativité restreinte établie en 1905.

— Il fait allusion à ton article, n'est-ce pas ? a demandé Helene.

J'ai acquiescé.

Elle m'a regardée d'un air consterné. Seule personne au monde à part Albert à connaître ma contribution aux articles de 1905 — et l'hommage que j'avais souhaité rendre à Lieserl à travers eux —, elle mesurait combien j'avais souffert de ne pas être reconnue comme leur auteur au moment de leur publication. Des larmes me sont montées aux yeux. Par réflexe, j'ai fixé le plafond. Il était rare qu'on me témoigne de la compassion, et je ne voulais pas que quiconque dans la foule me voie pleurer.

Albert a entrepris d'expliquer le travail que Marcel et lui avaient effectué à ce jour, en notant leurs équations sur un tableau et en comparant le développement de sa théorie avec l'histoire de l'électromagnétisme. Lorsqu'il a abordé les deux thèses fondées sur la relativité qu'il étudiait, puis exposé la sienne, des protestations ont retenti dans la salle et les mains ont été nombreuses à se lever lors de la séance de questions. Sans attendre qu'Albert lui donne la parole, le Pr Gustav Mie, de Greifswald, a objecté avec impatience que sa théorie ne satisfaisait pas le principe d'équivalence – ce qui était en soi une sérieuse critique.

Même après qu'il est redescendu de l'estrade à la fin de son intervention, Albert a été assailli par les scientifiques. Certains cherchaient des réponses à des interrogations ésotériques. D'autres réclamaient son autographe sur divers textes et articles qu'il avait rédigés. Quand la foule autour de lui s'est amenuisée, il s'est approché de nous.

— Qu'en avez-vous pensé, Helene ?

Chose incroyable, toutes les louanges qu'il venait de recevoir ne lui suffisaient pas. Il en voulait de tout le monde, sauf de moi.

— C'était très impressionnant.

Helene faisait allusion au nombre de personnes présentes et à leur flagornerie, mais c'était exactement ce qu'Albert avait envie d'entendre. Qu'aurait-elle pu dire d'autre ? Sa spécialité à elle était l'histoire, et je savais qu'elle ne comprenait rien aux mathématiques et à la physique.

Tous deux ont continué à bavarder en longeant les allées vers la sortie, puis sur le trottoir à l'extérieur du bâtiment. Comme Albert me l'avait demandé, je marchais quelques pas derrière eux. Les gens qui l'arrêtaient en chemin afin de lui poser des questions ou commenter son exposé s'adressaient à Helene en l'appelant « madame Einstein », malgré tous les efforts de mon amie pour les corriger. Quant à moi, ombre noire derrière l'étoile lumineuse de mon mari, j'étais complètement ignorée.

Parvenu à l'angle d'une rue, Albert s'est lancé dans un débat avec le Pr Mie, qui ne démordait pas de ses objections. Helene et moi avons pris congé. Il était prévu qu'il assiste à d'autres réunions, de toute façon. Après avoir repéré un établissement avenant non loin de là, nous avons commandé des cafés et deux parts de *Linzertorte*, la spécialité de la ville.

Helene a mordu dans la succulente tarte à la confiture de framboise, à la cannelle et aux amandes, puis s'est adossée à son siège en soupirant.

— Ça fait si longtemps que je n'ai rien goûté d'aussi décadent.

— Il est vrai que tu as dû affronter tellement d'épreuves…

J'avais remarqué sa robe bleue effrangée, qui m'évoquait presque un patchwork tant elle avait été rapiécée, mais qui était sans nul doute sa plus jolie.

— Les choses n'ont pas été faciles pour toi non plus, Mitza.

— Oh! ce n'était rien comparé à toi. Je n'ai pas eu de mal à me nourrir et à trouver tous les produits de base. Le spectre de la guerre n'a pas rôdé autour de moi. Je suis en bonne santé. J'ai juste rencontré le même genre de problèmes conjugaux que toi.

Bien qu'elle n'en ait pas parlé depuis quelque temps, je n'oubliais pas cet aspect de sa vie.

— Mitza, tu n'as peut-être pas connu les dures réalités de la guerre au quotidien, mais ton sort est tout sauf enviable. Pourquoi crois-tu que je suis ici? Tes lettres m'ont tellement inquiétée que je me suis débrouillée pour faire tout le chemin jusqu'à Vienne afin de constater par moi-même comment tu allais. Mais maintenant que je vous ai vus, Albert et toi, maintenant que je peux regarder ma meilleure amie droit dans les yeux, je juge ta situation bien plus dramatique que ce que tu m'as décrit. Pire encore que lorsque tu as perdu Lieserl.

Des sentiments contradictoires s'affrontaient en moi. J'aurais voulu protester, lui assurer que tout n'allait pas si mal, comme je me le répétais depuis des années et comme je l'avais sans cesse affirmé à mes parents, mais, incapable de masquer ce que j'éprouvais réellement, je me suis mise à pleurer.

— Mitza, ta manière de marcher derrière Albert fait penser à une domestique. C'était moi que ses confrères appelaient « madame Einstein », bon sang, et vous ne les avez pas détrompés une seule fois. Tout n'a peut-être pas été simple avec mon mari, mais il ne m'a jamais manqué de respect devant les autres. Comment en êtes-vous arrivés là ?

— Je ne sais pas, Helene, ai-je dit à travers mes larmes. Je ne sais pas.

— Je n'ai plus aucune affection pour Albert. Je n'aime pas ce qu'il est devenu.

Un énorme poids s'est détaché de moi à ces mots. Les gens ne voyaient jamais l'homme derrière la personnalité publique.

— Vraiment, Helene ? Je pourrais te serrer dans mes bras rien que pour avoir dit ça. Nous avons des amis qui l'admirent toujours pour ses découvertes scientifiques alors qu'ils ont pu observer comment il me traitait. C'est à croire que l'admiration qu'ils lui portent sur le plan professionnel s'est transformée en affection personnelle que rien ne pourra jamais ébranler, pas même son attitude méprisable envers moi.

Helene m'a saisie par les épaules.

— Où es-tu, Mitza ? Où est la fille brillante que j'ai connue à la pension Engelbrecht ? Tu avais l'air très réservée à l'époque, mais tu étais toujours prête à remettre les gens à leur place si nécessaire. Où est passée cette fille ? Il faut qu'elle revienne.

De gros sanglots m'ont secouée tout entière. Les clients du café guindé me dévisageaient, mais je n'en avais cure.

— Je ne sais pas, Helene, ai-je gémi.

— Mitza, il est temps de réveiller cette partie endormie de toi, cette fille forte que tu as laissée en sommeil pendant tant d'années. Parce que ton avenir m'apparaît évident, bien que je ne sois pas voyante. Tu vas devoir livrer bataille.

39

18 juillet 1914
Berlin, Empire allemand

Cela faisait six jours qu'Albert avait disparu – sa plus longue absence non expliquée depuis notre arrivée à Berlin. Six jours que Hans Albert et Tete me demandaient où il était. Six jours à croiser ses collègues et à les écouter évoquer le merveilleux repas qu'ils venaient de partager avec le professeur dont tout le monde chantait les louanges. Six jours à prétendre que tout irait bien quand il déciderait de regagner notre appartement au 33, Ehrenbergstrasse, d'où il était parti furieux alors que j'avais simplement voulu savoir s'il dînerait avec nous ce soir-là.

Mais tout n'irait pas bien à son retour – à supposer qu'il se décide à rentrer. Pressée par Helene, et confortée par l'exemple de Mme Curie, je m'étais ressaisie. Je refusais d'endurer de nouvelles humiliations, personnelles ou professionnelles. Si Albert n'appréciait pas la compagne docile que j'étais devenue ces dernières années – la physicienne ratée dont il pouvait piller les idées à volonté et l'épouse qui se soumettait à ses moindres désirs –, il détesterait carrément retrouver l'ancienne Mileva. Et c'était précisément cette personne qui l'accueillerait à la fin de sa lâche escapade avec sa maîtresse, Elsa.

J'avais la nausée rien qu'en pensant à cette femme parfumée aux cheveux blonds décolorés, le genre même de bourgeoise choyée et oisive dont il se plaignait autrefois. Non pas tant parce qu'elle m'avait « volé » Albert que parce qu'elle agissait sournoisement.

« Je vous en prie, madame Einstein, laissez-moi vous aider », m'avait-elle dit avec un sourire obséquieux le lendemain de Noël, alors que les garçons et moi nous préparions à partir à la recherche d'un appartement dans Berlin.

Albert avait envoyé sa cousine à notre hôtel sans même m'en parler afin qu'elle m'« assiste » dans mes démarches.

Face à son sourire rouge rubis, j'étais restée muette. Quel culot de se présenter ainsi à la femme qu'elle avait bafouée !

Comme si de rien n'était, elle avait enchaîné en insistant pour que je l'appelle Elsa, ajoutant :

« Je connais tous les bons agents immobiliers de la ville. Je me ferais un plaisir de vous aider à trouver un logement parfaitement adapté à vos besoins. »

Espérait-elle me faire croire que sa proposition angélique ne visait que mon intérêt et celui de mes enfants, et qu'elle n'essayait pas en réalité de trouver à Albert un appartement d'où il pourrait facilement venir lui rendre visite ?

Tandis que Tete me tirait par le bras et que Hans Albert la scrutait avec suspicion, j'avais refusé. Les garçons sentaient ce que leur père était incapable de voir. Quel genre de personne peut bien regarder en face celle qu'elle a volontairement blessée tout en prétendant venir à son secours ?

La porte d'entrée a claqué. Les garçons se sont précipités vers moi. Même si je ne leur avais jamais dit ce qui se passait, ils l'avaient compris, et leur instinct protecteur était en alerte. Plongeant mes yeux dans leurs yeux noisette, si semblables à ceux d'Albert, j'ai murmuré que tout irait bien avant de les envoyer dans leur chambre. Peu importait ce que m'inspirait leur père, je ne voulais pas qu'ils soient témoins de notre conversation.

Puis j'ai suivi Albert dans son bureau, où il s'était retranché sans même dire bonjour à ses fils.

— Ta cousine a fini par t'enlever à moi, n'est-ce pas ? ai-je dit d'un ton très factuel.

À quoi bon mâcher mes mots ? Il valait mieux que nous sachions tous où nous en étions.

Il s'est retourné, surpris par ma remarque. À notre arrivée à Berlin, j'avais été très claire sur la fidélité que j'attendais de lui, mais je n'avais jamais mentionné directement Elsa. Je ne supportais pas de prononcer son prénom. Je ne voyais même pas ce qu'il trouvait à cette matrone insipide et ignare. Seulement, nous avions franchi un stade avec cette disparition de six jours. La plupart de nos relations dans cette ville faisaient partie du cercle d'amis intimes d'Elsa, et j'avais entendu certains des collègues d'Albert se moquer de moi au marché au cours de la semaine écoulée.

— Elsa ne peut pas te prendre ce que tu ne possèdes pas, a-t-il répondu froidement.

L'ancienne Mileva se serait effondrée devant tant de cruauté, mais je n'ai pas cédé et suis restée calme.

— Permets-moi de reformuler ma phrase, ai-je dit. Tu m'as quittée, ainsi que tes enfants, pour rejoindre Elsa. J'ai raison ?

Il n'a pas répondu.

— Et ce n'est pas la première fois, avoue-le. Tu nous as abandonnés pour la science il y a longtemps.

— Ce n'est pas moi qui t'ai abandonnée pour la science et pour d'autres femmes, mais toi qui m'as déçu en étant sans arrêt jalouse et en me retirant ton affection ! a-t-il crié. Tu m'as poussé dans les bras d'Elsa !

J'ai secoué la tête en souriant devant cette vision infantile des choses. Était-il vraiment assez égocentrique pour croire que je lui avais retiré mon amour en premier ? Que mes réflexes autoprotecteurs et ma détermination retrouvée dataient d'avant ses infidélités et ses manœuvres pour assécher toute ambition scientifique en moi ? Que j'avais eu besoin de le pousser pour qu'il se précipite dans les bras grands ouverts d'Elsa ? C'était si ridicule que je n'ai pas pris la peine de protester. Autant argumenter avec un fou. Enfin, un fou rendu puissant par sa popularité.

— Pourquoi tu souris ? a-t-il demandé avec colère.

— Ton commentaire est un exemple typique du genre de réflexions égoïstes auquel tu m'as habituée. Mais que je ne tolérerai pas plus longtemps.

— Ah oui ? Je t'ai préparé une surprise qui te fera passer l'envie de sourire, à mon avis, a-t-il répliqué en me tendant une feuille de papier.

— Vraiment ?

— Oui. Vas-y, lis.

— Qu'est-ce que c'est ?

— Une liste des conditions auxquelles je resterai dans cet appartement avec les garçons et toi. C'est seulement pour que je puisse continuer à les voir. En ce qui nous concerne, toi et moi, je veux que notre relation se réduise strictement aux questions d'intendance, et que tous les aspects personnels ou presque en soient supprimés.

— Tu es sérieux ?

Me prenait-il pour une chose dont il pouvait définir les modalités d'usage par contrat ? Helene aurait crié, à ma place. Quant à mon père, j'ignorais ce qu'il aurait fait. Même ma mère n'aurait pas souhaité que je continue à vivre ainsi.

— Oui. Si tu refuses, je n'aurai pas d'autre choix que de demander le divorce.

J'ai baissé les yeux sur la feuille. Elle était recouverte de l'écriture d'Albert et ne ressemblait en rien aux protocoles des expériences de physique que nous avions tous les deux rédigés à la pelle. Mais en l'examinant plus attentivement j'ai constaté qu'elle ne ressemblait pas non plus à aucun autre document jamais écrit par Albert. Ni à aucun document jamais écrit par *personne*.

C'était un contrat détaillant ce qu'il attendait de moi. Et plus je découvrais les termes de cet accord barbare, plus mon indignation grandissait. Albert y énumérait les tâches ménagères que j'avais l'*obligation* d'accomplir pour lui. Faire ses lessives. Préparer ses repas et les servir dans sa chambre. Nettoyer celle-ci et son bureau, sans jamais toucher à sa table de travail. Plus incroyable encore était la liste des exigences auxquelles j'étais censée « me conformer » lors de nos échanges. Il s'opposait à toute interaction entre nous à la maison. Il contrôlerait quand et où je pourrais lui adresser la parole, ainsi que la nature des propos que je serais autorisée à tenir en sa présence et celle des enfants. Plus spécifiquement, il m'ordonnait de renoncer à toute intimité physique avec lui.

Ce document faisait bien de moi sa chose.

J'ai senti Helene à mes côtés qui m'assurait de sa solidarité, et cela m'a donné le cran de répondre :

— Qu'est-ce qui te fait croire que je vais accepter ça ? Que je vais te laisser me rabaisser encore plus que tu ne l'as déjà fait ?

— Je quitterai cet appartement si tu refuses, a-t-il dit, non sans un certain aplomb.

J'ai alors compris qu'il avait gagné. Quelle que soit ma décision, il avait gagné.

Je lui ai rendu son papier. Cela m'attristait de penser que je satisfaisais déjà à la plupart de ces exigences. J'étais vraiment tombée bien bas.

J'ai pris une profonde inspiration.

— Tu n'as rien à craindre, ai-je dit calmement.

Il m'a fixée d'un air incrédule.

— Tu es d'accord avec mes conditions ?

— Oh, non, je ne le serai *jamais*, Albert. Tu n'as pas à craindre de devoir rester ici avec nous, parce que c'est *nous* qui allons partir.

40

29 juillet 1914
Berlin, Empire allemand

Le train a sifflé, et Tete a applaudi. Il ne comprenait pas l'importance de ce départ. Pour lui, ce n'était qu'un voyage de plus vers une destination de plus. Il y en avait eu tellement, avant celui-ci.

Pour moi, en revanche, ce retour à Zurich s'annonçait tout à fait différent. La ville était associée dans mon esprit à mes chères amies et à mes années d'études. Mes enfants y trouveraient un climat sain et une situation politique stable, et moi une chance de travailler et peut-être même d'être heureuse, sans Albert.

Il s'est posté près de nous pendant que les passagers se préparaient à monter dans les wagons. Après avoir serré Tete dans ses bras, il a tenté à plusieurs reprises de faire de même avec Hans Albert, mais mon fils aîné ne cessait d'échapper à ses étreintes. Il n'était pas aussi aveugle – ni aussi indulgent – que son frère.

Les portes du train se sont ouvertes, et les garçons ont agrippé ma main. Albert s'est agenouillé pour leur dire un dernier au revoir. Des larmes brillaient au coin de ses yeux. C'était le premier signe de remords ou de tristesse qu'il manifestait depuis notre arrivée à Berlin.

— Pourquoi t'es triste, papa ? a demandé Tete en effleurant ses paupières.

Cette douce caresse a dû libérer quelque chose de profondément enfoui chez Albert, parce qu'il s'est mis à pleurer.

— Vous allez me manquer, tous les deux.

Je ne l'avais vu qu'une seule fois aussi éploré, et c'était devant le lit de mort de son père.

Regrettait-il enfin ses actes ? Le temps que nous passerions loin l'un de l'autre lui ferait peut-être mesurer ce qu'il perdait avec nous, même si je doutais qu'il soit vraiment capable de changer. Arrête, me suis-je dit. Je ne pouvais pas me permettre de penser ça maintenant, le risque était trop grand que je faiblisse. Et il était hors de question que j'accepte plus longtemps sa tyrannie. Cet instant était celui de mes adieux à notre mariage.

Tete s'est détaché de moi pour embrasser son père.

— Ne t'inquiète pas, papa. On se reverra bientôt.

Hans Albert, lui, est resté de marbre et s'est accroché encore plus fermement à ma main.

— Tous les passagers pour Zurich sont invités à monter dans les voitures ! a crié le conducteur du train.

— Viens, Tete, ai-je dit. Il faut y aller.

Sans un regard pour Albert, j'ai entraîné les garçons dans notre wagon. Nous avons trouvé un compartiment encore inoccupé, et j'ai installé les enfants sur leur siège en leur donnant des en-cas et des livres pendant qu'un employé hissait nos malles sur les porte-bagages. Albert se tenait toujours sur le quai, le visage strié de larmes.

Où s'étaient-elles cachées pendant tout ce temps ? J'avais passé des années sans qu'il fasse preuve ni d'empathie ni de compassion pour moi, les garçons ou Lieserl. Même au cours de notre séparation, ces dernières semaines, je n'avais décelé chez lui aucune douleur devant l'échec de notre mariage ou la perspective d'être éloigné de ses fils. Le pauvre Fritz Haber, professeur de chimie de notre connaissance, avait été chargé de consigner les termes de notre rupture, sur lesquels nous nous étions péniblement mis d'accord. J'avais obtenu la garde des enfants, ainsi qu'une pension annuelle. Hans Albert et Tete passeraient les vacances avec leur père à condition qu'Elsa ne se joigne jamais à eux. Les meubles de l'appartement seraient envoyés chez moi, à Zurich. Enfin, la récompense associée à tout futur prix Nobel me reviendrait, et il était fort probable que cela arrive un jour, dans la mesure où il avait été sélectionné quatre fois en cinq ans. Cette dernière clause avait donné lieu au seul véritable signe d'émotion de sa part – et encore s'agissait-il de colère, non de tristesse. Il avait d'abord refusé, car il espérait bien décrocher le prix pour l'un de nos quatre articles de 1905, mais j'avais tenu bon. Il avait décidé unilatéralement de m'évincer lors de leur publication, m'empêchant par là de recevoir moi-même le Nobel de physique, je méritais donc au moins de toucher l'argent.

Aucune larme ne coulait le long de mes joues. J'étais comme anesthésiée.

J'ai souri à mes fils pour tenter d'apaiser leurs peurs. Bien qu'encombré par toutes nos affaires et richement tapissé de velours rouge, notre compartiment semblait étrangement vide. Avions-nous oublié quelque chose ? Nos malles étaient rangées au-dessus de nos têtes, nos sacs à dos et nos bagages à main près de nous sur les banquettes. Ce ne pouvait pas être le vide laissé par Albert que je ressentais, les garçons et moi avions trop pris l'habitude de voyager sans lui et, à vrai dire, de vivre sans lui aussi. Pourquoi cette impression, alors ? Était-ce Lieserl qui me manquait ? Non, elle était là, avec moi, telle une ombre qui me guidait, à la fois absente et constamment présente à mes côtés. Peut-être éprouvais-je en fait l'abandon de mon ancien moi à Berlin. Après tant d'années, je redevenais Mitza.

Un nouveau coup de sifflet a retenti, puis le train s'est mis en branle dans un bruit de ferraille assourdissant. J'ai regardé au-dehors par la vitre. Albert n'avait pas bougé, et à mesure que nous accélérions il m'est apparu de plus en plus petit. Comme un quanta. Ou un atome. Jusqu'à ce qu'il s'évapore totalement dans l'éther.

ÉPILOGUE

4 août 1948
62, Huttenstrasse, Zurich, Suisse

Tout corps persévère dans l'état de repos ou de mouvement rectiligne uniforme dans lequel il se trouve, à moins que quelque force n'agisse sur lui et ne le contraigne à changer d'état. Cette loi à la fois belle et riche de sens exprime avec élégance l'une des vérités divines découvertes par l'homme. Étant jeune, je croyais qu'elle ne s'appliquait qu'aux objets. J'ai compris plus tard seulement que le comportement des gens obéissait aussi à ce principe. Pour ma part, j'ai avancé selon la trajectoire rectiligne choisie dans mon enfance – celle des mathématiques, des sciences et de la solitude – jusqu'à ce que je subisse l'action d'une force extérieure. Et cette force a été Albert.

Son influence a été conforme à la deuxième loi sur le mouvement. Emportée par sa vitesse, j'ai suivi sa direction, et sa force est devenue la mienne. J'ai endossé le rôle d'amante, de mère, d'épouse et de partenaire scientifique cachée en le laissant gommer tous les aspects de ma personne qui ne cadraient pas avec ses attentes et en cultivant ceux qui pouvaient l'aider à réaliser ses rêves. J'ai souffert en silence quand mes désirs ne s'accordaient pas aux siens. Comme lorsque j'ai dû sacrifier mes ambitions professionnelles pour favoriser son ascension. Ou comme lorsque j'ai renoncé à garder Lieserl près de moi.

Cela a duré jusqu'à ce que je ne puisse plus le supporter. La troisième loi sur le mouvement s'est alors vérifiée, et j'ai exercé sur lui une force de même grandeur et de sens contraire à la sienne. J'ai repris l'espace qui m'appartenait. Je l'ai quitté.

Depuis, je suis restée immobile, au mépris de toutes les lois de la dynamique. J'ai regardé la guerre s'abattre sur l'Europe une fois, deux fois, et durant tout ce temps j'ai saisi la main tendue de ma chère et si clairvoyante Helene dès que j'en avais besoin. Même après avoir touché l'argent du prix Nobel qu'Albert m'avait promis pour m'aider à élever nos fils – le brillant Hans Albert, aujourd'hui ingénieur, et le pauvre Tete, qui a quant à lui sombré dans la démence –, j'ai fait valoir mon intelligence et ma passion pour les sciences en donnant des cours à de jeunes scientifiques prometteuses. Le genre de fille que Lieserl aurait pu être si elle avait vécu. Le genre de fille que j'avais été. Avec un peu de chance, ces étudiantes discerneront les autres schémas de Dieu dans la science et raconteront un jour mon histoire.

J'ai vu Albert être élevé au rang de saint séculier, mais à aucun moment je n'ai éprouvé le désir de redevenir sa femme. Je n'ai jamais souhaité autre chose que redevenir la mère de Lieserl.

Qu'aurais-je dû faire ou ne pas faire pour empêcher la mort de ma fille ? Faudrait-il commencer par modifier la trajectoire de la jeune étudiante innocente que j'étais autrefois ? Suffirait-il que je *remonte jusqu'à mon séjour à Kać en compagnie de mon bébé, quand Albert m'a sommée de rentrer chez nous ? Que je revienne dans la gare où j'ai raté mon train ? Comment trouver le chemin qui me ramènera auprès d'elle ?*

Bien qu'il fasse noir, tout s'éclaire enfin pour moi. Je distingue l'horloge. Le train. Et je comprends.

Je n'ai pas besoin de changer quoi que ce soit. Je suis le train. Je voyage à une vitesse supérieure à celle de la lumière, et les aiguilles de l'horloge tournent en sens inverse. Je vois ma Lieserl.

Mitza

NOTE DE L'AUTEUR

J'avoue avoir commencé ce livre en ne connaissant pas grand-chose d'Albert Einstein, si ce n'est ce que tout le monde sait de lui, et rien ou presque de sa première femme, Mileva. En fait, je n'avais même jamais entendu parler de Mileva Marić avant d'aider mon fils Jack à faire un compte rendu de lecture du formidable livre pour enfants publié par Scholastic, *Who Was Albert Einstein ?*, qui mentionnait brièvement que la première épouse d'Einstein était elle aussi physicienne.

Cela m'a intriguée. Qui était cette inconnue, physicienne à une époque où très peu de femmes étudiaient à l'université ? Et quel rôle pouvait-elle avoir joué dans les découvertes de son mari ?

Renseignements pris, j'ai constaté que loin d'être une inconnue, comme je l'avais cru, elle figurait au cœur d'un débat qui agitait la communauté scientifique. Son éventuelle contribution à la genèse des théories fondamentales formulées par Albert en 1905 était vivement discutée, en particulier depuis la mise au jour, dans les années 1980, de lettres jusqu'alors tenues secrètes que le couple avait échangées entre 1897 et 1903 – c'est-à-dire entre le début de leurs études à Zurich et leur mariage. Tous deux y mentionnaient les travaux de recherche qu'ils avaient entrepris ensemble, et cela causait bien des remous. Mileva avait-elle simplement donné son avis à Einstein sur ses intuitions géniales, comme le soutenaient certains scientifiques ? L'avait-elle aidé à résoudre les calculs mathématiques complexes induits par ses théories, comme d'autres le prétendaient ? Ou son apport à la science avait-il été bien plus important, comme le pensaient un petit nombre de physiciens ?

En me plongeant dans l'histoire de cette femme, j'ai découvert un personnage fascinant qui ne se résumait pas à une note en bas de page dans la vie d'Einstein. Son ascension d'une petite bourgade relativement isolée au cœur d'une province serbe misogyne jusqu'aux salles de physique et de mathématiques exclusivement masculines d'une université suisse a été pour le moins fulgurante. De fil en aiguille, mon désir de comprendre ce que « l'année miraculeuse » d'Einstein – 1905 – devait à Mileva m'a amenée à étudier comment, après une grossesse, un échec scolaire et un mariage, celle-ci avait été contrainte de sacrifier ses ambitions universitaires et son intelligence pour favoriser l'ascension d'Albert. Son histoire était à bien des égards celle d'une foule d'autres femmes tout aussi intelligentes et instruites dont les aspirations personnelles ont été étouffées au profit de celles de leurs maris. Je me suis dit qu'il était temps que de telles vies soient racontées.

Étant donné l'éclairage nouveau que ce roman jette sur le célèbre Albert, mes lecteurs seront peut-être curieux de savoir ce qui est véridique dans ces pages et ce qui relève de la spéculation. En ce qui concerne la structure globale du livre – les dates, les lieux, les personnes –, j'ai tenté de coller autant que possible aux faits, et je n'ai pris des libertés par rapport à la réalité que dans un but romanesque. Par exemple, Mileva n'a pas entamé son séjour à Zurich dans la pension Engelbrecht, mais elle y est arrivée grâce à ses amies après avoir logé dans un autre établissement. Le passage où son père et elle rencontrent les Engelbrecht est donc purement fictif, tout comme un grand nombre des premières scènes entre Mileva et les autres filles de la pension, même si elles ont très bien pu se produire un peu plus tard dans sa vie. Bien sûr, il y a aussi des moments où j'ai imaginé les détails de certaines situations dont je ne savais presque rien. Afin que chacun puisse se faire sa propre opinion sur les personnages décrits dans ce livre, je vous invite à consulter l'ensemble des documents et des lettres rédigés par et sur Albert Einstein et Mileva Marić, tous publiés en ligne sur le site http://einsteinpapers.press.princeton.edu.

Madame Einstein comprend assurément une part de suppositions – n'oublions pas qu'il s'agit avant tout d'un roman. Ainsi, ce qu'il est advenu de Lieserl reste un mystère, malgré tous les efforts déployés pour le découvrir. Michele Zackheim a écrit un livre magnifique intitulé *Einstein's Daughter : The Search for Lieserl*, sur les longues recherches qu'elle a menées en vain afin de retrouver cette enfant. Lieserl a-t-elle été confiée à l'adoption ? Il me semble quant à moi très probable qu'elle soit morte de la scarlatine qui a poussé Mileva à quitter Zurich pour se rendre précipitamment en Voïvodine.

De même, nul ne connaît la contribution précise de Mileva aux théories de 1905 attribuées à Albert, bien que personne ne conteste qu'elle ait au moins été pour lui un soutien affectif et intellectuel important durant cette période. Mais si l'on prend en considération sa vision du monde et l'amour fou qu'elle a dû porter à sa fille, n'est-il pas possible que la perte de Lieserl lui ait inspiré la théorie de la relativité restreinte ? Explorer des hypothèses et tenter par le biais de la fiction d'élucider les énigmes a priori insolubles de la vie de Mileva est ce qui a rendu l'écriture de *Madame Einstein* si intéressante à mes yeux.

Parmi la foule d'ouvrages consacrés à Albert Einstein – y compris ceux disponibles sur le site déjà cité –, beaucoup de livres et d'articles m'ont été d'une aide précieuse dans mes recherches, en particulier : d'Albert Einstein et Mileva Marić, *Lettres d'amour et de science* (Seuil, 1993) ; *Einstein in Love : A Scientific Romance*, de Dennis Overbye ; *In Albert's Shadow : The Life and Letters of Mileva Marić, Einstein's First Wife*, de Milan Popović ; *Einstein, la vie d'un génie*, de Walter Isaacson ; et *Einstein's Wife : Work and Marriage in the Lives of Five Great Twentieth-Century Women*, d'Andrea Gabor. Mais la liste pourrait être bien plus longue.

Le but de ce roman n'est pas de minimiser ce qu'Albert Einstein a apporté au monde et à la science, mais de montrer la part d'humanité derrière ses découvertes scientifiques, et surtout de raconter l'histoire d'une femme brillante éclipsée par l'ombre écrasante de cet homme – l'histoire de Mileva Marić.

REMERCIEMENTS

De nombreuses personnes m'ont aidée à faire sortir Mileva Marić de l'ombre de son célèbre mari, Albert Einstein, et à braquer sur elle les projecteurs. Mon infatigable agent, Laura Dail, a ouvert la marche, suivie par ma fabuleuse éditrice de Sourcebooks, Shana Drehs. Toute l'équipe de Sourcebooks – à commencer par Dominique Raccah, ainsi que les fantastiques Valerie Pierce, Heidi Weiland, Heather Moore, Lathea Williams, Stephanie Graham, Heather Hall, Adrienne Krogh, Will Riley, Danielle McNaughton, Travis Hasenour, et bien d'autres encore – a porté et défendu le livre jusqu'au bout, avec un enthousiasme incroyable.

Ma famille et mes amis m'ont également été d'une aide indispensable. Parmi eux, je citerai ma bande de Sewickley, mes amies de l'atelier d'écriture des Lucky Eight, Illana Raia, Kelly Close et Ponny Conomos Jahn – la liste n'est pas exhaustive, loin de là.

Enfin, ce roman n'aurait jamais vu le jour si mes garçons, Jim, Jack et Ben, ne l'avaient pas soutenu à fond. Je vous suis à jamais reconnaissante.

10/18, une marque d'Univers Poche,
est un éditeur qui s'engage pour
la préservation de l'environnement
et qui utilise du papier fabriqué à partir
de bois provenant de forêts gérées
de manière responsable.

Imprimé en France par **CPI**

N° d'impression : 3031810
X07415/01